Сто
советов

给教师的建议

[苏] В.А.苏霍姆林斯基 著
吴兴勇 译

учителю

民主与建设出版社
·北京·

◎ 民主与建设出版社，2023

图书在版编目（CIP）数据

给教师的建议 /（苏）B.A.苏霍姆林斯基著；吴兴勇译. -- 北京：民主与建设出版社，2023.1
ISBN 978-7-5139-4081-8

Ⅰ.①给… Ⅱ.①B…②吴… Ⅲ.①苏霍姆林斯基(Suhomlinskii, Vasilii Aleksanlrovich 1918–1970)–教育思想 Ⅳ.①G40-095.12

中国国家版本馆CIP数据核字（2023）第019520号

给教师的建议
GEI JIAOSHI DE JIANYI

著　者	［苏］B.A.苏霍姆林斯基
译　者	吴兴勇
责任编辑	宁莲佳
特约策划	高洁琳　刘优
封面设计	阿娅
出版发行	民主与建设出版社有限责任公司
电　话	（010）59417747　59419778
社　址	北京市海淀区西三环中路10号望海楼E座7层
邮　编	100142
印　刷	长沙鸿发印务实业有限公司
版　次	2023年1月第1版
印　次	2023年6月第1次印刷
开　本	870毫米×1230毫米　1/32
印　张	11
字　数	300千字
书　号	ISBN 978-7-5139-4081-8
定　价	45.80元

注：如有印、装质量问题，请与出版社联系。

译序

读者们，你们手上的这本《给教师的建议》又名《给教师的一百条建议》，里面包含了 B.A.苏霍姆林斯基（1918-1970）的教育精华。苏霍姆林斯基是苏联最著名的教育实践家和教育理论家，他把自己的一生和全部心血都奉献给了世界上最崇高的事业——教育。苏霍姆林斯基的这些教育建议形成了一套完整的教育体系，并在生活中不断实践检验这套体系。这项检验工作是他在帕夫雷什中学担任校长期间完成的。他从1948年起在该校工作，直到1970年逝世。

在苏霍姆林斯基生活的苏维埃时期，教育学和教育问题被社会广泛关注，各种教育问题影响着整个社会的发展，没有一个人对此漠不关心。无线电广播中的教育节目、各种著名教育家的访谈成为吸引人们的热点。

读者们读这本书的时候，很难在字里行间发现那些令人望而生畏的"一大堆科学专门术语"和教育学专家用"教师爷"口吻的告诫、训斥和教诲。这是一本谈话录，是和教师们的谈话，是满腔热情、优美动人、具有诗意的谈话，谈话中有许多内容还涉及了寓言故事、醒世警句、传闻逸事。

苏霍姆林斯基的教育学的智慧不是置于抽象的结构之中的，也不是分别铺陈在各个栏目中的枯燥无味的事例和鸡毛蒜皮的小事之中的，他的教育学的大智大慧是植于人民教育学之中的，这种人民教育学和人民的教育传统紧密联系着，和人民生活和逻辑学的各种根基紧密联系着。

许多学校都存在教育失效问题，因而产生了"读书无用论""书越读越蠢"等奇谈怪论，从学校中走出许多不合格的公民。现在十分重要的是找到这个问题的解决方法，总结经验，指引我们的孩子走向正确的人生路——做一个好公民。

就 B.A.苏霍姆林斯基的教育来说——这是个完整的东西，是关于一个孩子，关于他的精神生活，而不是单独的"智力的""道德的""劳动的"教育。而是作为一种真正的人的教育——这就是他的著作的主要精粹和目的所在。

这一百条建议都是源于生活，源于教学实践的，其中没有空洞的大道理，或脱离实际的说教，通俗易懂，广大教师可以轻松地将其运用到教学工作中去。

例如，苏霍姆林斯基的因材施教的方法是：给成绩优秀的学生出超过教学大纲范围的难题，让其独立思考，艰苦钻研，从而懂得学习的无止境，不至于骄傲自满；对成绩一般的学生出符合他们水平的题目，既不太难，也不那么容易解答，使其努力学习；而对成绩特别差的学生则设计一种相当容易、按他们的水平可以解答的题目，当这些学生将题目解答出来后，他就特意鼓励、赞扬他们，培养他们学习的兴趣和信心。

苏霍姆林斯基认为，得五分和四分的学生固然值得鼓励和表扬，但得三分的学生也应该给予鼓励和表扬，因为对这些差生来说，三分代表他们努力的成绩。他们没有得两分就挺不错了。苛求他们拿到四分和五分是一种奢望。教师应该让他们以三分为起点努力提升自己。把得三分的学生抛弃，是最不理智的行为。分数不能代表一切，不能唯分数论。

苏霍姆林斯基通过观察许多从学校走出来的人们的命运指出，日后在生活中有所作为的人很可能就是这些在学校里只得过三分的学生。因为学校不是单纯传授知识的场所，也是一个教育怎样做人，怎样做一个好公民的地方，书本知识可以使一个学生获得高分，却不一定使一个人在社会生活中获得高分，而且某些书本知识在社会中不一定用得着。

苏霍姆林斯基还认为，教育这个词就广泛含义来说是集体教育和个人教育的融合，而在个人教育中，自我教育又更为重要，它是起主导作用的方法之一。

自我教育包括自我认识、自我约束、自我克制，还有个人陶冶情操、自我训练思想和意志力，养成自己鲜明的性格特征等。这种教育是教师包办代替不了的，全靠培养学生的自尊心和自信心。

苏霍姆林斯基认为，自我教育需要在十分重要和强大的刺激因素下实行，这些刺激因素包括自尊心、自我尊重感，还加上希望今天比昨天更好的心愿。当一个人的心灵对最精细的、纯人性的影响手段（包括善言、忠告、友好的或责备的眼光）十分敏感，而对粗野相待已经习以为常，只对非常强硬的语言、呐喊和压迫才会有反应时，那就不存在也完全谈不上自我教育了。自我教育必须有对人的信任感和个人的荣誉和尊严感。

苏霍姆林斯基建议：学生的自我教育要求教师施加教育影响时具有一定的作风。在师生所处的集体中应当笼罩着安定和平的气氛，不要出现大吼大叫和胡乱发脾气的现象。

对于在集体中处于弱势的学生，苏霍姆林斯基主张要特别关照，使其至于自卑自贱，在集体中抬不起头来。

并不是和学生的表现和行为相关的一切，都可以拿到学校集体中来审议的。苏霍姆林斯基列举了八种情况。

例如，因家庭中一些明显的或隐蔽的不正常现象，如家长的反社会行为、父母的争吵、口角、不和引起的儿童或青少年的不良行为；某些应受指摘的行为或消极的举动，如果其原因是儿童的父亲或母亲不是生父或生母，因此给他造成了精神创伤；某些行为或举动，从客观上分析，是对父母或教师在内一些成人的粗暴和蛮横的抗议；因为

给教师的建议

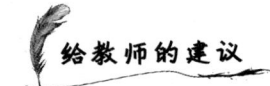

教师的错误导致的少年儿童的不良行为；因为教师没有客观地评价学生的知识而引起的不良行为；有些学生虽然很用功，但其中一门课程对他来说很难，导致学习成绩落后，或智力发展异常。

以上这些情形都不能在集体中审议，不能公之于众、大肆声张。

苏霍姆林斯基这种立场充分表现了他对犯事学生的无比细致的体贴和无微不至的关怀，但他并不是主张无冲突教育，他主张的是对孩子们的教育不应该严厉呵斥、意气用事，也不应该用强有力的手段干预，因为这些方法在教育中没有任何好处。

苏霍姆林斯基的许多论点是很正确的。例如他在第一章中指出：许多人以及生活中的各种现象都会对一个孩子产生影响，包括他的母亲、父亲、同学、所谓"学习的环境"、读过的各类书籍、看过的形形色色的电影，还有和某个人的完全意外的见面（这种无法预知的相遇很可能强烈地影响一个孩子幼小的心灵），如此等等。苏霍姆林斯基认为，环境对孩子产生的影响既可能是积极的，也可能是消极的。

常有这样的家庭，被沉重的、压抑的氛围笼罩着，这样的环境将给人烙上一生不可磨灭的印记。学校的天职，就是为学生去恶存善而斗争，使他能战胜负面的影响，为接受正面的影响留下广阔的余地。

做"学习困难"的学生的工作是教师们创造性的教学工作的一大障碍，一些教师将这些学生的学习限制在把一些知识背熟，苏霍姆林斯基认为这是特别有害的——限制学习范围会使他们变愚钝，养成死记硬背的坏习惯。

他尝试过许多减轻这些学生脑力劳动的手段，并得出一个结论：最有效的手段是扩大阅读范围，对这些学生而言，必须尽可能多读书。唯有这个方法才能让那些"学习困难"的学生的脑力劳动起决定性的作用。"学习困难"的学生读书越多，他的思维就越活跃，他的脑力劳动就更有积极性。根据苏霍姆林斯基的教学经验，阅读可拯救"学习困难"的学生。

译序

　　苏霍姆林斯基十分关怀自己的同行。在本书的开头，他一再告诫教师们应注意自己的身体健康。健康、情绪、精神生活的充实、创造性劳动的欢乐、从事热爱的事业的满足感，这些因素都是互相紧密联系、相辅相成的。在这里，身体的健康和精神的充沛应居首要位置。

　　在本书中，苏霍姆林斯基介绍了他的许多极宝贵的教学经验，这里限于篇幅，不一一列举。教师们在学习他的经验时，不要生搬硬套，要领会他的经验的精神实质，加以创造性的发挥。

　　我翻译这本书时遇到了许多困难，因为叙述的是一名教育家的教育心理学的高深分析和研讨。译者在翻译过程中往往会搞不清著者究竟在讲什么，因为译者本人没有同样的教学实践经历，欠缺高深的教育心理学修养。在摸不清门道的地方只能一个个字句按原本翻译，应当相信：译者看不懂的地方自然有"高明"能看懂，按照作者的话原原本本地翻译下去，才是最接近原著的翻译。

　　我从1954年下半年开始学习俄语，启蒙教师是模范教师赵甄陶。我从1963年起就练习俄语翻译，字斟句酌，翻译十分谨慎。到今天为止，屈指一算，我练习翻译已经有六十年的经历。我把翻译视为神圣的事业，一定要如傅雷先生所说的，翻译应像临画一样，所求的不在形似，而在神似。译本要达到能匹配作者中文写作水平的地步。

　　在我八十岁高龄时，接到编辑老师邀请我翻译苏霍姆林斯基的两部大著（《给教师的建议》和《给父母的建议》）的任务，我根据我译书的常例，向出版方提出这两部书需五年才能完成的方案，编辑老师知晓翻译工作不易，欣然同意。因为翻译工作繁重，何况我已八十高龄，万不得已，我聘了三名助手（邵立群、吴咪咪、吴甜甜），前一位负责抄稿，后二人负责打底子。

　　但在实际翻译的过程中，全靠自己一人工作，其他人帮不了什么忙，因为这是一本学术著作，几乎每个词都要仔细推敲，反复斟酌，才能做出最精确的翻译。几乎每个词我都翻阅字典，将每个单词的十

5

给教师的建议

多种不同意义都写在笔记本上,从其中琢磨出最切合的译法和最合适的表达。其中的辛苦,难以尽述。

现在这本译稿即将付梓。值得我庆幸的是,2023年2月14日的《长沙晚报》第2版(要闻版)报道了此书翻译的消息,我深感欣慰。特此感谢一切帮助我的编辑和助手等同仁。

吴兴勇

目录

上 篇

第一章	教师劳动的使命是什么，这种使命是如何成熟的	002
第二章	谈谈教师精神生活的健康和充实，为劳动的快乐说几句话	008
第三章	怎样在经常不断的活动过程中防止神经系统力量的衰弱	013
第四章	做一个满怀善意的人吧	018
第五章	没有也不可能有抽象的学生	023
第六章	时间应耗费在什么地方？一昼夜只有24小时	028
第七章	教师的时间和各教学阶段的相互依存	031
第八章	怎样让学生将基础知识在记忆中保存下来	034
第九章	发展学生思维的"两套教学大纲"	037
第十章	谈谈做"学习困难"的学生的工作	040
第十一章	知识既是目的，也是手段	044
第十二章	谈谈获取知识	047
第十三章	如何引导学生从事例出发趋向抽象的真理	050
第十四章	初次学习教材	053
第十五章	将领会新教材作为课堂教学的一个阶段	056
第十六章	怎样将有效率的脑力劳动用于检查家庭作业	059
第十七章	评分应是一杆秤	062
第十八章	教与学的母亲不应成为后妈	065
第十九章	怎样检查作业	068
第二十章	学生们在学习一门功课时积极活动的内容	071
第二十一章	请教会学生观察，请教会学生细看	074

第二十二章	怎样依靠课外阅读增强知识	076
第二十三章	课外阅读是"学习困难"的学生智力培育的重要手段	078
第二十四章	不允许能力和知识之间不成比例	080
第二十五章	兴趣的奥秘在哪里	084
第二十六章	为实现自己学生的理想和心愿而奋斗	088
第二十七章	怎样将思想和公民的尊严融为一体	093
第二十八章	传播知识和参加社会生活	095
第二十九章	怎样按照一年的各种季节安排学生的脑力劳动	097
第三十章	谈谈受培育的孩子的智力发达的生活	100
第三十一章	为了不至于学习负担过重——必须有空闲的时间	103
第三十二章	请教会孩子们使用自由时间	107
第三十三章	请你们将每个孩子都引领到兴致勃发的泉源地	109
第三十四章	请你们培育劳动的爱好	111
第三十五章	怎样使学生集中注意力学习	115
第三十六章	实物做证是认识的一条捷径,也是照亮这条捷径的灯塔	118
第三十七章	向初次进入学校工作的教师们进一言	122
第三十八章	对准备教小学一年级的教师进一言	127
第三十九章	怎样在学前时期研究儿童的思维活动	129
第四十章	怎样发展孩子们的思维和智力	133
第四十一章	怎样培育记忆力	134
第四十二章	珍惜同时发展少年、小伙子和姑娘们的记忆力	136
第四十三章	培养儿童对绘画的热爱	139
第四十四章	怎样训练儿童快速书写	141
第四十五章	教会孩子工作时双手并用,既用右手,也用左手	143
第四十六章	向在规模宏大的学校中任职的教师进一言	145
第四十七章	向在单师复式制学校任职的教师进一言	148
第四十八章	教师该写怎样的计划	151

第四十九章	有关教师写教学日记的建议 ·················· 154
第五十章	关于自己的孩子的培育 ······················ 157

下 篇

第五十一章	是谁和什么在培育孩子，在培育中什么事情非您这个教师不可，什么事情还要借助其他的教育者 ················ 160
第五十二章	为了使母亲和父亲愿意和学校协同培育他们的孩子事先要做哪些准备 ································ 165
第五十三章	要使教育者的话语进入受教育者的内心，诀窍在于情感的培养，不能依靠体罚手段 ························· 170
第五十四章	如何使得作为教育者的父母做到言行一致，以及如何防止家教的不良偏向 ······························ 174
第五十五章	情感培育的学校应该如何办好 ·················· 178
第五十六章	要使儿童愿意好好学习，应尊重他的意愿和爱好，不能偏重分数 ····································· 182
第五十七章	如何随着儿童的成长和发展而加深对家长的教育工作以及认识劳动教育的重要性 ························· 185
第五十八章	如何和家庭一起指导儿童进行力所能及的劳动，批驳儿童劳动无用论 ································ 188
第五十九章	用实例说明如何通过奉献性劳动使人的心灵高尚和培养其人性 ····································· 191
第六十章	如何和父母一起培训未来的母亲和父亲——培养孩子正确的爱情和婚姻观 ······························ 193
第六十一章	用实例说明如何培养对妇女——姑娘、母亲的尊重 ······ 196
第六十二章	作为教育者的教师应该具有什么样的素质，教师个性对学生的深刻影响 ································ 199

第六十三章	作为教育工具的集体建立在多种一致的基础上,它依靠共同劳动等活动来维持 ········· 204
第六十四章	如何让集体成为一个促使个性全面发展的工具 ········· 209
第六十五章	如何培养服从能力和领导能力,如何培养严格要求的精神:要服从别人先得服从自己的心灵 ········· 212
第六十六章	培养少年列宁主义者之法:让其认识祖国,和兄弟民族少年交往,怀念烈士。教师在少先队组织生活当中的作用 ········· 214
第六十七章	如何让共产主义思想进入少年列宁主义者的头脑和内心,兼论通过劳动来鼓舞和激励儿童和少年们 ········· 219
第六十八章	如何让青少年们珍惜共青团员这个称号,兼论平凡劳动的伟大意义 ········· 223
第六十九章	如何培养共青团员们,使得他们中的每一个人都努力变得更好 ········· 228
第七十章	如何促使一个人走上持续发展和完善道德之途? ········· 230
第七十一章	如何做到让青年的心灵对我们的生活和斗争并非漠不关心 ········· 232
第七十二章	如何使对社会主义祖国的思念充实共青团员的精神生活 ········· 237
第七十三章	青少年究竟是怎样达到精神上的成熟的? ········· 239
第七十四章	不要害怕困难,让困难再多些吧——没有困难的考验就无法对青少年进行思想教育 ········· 243
第七十五章	要保护青少年内心的热情迸发的纯洁性 ········· 245
第七十六章	如何教育共青团员生活在重视公共利益的世界 ········· 248
第七十七章	如何建立学校集体内部的劳动关系 ········· 251
第七十八章	不同年龄阶段学生组成的集体不可能建立在一个虚无缥缈的地点 ········· 253
第七十九章	请操心,使你们的学生也是教育者 ········· 255
第八十章	请这样去培育一个集体,旨在使青年们和姑娘们不会从孤独旁边走过,避而远之 ········· 257

第八十一章	要防范学生们泛泛空谈	260
第八十二章	怎样教学生自己教育自己	262
第八十三章	要掌握与学生个别谈话的艺术	265
第八十四章	怎样激励儿童在道德领域进行自我教育	270
第八十五章	在劳动和学习中,怎样激发自我教育	276
第八十六章	怎样在脑力劳动中培养律己	280
第八十七章	在体育活动中如何激发自我教育	284
第八十八章	在哪些条件下,集体才能有效地履行个人培育者的职责	286
第八十九章	在学校集体中什么可以审议什么不可审议	291
第九十章	集体的自主活动包含什么	295
第九十一章	课堂上的思想教育包含什么	299
第九十二章	如何把时代精神灌输到青少年的头脑和心灵中	304
第九十三章	要善于使高尚美德富有吸引力	307
第九十四章	教师的权威是怎样的,应该表现在什么地方	309
第九十五章	如何珍惜儿童的信任	312
第九十六章	请你用书籍、智慧及信念来统治孩子的心灵	317
第九十七章	如何制订教育工作计划	319
第九十八章	怎样与集体进行谈话	322
第九十九章	怎样努力克制懒惰的习惯	327
第一百章	最后一条建议:关于保密	331

注 释 332

上篇

为什么在一年级就常常有学习跟不上的落后生,而在二、三年级就可能遇到毫无希望的落后生,正如人们常说的,教师对这样的差生只能撒手不管了?这是因为在学校生活的最重要的领域,即脑力劳动的领域,缺乏对孩子们每个个体的因材施教的手段。

第一章
教师劳动的使命是什么，这种使命是如何成熟的

正如任何需要专门知识的、有明确目的的、按既定计划进行的、有系统的劳动一样，教育人是一种职业，也是一项专门技能。但是这种特殊的职业和其他任何一种工作都没有可比性。因为这种职业具有一系列独特的特点：

（1）我们从事的事业是和一类存在于生活当中的最复杂、最无价的真正宝贝儿打交道——也就是和人打交道。这个宝贝儿的生活、健康、智慧、性格、意志、人格面貌和知识面貌，他在生活中的地位和作用以及他的幸福等，全都取决于我们，都依附于我们的能力、技巧、工作艺术和智慧。

（2）教育劳动的最终结果可能在今天看不到，明天也看不到，需要经过很长的时间才能见分晓。我们言传身教的东西会深入地影响一个孩子，这种影响往往要经过五年或十年才逐渐显现出来。

（3）许多人以及生活中的各种现象都会对一个孩子产生影响，包括他的母亲、父亲、同学、所谓的"学习的环境"、读过的各类书籍、看过的形形色色的电影（你们对这些书和电影甚至很陌生），还有和某个人的完全意外的见面（这种无法预知的相遇很可能强烈地影响一个孩子幼小的心灵），如此等等。这些影响可能是积极的，也可能是消极的。有的家庭氛围沉重压抑，这种氛围会给一个人的一生烙上不可磨灭的印记。亲爱的同行们，学校的使命、我们大家最重要的任务,就是为一个人去恶存善而斗争,使他能战胜负面的影响,使积极的影响占据更广阔的空间。为了达到此目的,必不可少的是,使教师的个性对学生的个性施加最鲜明的、最有效的和最良好的影响。德·伊·皮萨列夫写道:"人的自然本性,如果能达到某种丰满、有力、平稳的地步,即使处于最令人压抑的环境,也能出淤泥而不染,保持着自己独有的新颖和美丽。"[1]但是,只有当孩子身边有一个睿智的导师时,他的自然本性才能充分地展现出来。

(4)我们工作的对象是正在形成中的、个性的、最精细的精神生活领域,也就是智力、感情、意志、信念、自我意识。要对这些领域产生影响,也只能运用同样的要素,即运用智力、感情、意志、信念、自我意识。我们对学生精神世界进行感化的最重要的手段包括教师的语言、周围世界的美和艺术的美,还包括创造一些环境,这种环境能让各种感情最鲜明地显现出来,在这里,"感情"指的是人们相互联系的全部情绪领域。

(5)教师创造性劳动的最重要的特征之一是他工作的对象(孩子)经常发生改变,永远都是新的,今天的这一个不是昨天的那一个。我们的工作是培养人,这就使得我们担负起一种特殊的责任,一种世界上没有任何东西能和它相提并论的责任。

以上这些就是培养教育人才的特殊性,包含从事这种工作的天赋是什么,这种工作必不可少的是哪些客观才能和素质,以及怎样不断培育、加强、发展和精心锤炼这样的天赋。

任何人都有和人们交往的精神需求,这种需求是根深蒂固的。人在交际中寻求欢乐,使生活充实。但是由于各种不同的状况,在某些人眼里,这种需求发展得不尽如人意,而在另一些人眼里,这种需求仿佛成为一种性格特征,凌驾于其他特征之上。有这样一种人,按照一般人的说法,他们天性孤僻、沉默寡言,因而偏爱离群索居,或是在狭小的朋友圈里交往。(当然,"天然本性"在这里无关紧要——教育是关键性的因素,特别是很早的童年时期的教育。)如果跟有许多人的集体交往使你感到头疼，对你而言，与世隔绝、单独工作更好，或者你宁愿和两三个朋友交往，而不愿和大多数同学相处，那么就不要选择教师作为自己的职业。

教师这一职业，是一门从心理学和社会学方面研究人的科学，需要经常不断地深入到人的复杂的精神世界中去。这个职业有一个非常鲜明的特点，就是经常在一个人身上发现新的迹象，因新的迹象而惊讶，在其成长的过程中持续观察——这种职业特色是从事教育工作的天赋和志向的根源之一。我坚信，这（从事教育工作的天赋和志向）在一个人的童年时代和少年时代就已经开始形成，无论在家里，或是在学校里，都是在形成之中，并在长辈（父亲、母亲、教师）的关怀下不断生长。长辈培养一个孩子，使他发自内心热爱人，并尊重每一个人。

一旦你的心中萌生了想做教师的意愿，那就测验和考验一下自己吧。当你在九年级或十年级学习的时候，你应请求共青团团委会任命你为少先队辅导员或十月小组的教导员。于是，在你面前有了四十个小孩——初看起来，他们让你觉得是一模一样的，甚至外貌也很相似，但是等第三天、第四天、第五天过去了，在几次森林远足和农田旅行之后，你就会深深相信，每个孩子都是一个完整的世界，都是不可复制的、自成一体的。如果这个世界在你面前打开，如果在每个孩子身上你都能感觉到他的独特个性，如果每个孩子的快乐和悲伤都敲击你的内心，并且都能引起你的思考、关切和担心，那么你就选择这份高尚的教师工作作为自己的职业吧，你将在这个职业中找到创造的欢乐。因为，在我们的事业中，创造能力（我以后还会谈到这一点）首先是发现、认识人，对人的多面性和不可估量性进行研究。

如果四十个孩子在你面前毫无差别，个个神情沮丧，如果你很难记起他们的相貌和姓名，如果儿童细小的眼睛没有向你述说藏在内心深处的独一无二的自白，如果在花园深处某个地方传来某个孩子响亮的声音，你不能辨认出（即使经过一个星期，甚至经过一个月也不能辨认出）这是谁在喊叫，在这个喊叫声里隐含着什么意思，那么，你就要按一般人所说的，深思熟虑，然后再决定是否当一名教师。因为，教育学上没有千篇一律的规律，一条这样的规律也没有，也不存在绝对同样适用于所有孩子的道理，一条这样的道理也没有。因为实践教育学的水平已达到了成熟（指的是知识和操作都达到了技巧程度），而且是提高到了艺术水平的学问和本领。因为教育一个人，首先是熟悉他的内心，看到和感知他的个人世界。

"有人说，人是不能纠正的，不可救药的。如果我手中有权力，就要割掉说这话的人的舌头，不管他是谁。"②这是大思想家阿拜·库南巴耶夫的名言，这段话早就铭刻在我的内心，每当我想起要做教育家的雄心壮志，或是和年轻的教师谈起他的喜与悲、成与败的时候，这段话就以鲜明的火红色字母呈现在我的眼前。无限地相信一个人，人之初，性本善——如果你意欲将自己的一生都奉献给高尚的教师工作，这就应当是我们心中始终存在的信念。不是相信某个抽象的人（那样的人在自然界中是没有的），我们应相信的是正在社会主义社会中生长和发育的我们苏维埃儿童。

教育家的使命基础，就是深信每一个孩子都有被教养成功的可能性。我不相信有不可救药的孩子、无法纠正的少年、屡教不改的青年和无法引导她走上正路的姑娘。要知道我们现在所处的这个社会一点儿也不黑暗，它正在走上向全世界开放的道路。我们的政府采取的很多措施都不会压抑、摧残和扼杀一个儿童身上的美好、善良和合乎人性的东西。所以，每个决心将自己的一生奉献给教育的人，都应当容忍孩子们的各种缺点和过失，这些缺点和过失，如果对它们加以细心的观察和缜密的思考，如果辨认和分析它们时不仅仅是凭智力，还凭心灵的敏感，就会发现原来都是些微不足道的小事，一点儿也用不着发怒、气愤和施以惩罚。请不要认为我像传教士那样在宣扬包容一切，主张抽象的容忍，以为我是在号召教师背负"宽容的十字架"，实际上，我这番话表述的完全是另一方面的意思，我说的是像母亲、

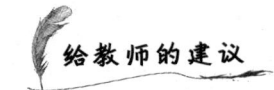

父亲和教师这类长辈，应当理解和感觉到孩子犯错的最精确的诱发原因和激励动机，理解和感觉到这恰恰是孩子的过错，不要把孩子和自己放在同一个水平来衡量，不应当用对成年人的要求来苛求他，但是也不要让自己儿童化，把自己的判断力降低到和孩子同样的水平，在理解的同时，一并要考虑到儿童犯错的复杂性和儿童群体关系的复杂性。

如果孩子的每一次淘气行为都会引起你的懊丧和心悸，如果你感到这些孩子捣乱的程度已经达到了极限，应当马上采取某些"消防"措施，你就应当再三思考扪心自问，你究竟是否适合做一名教师。如果你和孩子会无休止地发生冲突，那你就不配做一名教育者。要有能力消除冲突，消除冲突的技巧是存在的，首先你应该明白，你是在和一个孩子打交道。这种技巧有一个源泉，这个源泉会不断滋养出教育家的天赋，高明的技巧就是在这个源泉的基础上发展成功的——源自理解和感觉到儿童是个不断变化的活生生的人。

教师职业还有一个特征，我认为如果缺乏这样的特征，就不可能拥有教育家的天赋。这项特征不容易表述，我不妨将其称为心灵和理智的协调，除了教师和医生以外，未必还有其他的职业需要如此真诚的心肠。你那儿可能有不止四十名受教育者。如果你面对的受教育对象在高年级，你那儿就有一百个、一百五十个需要你来培养的人。对每一个受教育者，你都应该将自己的心思分一部分给他。每一个受教育者的喜或悲，都应该在你的心中占有一席之地。富有同情心，在内心里为一个人感到不安和焦急——这是与教育家的天职血肉相连的。教师不应当是一个冷若冰霜、对什么都漠不关心的人。冷漠、重理智而缺乏感情，对整个事件经过追根究底，生怕在各种各样的规章制度方面犯错误，这些做法都会使得孩子们对教师产生戒备的心理，使他们不信任教师。孩子们不但不喜欢过分偏重理智的教师，而且他们永远不会向这样的教师敞开自己的心扉。

在任何情况下，都按照心灵最初的激情所要求的行事吧——这种心灵的初始冲动往往是最高尚的。但是，与此同时，教师应该是善于运用理智管控自己心中的一时激情，不应屈从于盲目的情感的。当你在对学生们的各种错误、轻率、各种不正确的行为做出处理决定时，管束自己心中的情绪特别重要。

教师的艺术和技巧恰恰可归结为善于将热忱的心肠和智慧的头脑结合起来运用。

有时应当暂缓做出决定，避免感情用事。有时从学生的某次行为中，在看出他内心世界复杂矛盾的感情冲动时，应当就他的这次行为找他谈话，但我往往会把谈话的时间推迟几天。我可敬的同事们，请信任我吧，由于推迟处理，会使你们的语言、情感更完善些，对于学生的理智和内心的表现，你们的看法也会更准确些。因为，在那样的情况下，感情也许会由于你们的英明判断而高尚起来。并且这时，你们的判断、所说的话会直达学生的心灵深处，因为，这些热情洋溢、展示着你内心的焦虑不安的激动情绪将会使谈话内容更充实、丰富，谈话一定是充满感情和热忱的。这种调整自己心境的技巧在跟学生（特别是半大的孩子）进行诚挚的谈话中是非常重要的，这种技巧可归并到内行的教学手段中去，每个教师都应当为自己创造出一套熟练的教学手段。应当在自己身上培养这样的技巧，创造、完善、磨炼这方面的能力，变得更精确和更有效应。

在培育这方面的技能时，要深入洞察孩子的内心世界，慎重思考他因什么而活着，他是怎样看待这个世界的，为了理解他，应设身处地地想象他周围的人群对他产生了什么影响。

我亲爱的同行人士，你若要成为真正合格的教师，就应当学好这所培养诚心的学校的课程，也就是在长时间内用心把学生的状况知晓得一清二楚：他为什么活着，他想的是什么，他喜欢的是什么，他担忧的是什么。这是我们的教育事业中最精粹的功夫之一。如果你牢固地掌握好这种功夫，你将成为真正的教育大师。

第二章
谈谈教师精神生活的健康和充实，为劳动的快乐说几句话

我记起一次隆重的晚会，是专门为欢送一位退休教师而举行的。这位邀请我参加晚会的女教师还比较年轻，她从二十岁起就开始教书了，离职退休的那天只有四十五岁。为什么阿纳斯塔西娅·格里戈里耶芙娜要退休呢？大家对此都疑惑不解。奇怪的是，这位女教师不想再多工作一天，她离开工作的日子正好是她在学校里工作满二十五年的那一天。阿纳斯塔西娅·格里戈里耶芙娜本人在向我们致告别词时说明了这一切，使我们的疑团顿解。可当时她还是一个年轻教师呀！她说："亲爱的朋友们，我离职是因为教师工作不是我热爱的事业。我在这个工作中找不到满足的感觉。这份工作不能给予我丝毫快乐，这是一种不幸，也是我人生的悲剧。我每天都处在焦急的等待中：快点上完课吧，这些喧闹声快点消失吧，快点让我独自待着吧。你们也许会感到惊讶，议论说：'这个女人年方四十五，可她就离开了工作岗位，要知道她此时正血气方刚健康状况良好哇！'事实上，我并没有强壮健康的身体，我的健康状况不好。由于工作不能给予我快乐，我的身体已经垮了。我有一颗严重患病的心脏。我劝告年轻一代，自我检讨一番吧——如果工作没有带给你们快乐，就离开这所学校，正确地估量自己在生活中的位置，寻找一份热爱的职业吧。要不然，长年累月的工作对你们来说将成为地狱般的折磨。"

亲爱的朋友，让我们一起认真思考下这个令人懊丧的故事吧。健康、情绪、精神生活的充实、创造性劳动的快乐、从事热爱的事业的满足感——这些因素都是紧密联系在一起、相辅相成的。在这里，健康应居首要位置。健康，对一个教育工作者来说是多么重要哇！如果被不治之症偷偷地袭近，教师的生活就会出现巨大的悲剧！要知道，这样的情况并不少见，一个教师才四十七八岁，他的身体已经开始衰颓。他才刚刚登上教育智慧的顶峰，稍微了解到教育者才艺的奥秘，刚刚形成自己的教育信念，可却没有力气再工作了。一个具有二十五年工龄（他还是一个十六岁的小伙子时就开始教学）的教师给我写信说："我很害怕临近四十五岁时就成了'荣誉的主席团成员''结婚仪式的主持人'。怎样工作才不至于让健康受到损害呢？要知道，为了工作，为了创造，首先需要有健康的身体，没有工作，我无法设想会有幸福。"

我曾和年龄从四十五岁到五十岁的四百名教师谈过话，每当话题涉及健康时，许多人抱怨说"心脏开始衰竭了""心脏有时不舒服"。心脏和神经系统出现问题，心脏功能减弱——疾病正是从这方面不知不觉地袭击一个教师的，这不仅限制了，而且往往完全终止了他的工作，迫使他提前离职退休。一个教师，应该格外爱惜自己的心脏和神经系统。我们应当在六十岁以前依然保持着健康的身体和愉快的精神。对一个教师而言，很难想象有什么事比心有余而力不足更令他可悲的了——他感到自己充满智慧和雄心壮志，可又感到自己体力不支。

但是，怎样做到爱惜心脏和神经系统呢？不要逃避所有能引起个人情绪方面的事，不要让自己养成冷漠和对什么都不感兴趣的态度，这里首要考虑到的是我们工作的特殊职业条件。

我们的工作——这是一种心脏和神经系统并用（心脑并用）的工作，每一天、每个小时，这种工作都在直接地大量消耗我们的精神力量。我们的劳动处于经常变化着的局面中，有时引起情绪强烈的激动，有时引起情绪的抑制。所以善于控制自己，把情绪掌握在自己手中，不致失控，这是最必需的教学本领之一，一个教育工作者的教学工作和他的健康状况都依靠这种本领。若不善于抑制时时刻刻产生的激动不安的情绪，不善于掌控好各种瞬息万变的状况，那么这会使教师的心脏极度疲劳，使他的神经系统过分紧张。

但是怎样培养这种本领呢？首先，应当了解自己的健康状况，了解自己的神经系统和心脏的独特性。人的神经系统按其自然本性来说是十分柔韧灵活的，一个教师应当善于把这种柔韧灵活性发挥到极致，引导到控制情绪的艺术高度。我培养自己这种本领的方法是：不容许那些负面的、消极的现象有冒头的可能。负面现象包括：忧郁阴沉，铁青着脸，夸大别人的毛病或生理缺陷，对孩子们"不正常"的意图和举动言过其实（这很难用言语表达，但这是我们教学工作的文化素养和操作方法的一大缺陷），用对成人的要求来要求孩子的不良做法，将很小的孩子训练成为爱好说教的人，或者是让孩子成为冷漠地接受各种道理和训诫的容器。我总是努力不使自己愤怒，不让愤怒加重，而是让它缓和减弱。怎样避开经常不断的压力，靠自己本身的力量扛过去呢？应该怎样做呢？最根本的办法有两种，第一种：把整个集体包括教师本人在内的能量转向一件要求大家精神一致的、集体创作的、每个人在劳动中都聚精会神的、互相交流知识价值的事情中去。经验让我深信，正是这样的集体活动似乎能使得教师各种压力放松（教师往往因承受这样的压力而深感憋闷），从而抑制住激动情绪，不让它挣脱出来，向外公开表现。如果不使各种压力放松，就会一直感到压抑，正如俗语所言，一颗心被一只拳头紧紧攥住，心情就会很烦躁，心里感到很恼怒，就会出现极端忐忑和不安的情绪，心中防卫感情危机的能力会变得很不稳定。在我们工作中产生这种感情危机的原因有两种——感情得到充分发作，大发雷霆；或者相反，感情被压抑，灰心、沮丧的情绪代替发作。

有一次，我带着一群孩子到森林里玩。我们集体里有一个伶俐机灵、顽皮淘气、像水银一样活泼好动的孩子，他就是长着翘鼻子、脸上生满雀斑、有着一双蓝眼睛的尤尔科。当时孩子们集合在一块林中空地上,正在听着我们训导:我们向前会走到哪儿,怎样在森林里不迷路,不走失。尤尔科这时却独自跑到密林深处,躲藏在某个沟壑里,从那里发出"喂喂"的喊声,好让我们大家都听得见……刚发现这种情况时,人们可能会认为,这个孩子的这种行为,完全是带着恶意企图的捣蛋,想给我们这次森林旅行制造混乱。但是我对自己说:不能夸大儿童的想法。要知道尤尔科还只是个小孩,二年级的学生,他不可能有那么深远的想法。于是,我没有紧张不安,没有发脾气和恼怒,我整好队形,以这次偶然事故为由组织了一次非常有趣的游戏。我说:"孩子们,让他走远吧,大家屏声静息,不要出声,我们要和尤尔科玩一次捉迷藏的游戏。我们都藏起来,让尤尔科找不着。"这么一来,不是我们急于寻找他,而是他会急于寻找我们。我们一声不响地行动,不让野草在脚下簌簌作响,我们偷偷走进一个我熟悉的森林洞穴,在此躲藏起来。孩子们十分欣喜地观赏着自己藏身的地方。尤尔科接连几次发出"喂喂"的喊声后又沉默了。这会儿,他已经在另一个地方模仿金黄鹂的鸣叫声,他逐渐走近我们坐过的林中草地。只听他高喊了一声"喂",我已经听出他的声音里隐含着恐慌。眼下他已经到了那片林中草地了,已经不再喊叫"喂"了,也不模仿金黄鹂的鸣叫声了,而是十分惊慌地叫着我们:"你们在哪儿啊?求求你们,发出声音唤我吧!"

不要强使自己压制内心的兴奋、激动,想办法组织一场活动吧,这场活动是完全建立在另一个世界、另一种眼光下的演出,演出的情景使你能从另一个角度来看待引起人兴奋、激动和恼怒、处在很大的压力下抑制的推动力[③]。将一些不愉快的、令人生气的事以一种玩笑的方式面对吧,这样你就成了这个集体的思想和感情的掌控者。

压制气愤和激动的情绪,使抑制的推动力变弱的第二种方法是幽默。紧张的局面有时可能引发很长时间的气愤、激动不安的情绪,但如果你们具有幽默感,就可以缓和下来激动的情绪。孩子们热爱和敬重笑容满面的、不灰心丧气的、不悲观失望的教师,这是因为他们自己就是快乐、有幽默感的人。他们善于在每一种举动中和每一种生活现象中看到欢乐的事情。善于开玩笑,运用逗笑的方式毫无恶意地、充满良好愿望地对待不良的现象,支持和赞扬积极的现象——这是好的教师和好的学生集体的重要特点。

一个教师如果缺乏幽默感,和孩子之间就会筑起一道相互不理解的高墙:教师不理解孩子们,孩子们不理解教师。意识到孩子们不理解你,便急得发脾气,这样的动辄发怒造成了一种状况——教师生起这种气来,往往找不到摆脱的出路。我亲爱的同事们,相信我,你们是每次和学生发生冲突时良善的一方,但这些冲突腐蚀学校活泼的躯体,毒杀学生集体的生命力,而这些冲突正是在这样的相互不理解中引起的。

教师工作的一个特征是脑力的高度紧张时期和相对平静时期的互相更替。多年的教学实践证明:教师的心脏和神经系统必须有一个暂停努力工作的长久持续时期,必须在一段长时间内暂停消耗神经系统的能力和精神力量。这些力量必须补充。这种补充的必备条件是合理地使用休息的时间。正确的休息(特别在夏天和冬天)可以不断增强和巩固神经系统的补偿能力,有助于培养克制力和沉着应付的能力,还可能练出一种技巧——使情绪洋溢的一时冲动服从理性的监督。许多在学校工作了三四十年的有着丰富经验的教师会说,他们一直在培养自制力和自我控制能力,特别是在跟大自然的长期接触中培养,因为在大自然的环境中,身体的紧张和思索与观察能和谐地结合在一起。

与此同时,在日常的劳动中,应当十分爱惜神经系统的力量,这也是保证心脏健康和精神健康的最重要的条件。

第三章
怎样在经常不断的活动过程中防止神经系统力量的衰弱

我们的工作是在儿童的世界里进行的，时刻都不应该忘记这一点。可儿童世界是一个特殊的世界，什么东西都不可能和它比较。应该认识清楚这个世界（但是能做到这一点的人不多），但仅这样还不够，还应当深入到儿童的世界中去体验。如果你们打算这样做，那么，孩子的星星之火就会在每个教师那里闪耀，永远不会熄灭。

儿童世界究竟是什么？我在这里只能给教师提供一些合乎实践的建议，而不企图对儿童的所有特征做出科学的、心理学的定义。我不妨这样说：儿童首先是带有感情来认识周围世界的。儿童的世界——这里居首位的是儿童用心灵对自己看到了什么和自己做的事情的认识。内心开朗、生气勃勃、富有表现力的、心灵生活、感情和情感容易表露——这就是作为我们教育工作的对象和工作环境的儿童世界。

儿童的心灵生活时时刻刻都带给我们满足或不满足、喜或悲、欢快或忧虑、迎刃而解或束手无策、宽慰或愤怒。儿童世界不断地带给我们极广博的情感音域，其中有好听或不好听、欢乐或悲伤的旋律。善于在这样的和声中了解清楚、安排恰当——这是教师在教育工作中让精神满足、心情欢乐和取得成功的最重要的条件。如果一个教师在和孩子们交往中除了招致伤心、发怒、愤慨这些负面感情，其他什么东西也没有得到，那么这不仅在他心中留下深刻的不愉快的感受，而且会干扰内脏器官的工作。如果一个教师不善于观察和感受儿童世界中复杂的情感，那么在他身上，常常会有神经系统失调的表现，其中最令人担忧并且令人恐惧的是神经系统能力的衰弱。

来自坦波夫州的 H. 利季娅写道："我一天总共有三节课，但是回家时身体已精疲力竭，不仅无力备课和读书，连动脑思考的力气也没有，这是怎么回事？在学校工作的那几个小时里，我好像一根拉紧的弦。孩子们的淘气让我片刻不得安宁。似乎，每一个小顽童只是在想方设法地让我感受各种各样的不愉快。上课时，我看见费佳往万尼亚的肋骨下推撞了一下，而万尼亚还击费佳，用尺子打费佳的头。其他的教师们都说，这些事都是鸡毛蒜皮的小事，可我却不能心平气和地看待这一切。我激动的情绪遍及全身，心脏几乎要从胸膛里跳出来，双手和双脚都气得麻木变僵。我责备一个学生，我想得到片刻的安静，但是声音颤抖，孩子们察觉到了这一点，我感到他们在哄笑着，恶毒地盘算着玩些新的把戏来令我懊恼不堪。这叫我怎么办呢？"

这已是不理解儿童世界引起的神经系统失调了。这个世界，就其整体而言是美好的，我亲爱的同行们，如果你们想了解它，就得如鱼得水地让自己深入其中去感受体验，它将带给你们比消极感受多得无法比较的积极的感受和健康的精神状态。学会用心聆听、理解和感受这首名叫儿童世界的音乐吧，首先要仔细感悟那十分光明的充满人生乐趣的旋律。你们不要只是童年音乐的聆听者、欣赏者，要成为它的创作者——作曲家。在儿童世界的音乐中创作光明的、充满人生乐趣的旋律吧，这种音乐关系到你们的健康、心灵的力量、心脏的状况。你们的小提琴、你们记载儿童世界音乐乐谱的小册子、你们指挥乐曲的指挥棒，这些都是十分简单而又十分复杂的东西，说穿了它就是乐观主义精神。请你们记住，在儿童、少年、青年中间没有蓄意作恶、图谋不轨的人。如果有时出现这样的人（只有千分之一、万分之一），那么就要引导他们改恶从善，让他们重拾人性，要知道浪子回头金不换，于是，重新弹奏充满魔力的小提琴和挥动神奇的魔术般的指挥棒——说明白点就是拥有乐观主义信念。

对待孩子，没有任何事情需要教师非严厉惩治、残忍对待不可。如果在儿童的心里萌生了做坏事的念头，那么首先要用善心驱除恶念。这不是宣扬不用暴力抵抗邪恶④，而是对儿童世界的一个切合实际的观点，我痛恨对儿童抱喋喋不休的、满腹狐疑的态度，我也十分不满拘泥于形式的循规蹈矩的要求和禁令。这不是要大家玩忽职守，也不是宣扬"放任自流的教育方法"，而是坚信在对待儿童时要有善心、抚慰和爱心，这并不是抽象的善心、抚慰和爱心，而是充满人性的、切合实际地对一个人满怀信心的善心、抚慰和爱心，这是一种强大的力量，足以证实人身上的一切美好的东西，从而将他培育成一个最合乎理想的人。我不相信一个在正确的教育和引导下的孩子会成为一个流氓无赖、寄生虫、恬不知耻、好撒谎者和堕落腐化的人。

乐观主义精神和对人充满信心是教育者和被教育者的创造能力、神经系统力量和身体健康永不枯竭的源泉。恳请你们不要让自己对一个人不信任和怀疑的种子在心田里生根发芽，对一个人不信任的萌芽，无论它开始发芽时是多么细小、多么不值得注意，它都会蓬勃生长、繁茂长大最终发展为一大危害。应怎样称呼这种危害呢？既然我在这里谈论的是身体和心灵的健康，我不妨将它视为一种病症，或者将它称为因缺乏诚心和爱意而产生的可怕的癌症。缺乏诚心、敷衍塞责的教学态度是致使心脏危险的疾病，这种疾病不只表现在心脏上面，也呈现在神经系统上面。它用一大片覆盖物遮住了教师的眼睛，使教师看不到人身上的美好的品质。缺乏诚心、敷衍塞责的教学态度就像一副制造幻象的眼镜，这副眼镜的镜片有放大和缩小两种功能。它将一个人的优点缩小到微乎其微的程度，甚至压缩成看不见的东西，而将一个人的缺点放大到怪诞的、荒谬的地步，以至于它遮蔽了人性最真实的微小特征。我年轻的朋友，一个教师身上的健康问题是从什么时候开始的呢？当他容许缺乏诚心、敷衍塞责的教学态度萌生发芽、蓬勃生长的时候，他的身体健康也就出现毛病了。他继续用种种小盘算和小动作为这种缺乏诚意的不良教学态度施肥，而这些小盘算和小动作与乐观主义的信任人没有丝毫共同之处,这么一来,他的健康问题就更严重了。缺乏诚心和爱意的不良教学态度是凶暴之母,而凶暴的教学作风,用形象的比喻,就是植物上尖锐的芒刺,经常对心田中那些最富有感情的角落造成伤害,使心灵疲惫不堪,造成神经衰弱。

恳请你们更多地和这些极细微的幸灾乐祸的火苗做斗争。比如,你们(但愿这样的事情在你们那儿永远不会发生)将一个学生"厉声训斥"了一番,在他处于活蹦乱跳的状态下,"击中"了他的要害,你们将他不高尚的行为举止记到笔记本中,一个欢快的想法在你们意识深处微微活动起来,于是你们对那个学生说:"你把我的笔记拿回去念给你的父亲听吧,你的父亲是个要求严格的人,看了我的笔记,他将会惩罚你的。"你们匆匆朝这孩子那双悲伤的眼睛一瞥,你们没有感到惊慌和担忧,甚至熟视无睹,安之若素。亲爱的朋友,请你们记住,此时此刻,你们就开始倒大霉了:在你们的心灵深处,幸灾乐祸这个恶魔有了容身之处。最初这个恶魔似乎像一只不伤人的、力量微弱的野兽,可实际上它像一条毒蛇。反过来,幸灾乐祸又孕育出不宽容和偏执,幸灾乐祸的心灵是又聋又哑的,它感觉不到儿童内心细微的、含蓄的活动,当话题涉及儿童的司空见惯的顽皮捣蛋行为时,幸灾乐祸的人将这种行为看作是恶行和不怀好意。对儿童顽皮捣蛋的行为不能容忍使得教师成为铁石心肠的说教者、重理性而缺乏感情的监督者,这样的教师是令孩子们憎恨的。学生们对爱找碴儿和小气挑剔的教师的回报是,千方百计地摆脱他,并惹出各种不愉快的事来使他懊恼。一旦这样的情况开始出现,教师的心脏就会不堪重负,因为他每时每刻都不得不抑制自己的凶狠和愤怒,导致自己精力耗尽。我的朋友,同这种情况做斗争吧,把它看作一种巨大的不幸吧。如果你们不能成功摆脱这种情况,你们就会成为一个易动肝火、经常暴跳如雷和阴郁无常的人,工作对你们来说会变成一种苦役,祸事和犯错会接踵而至,层出不穷。

满怀善意、有理性的仁慈——这应当是儿童集体生活应有的气氛以及师生相互关系应有的美好品质。"善意",是俄语中的一个优美单词,也是一种深刻、复杂、多面性的人际关系。如果这种善意是相互的,那么也就是说,一个人就可以向对面的那个人推心置腹,袒露自己心里的一切。

我曾说过无数次,并且我将反复强调,教师和孩子们互相对彼此怀抱善意,这就是连接心灵的最精细的线,多亏这些线(请记住,在我们的教学工作中,这种连接心灵的线无比重要),一个人无须言语就可以理解别人,不用说话就可以感到别人心灵最精确的活动。在学校里多年的工作经验让我坚定不移地相信,如果我对孩子们怀抱善意,并且在孩子们身上培养善心,他们就会爱惜和体谅我的心灵和神经系统,当我心里很难过,甚至连说话都困难时,孩子们都会理解我。孩子们察觉到我的情绪不佳,心事重重,他们连说话也不敢高声,会小心翼翼,无论上课时或课间休息时,都避免喧哗,尽可能为我创造良好的安静环境。我亲爱的教育同行们,使你们保持健康的永不枯竭的源泉就存在于这种心灵的相互感触,以及读懂别人的心的功夫之中。但是,当我们深入到学校生活的一个非常特殊的领域时,人们很少谈论这个领域的关系,实际上我们应当多谈,且有理智地议论。在这里,我指的是话题涉及的是善意的实质,这是情感教育最重要的一个方面。

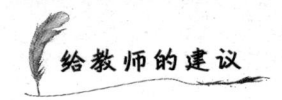

第四章
做一个满怀善意的人吧

做一个心地仁慈、满怀善意的人吧！这样的规劝属于对教育文化素养一般的、基础的要求，属于教育文化操守的情感方面的要求。做一个满怀善意的人，意味着你们对待孩子要像对待自己的儿子一样。一个孩子学习跟不上进度，学习落后；一个孩子做功课很困难，不能像他的同班同学那样完成作业；一个孩子或者少年做出流氓行为——这些都是不幸的事，如果这样的不幸落到了你们的儿子身上，你们会怎样做呢？大概不会采取勒令退学、降低品行分数等严厉的措施吧。当然，对一个聪明的父亲或聪明的母亲而言，理智会悄悄提醒他们：这样的严格处理是必需的、理所当然的。但是心里首先会暗暗提出最急需进行的是拯救儿子——要知道对一个人来说惩罚拯救不了他。心灵会要求父母采取某一种在儿子心灵中创造道德上的纯正无邪和精神上的美的解决措施，将他培育成一个有真正价值的人。这就是心灵的愿望即怀着善意地对待人。教师的善意首先表现在循循善诱，不让一个孩子变坏，当他跨出错误的第一步时及时警告他。要像做父亲或像做母亲那样期望他变好——阻止邪恶进入孩子的心灵，把邪恶关在孩子的心门外。如果在你们的心中，对每一个孩子都抱有这样的关心，如果每一个孩子对你们来说，不仅仅是班级日志上的一行字和一个代码，而是一个活生生的人，一个有个性的儿童，一个独一无二的人性世界，那么你们就很有把握，一旦一个孩子遇到了不幸的事情，你的内心就会提示你们应该怎样做，这是心灵的命令——在实际行动中保持善心。

做一个有善心的人，说起来很容易。但是善心是需要不断培养的，而且，只有当内心状态是相互的才成，也就是说，只有当教师对学生抱有善心，而学生对教师也抱有善意，它才能被培养成功。这是学校生活的一种极其微妙的和谐气氛。彼此以善相待是在一种广博的情感文化操守的环境中培养成的。我总是认为，教育孩子们用心灵去认识世界，用心灵了解某个人正处于何种精神状态下，不仅是亲友，而且能感受到人生道路上遇到的任何一个人的内心状态，这是一项最重要的培育任务。教会幼小的孩子们能感觉到他们所遇见的人内心沉重，有某件伤心的事情——这是最精细的教学功夫之一。下面，我想和大家分享一些经验，告诉大家我是如何在自己身上磨炼好这种功夫的，是怎样在孩子们那里培训这种情感文化操守的，以及我是如何使这种文化素养成为相互以善相待的首要条件的。

春天，在一片毗连学校的田野上，农妇们在甜菜种植园中辛勤劳作。每天早晨，地平线上刚刚显露出太阳的红色圆盘，妇女们便鱼贯而行，走向田野。此时此刻，我所教的一年级学生也来到学校的花园里，我们在自己的"美好的角落"里迎接日出，这个角落是蔚蓝色天空下的一处绿色教室——一个很大的绿色窝棚，浓密的葡萄叶子遮蔽着阳光，使我们免受烈日的曝晒。一群农妇在离我们两三米远的地方走过。如果我们安静地坐着，屏住自己的呼吸，我们就能看清她们脸上的表情、她们眼里所蕴含的每一个细小的情绪，还能听见她们的呼吸声。我教导孩子们说：仔细观察这些妇女的眼睛吧，学会感受和理解她们每一个人的内心世界吧——是无忧无虑的心安理得，还是布满阴云的苦恼。我们每天都能看见同样的姑娘们和妇人们。我们已经熟识了那个梳着粗大的淡褐色发辫、有着一双蓝眼睛的年轻妇人，她是两个小孩的母亲，在前去农作时，嘴里还哼唱着歌曲，一首接一首地唱个不停。她常常在小丘上驻足，欣赏蔚蓝色的天空，聆听云雀的歌声，脸上带着微笑。我对孩子们说："她生活快乐，她是幸福的。"

我们大家面对处在幸福中的人,心中也感到快乐,这种情绪是能感染他人的。另一个有着一双黑眼睛的妇人每天在狭窄的田间小径上拐弯时,总要采摘一些田间的花朵,我们从她的双眸里识读到明亮开朗、乐观愉快的情绪。有两个少女走到牧场上一处缓缓涌出的泉水旁,她们仰望着明镜般的天空,然后对着泉水将自己的头发弄整齐,欣赏着自己的美。我说:"看吧,孩子们,她们的眼睛里充满了欢乐。"而这个黑眼睛的妇人采摘完田间的野花后,她在一个小树墩上坐下,将野花编织成一个小小的花环。当然,这样的花环只能是编给某个小女孩玩,我说:"亲爱的孩子们,仔细观察她那双眼睛吧,你们从她的眼神里可以感受到母爱的温暖。"但是这儿——孩子们,注意看!有一个头发灰白的妇女走来了,留心观察她那双眼睛吧——那是一双多么忧伤和悲痛的眼睛啊!她的眼神里包含着多少伤心事和忧郁苦闷哪!眼下她停住脚步,看了一眼太阳,然后望着被花园的绿荫覆盖遮掩的村落,沉重地叹息着。瞧,她没有走田野上的小径,而是走在那条通往村落中心的大道上。她采摘路旁生长的野花,将一束花揣在怀里,向着一座战士的墓碑走去。这位战士在反法西斯战争中牺牲了。她把一束花放在这座坟墓前,看,她正在哭泣。

孩子们,在你们的面前,是世界上最伟大的人类的悲痛——母亲的悲痛。眼下她会再次从我们的"美好的角落"旁边走过,你们留心看吧,再一次看看她的眼睛。

孩子们坐着,屏声静息。没有一片树叶晃动,没有一根草茎摇摆,周围鸦雀无声。在我们面前的是母亲的一双悲伤的眼睛。我们聆听着她是如何沉重地叹息,观察着她是如何再度回头张望那战士的墓碑的。

即使不用言辞表达和解释,孩子们也明白,这位母亲的儿子在战争中牺牲了。我详细描述了这位母亲的巨大的悲痛:她的丈夫和两个儿子都在战争中牺牲了。

此后,我们上了一堂又一堂教孩子们认识人的心灵的课程,内容不断翻新。我们前往田野，坐在乡村小道的旁边，人们时不时地从我们旁边走过。

孩子们看一眼某人的脸色和眼睛，他们就能感受到他的内心世界。在头一个人那里，心中充满了享受平凡日常生活的乐趣，觉得平安是福；而在第二个人那里，心中却怀着某种令人激扬的珍贵理想。在第三个人那儿，初看起来，眼中有些疲劳，而且有点冷漠——不对，这人心中也不十分好受……第四个人满脸忧虑，也许是操心某些无关紧要的日常生活小事，也许是在担忧某件大事。转过眼来，却发觉正走过来的这位老大爷心中怀有某种悲伤和痛苦。孩子们感到震惊，警惕起来，他们在普通人的眼神中还从没有见过这种悲伤和痛苦。"他很痛苦……他有大灾难……应当问一问，怎样才能帮他……"孩子们七嘴八舌地说着。

他们走近这位老大爷，问道："用什么方法才能帮您呢？"老大爷将一只抚爱的手放在我们小季娜长着浅色头发的脑袋上，沉重地叹息着，说道："你们无论用什么方法都帮不了我，可爱的孩子们……我的妻子刚才在医院里去世……我现在要去找一辆汽车……我们一起生活了四十七年……你们无须帮我，可眼下我心中轻快了一些，因为遇到了你们这样的好心人……"

培养儿童的情感文化操守就是这样进行的。这是一个十分细致而长久的过程，要求教师要掌握分寸、非常关注、周密思考、深入了解每个孩子内心的精神世界。

一个孩子能用心感受到别人的喜与悲，他就成了一个有善心的人。但是，还有一点是十分重要的，就是他能领会教师的善意，并感受到这份善意，以善回报善——在教育工作中这种情形的重要性难以衡量。孩子的心灵应该被培养成能够领会抚爱、善心和真挚。你们一定听过教师的埋怨和诉苦（也许你们自己也表达过这样的想法）："怎么办呢？孩子不理解苦口婆心的好话……我待他一片真心厚意，坦露我的心肠，可他呢，毫无怜悯之心，还嘲笑我的善意。"很遗憾，这种铁石心肠是有根源的，其原因在于感情方面欠缺理解力，因为这个孩子在幼年时期没有学会用心灵去认识人。

如果你们教会学生用心灵去认识人，那么你们的善心就可以创造奇迹。教师的善意和仁慈应该朝向何处呢？首先应该对准孩子的脑力劳动方面。期望他在脑力劳动中取得良好成绩，这意味着要了解孩子的长处和短处，懂得他的脑力劳动的细微特点。你们的善心，作为一个强有力的培育手段，要始终发挥作用，直到你们培养的这个学生一心想要成为一个更好的人，直到他个人产生自尊心并经常不断发展这种自尊心。在教育事业中，正如我们看到的，在现象和事实之间存在着最紧密的联系：孩子的学习成绩影响着他的精神状态；孩子的精神状态反映在精神生活的充实，也影响着教师的精神生活和身体健康。如果一个学生努力上进，想要牢固掌握知识，那么你们努力工作就有一半值得庆幸的可能了。

学生个人的优越感依附于他学业有成，而学业有成依附于教师的善心，当然，也依附于这个学生心中接受教师的善心到了什么程度。我可敬的同行们，请你们记住，学生学业有成，他的自尊心是你们的创造性劳动乐趣的星星之火，等到这个星星之火熊熊燃烧时，你们将感到自己精神生活的充实和创造性劳动的快乐。

但是，又产生了另外的问题——怎样促使学生在学习中经常取得好成绩呢？怎样培育他的自尊心和优越感呢？怎样鼓动他产生这种追求上进的巨大精神能量呢？我将提出另一项建议，这项建议可以简短地用一句话表达：请记住，没有也不可能有抽象的学生。

第五章
没有也不可能有抽象的学生

为什么在一年级就常常有学习跟不上的落后生，而在二、三年级就可能遇到毫无希望的落后生，正如人们常说的，教师对这样的差生只能撒手不管了？这是因为在学校生活的最重要的领域，即脑力劳动的领域，缺乏对孩子们每个个体的因材施教的手段。

我们不妨设想一下，假如强使一群刚刚入校读书的七岁儿童进行同样的体力劳动，比如运水，一个孩子运了五桶水就已经筋疲力尽了，而另一个孩子可以一口气运二十桶水。假如强使那个体弱的孩子搬运二十桶水，这是滥用他的体力，会损伤他的身体，到第二天他就什么事都不能做了，甚至可能会住进医院。因此，给孩子们分派体力劳动时应根据体力的差别而区别对待。同理，为了让孩子们做好脑力劳动，也必须区别对待。一个孩子接受能力强，善于动脑子，完成作业快，记忆知识长久而牢固；而另一个孩子，脑力劳动进行得完全是另一个样：对教材领会得十分慢，知识保存在记忆中不长久、不牢固。但在未来（这种情况并不少见），恰恰是这个学生在学业方面和智力发展方面，取得了更加有意义的成就，反而超过了那个早期学习较好的学生。没有抽象化、绝对化的学生，不能对一个学生机械地搬用一切教育和培养的规律。不存在某种对一切学生都适用的"获得好成绩"的前提条件，而"获得好成绩"本身也是一个相对的概念。对一个学生而言，成绩好的标志是"五分[⑤]"，而对另一个学生来说，"三分[⑥]"就是大的成就。善于鉴别每个学生在某个阶段的学习能力，确

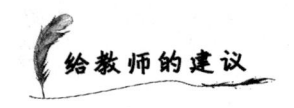

定日后他的智力才能如何发展,这是教学智慧中极重要的部分。

学生的自尊心和优越感的维护和培育取决于教师如何看待学生的个人学习成绩。不应该要求孩子做他不可能做到的事情。任一科目拟订的教学大纲,只代表一定的水平和固定的知识范围,但不是一个活生生的孩子。不同的儿童朝这个水平和这个范围的知识前进是一步一个脚印、各有各的方式的。某个孩子在一年级时已能完全独立地吃透习题并解答;另一个学生要到第二个受教育的年末甚至第三个学年才能做到这一点。教师应当善于鉴别一个孩子通过怎样的途径,如何克服种种困难才能达到教学大纲所规定的水平,教师也应有能力鉴定每个学生要怎样才能在脑力劳动中具体实现教学大纲的要求。

归根究底,教学和教育的艺术和技巧是为了开发每个孩子的能力,尽其所能地让他在脑力劳动中获得成功的喜悦。而这意味着教师在教学中应该秉持个体化区别行事,无论在脑力劳动的内容方面(在习题的性质方面),或是就上课的时间来说,都应当区别对待,有所不同。富有经验的教师在一堂课中向某个学生提出两三道题,甚至四道习题,而对另一个学生,仅仅给予一道习题。某个学生接到的是较复杂的题,而另一个学生接到的是较简易的题。一个学生需要在语文方面完成创造性的书面作业,比如,写一篇作文;而另一个学生只需就一段文学作品的课文做些练习。使用这样因材施教的方法,所有的学生都在进步中,只是一个学生的成绩进步得快一点,另一个则慢一些。学生因为自己的作业获得评分,他在分数中看到了自己的劳动和努力,学习带给他精神上的满足和获得知识的喜悦。在这样的情况下,教师和学生的相互关怀和相互信任结合在一起。学生不再将教师只看作是严格的监督者,而在他对教师的评价中,教师是引导他前进的拐杖。他坦率地对教师说:"这道题我做不出来,我不能完成这个作业。"他的良心是十分敏感的,他不会采用抄袭或考试作弊的办法,他想树立自己的尊严。

用形象化的比喻来说,在学习成绩上取得成功是开辟了一条通往儿童心灵某个角落的小径,在那里燃起学生期望上进的星星之火。请珍惜这条小径和这星星之火吧。

我有一个朋友,名叫 И.Г. 特卡琴科,在基洛沃格勒州波格丹诺夫斯基中学工作,是一名优秀的数学教师。他是这样讲述自己的备课工作的:"我周密思考着每个学生将做什么样的习题。我为所有的学生都选配了一套作业,这套作业他们都能做好。如果一个学生没有把习题做出来(尽管这是在掌握知识的道路上迈出的很小的一步),这堂课对他来说就是徒劳无益的。无效的劳动危害甚大,没有什么比这种危害更严重,无论学生还是教师都应当防备它。"

大家观摩一下帕夫雷什斯基中学两位教师 А.Г. 阿里谢普科和 М.А. 雷萨克的数学课吧。在解答习题的时候(解答习题占了上课的 90% 的时间),班级会分成若干小组。分配在第一组的是学习成绩最好的学生,这些学生不需要任何帮助就可轻而易举地解答任何习题,并且在这个小组中,还有一两个学生无须动用计算本就能够口头解答数学题,教师还没有念完题目的已知条件,学生就举起了手。对于这一组学生,除了按大纲出题外,教师还可挑选一些超出教学大纲的习题给他们做。应当让这些学生的智力尽量发挥,给这些学生布置力所能及、但又相当难、需要努力动用脑力的习题作业,偶尔还应当出一道学生无法独自解答的难题,但这些难题只需教师稍加提示,他们就可以做出来。

第二组是一些勤奋向上、学习用心的学生,对他们来说,进行一定程度的脑力运用,依靠苦苦探索,克服一些困难后,也可以出色地完成习题作业。教师一提起这组学生,就说他们是以爱动脑子、埋头苦学取胜的,他们成绩好是因为勤勉和坚持。

分配在第三组的学生不用帮助就可以完成中等困难程度的作业,但复杂的习题他们有时做不出来。在做习题的过程中,帮助他们颇不容易,需要很高明的教学技巧。

第四组学生领会和解答习题都很慢。在课堂上,和第二组、第三

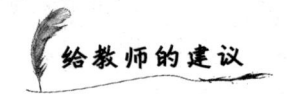

组的学生相比，他们完成作业要多花费两倍到三倍的时间，但无论在什么情况下都不要催促他们。

第五组是些个别的学生，他们一般不能解答出中等困难程度的题目。教师要为他们挑选一套精心设计的题目，使他们总能获得一些成绩，即使这样的成绩微不足道。

这些小组并非固定不变的。能使学生因取得成绩而感到喜悦的脑力劳动，最终结果是能使学生的才能得到进一步发展。

在教师使他的每个学生都取得成绩的课堂上，细看一下这位教师上课时学生进行脑力劳动的情况吧。这样的课堂里笼罩着相互信任和怀有善心（关于这一点上文已详述）的气氛，充满了昂扬奋进的精神。每一个学生都力求通过自己的努力达到目的，你们可以从孩子的眼睛里时而看到集中注意力的紧张思考，时而看到欣喜的火花（找到了正确的解题途径），时而看到沉思默想（从哪个角度才能解这道题目呢）。对一个教师来说，在这样的气氛中工作是极大的享受。我尊敬的同行，请你们相信，上这样的一节课，无论教师的工作多么紧张，他都有时间喘一口气，缓和一下，没有这样的喘息时间，要一连上四五堂课是十分困难的。

我在五至七年级执教数学多年，上数学课的同时，一面还轮流上文学课和历史课，请你们相信我，对我来说，上这样的课的确是真正的休息。在这样的课堂上，每一个学生都能体验通过运用智力而取得成功的喜悦，这样的课堂不会使教师由于过分紧张而精疲力竭，教师不用担心有不愉快的事情发生而心里紧张忐忑。他不需要留神那些机灵的、坐不住的孩子——以往，因为无所事事，这些孩子偶尔会用戏谑顽皮来"款待"教师，因为在这样的课堂上，他们的精力被引入了做正事的轨道。如果教师成功地让这些淘气鬼和顽童都"套上笼头"，让他们做力所能及的脑力劳动，并许诺一定能取得成绩，那么他们就会认真专心地做习题了！在紧张的劳作中，他们活跃的心灵敞开了，他们成为令人认不出的孩子了：他们都专心致志于怎样才能更好地完成作业。

某些教师总是和我诉苦,从而引起我的困惑:学生在课堂上胡闹,做些和上课无关的事情。唉,我尊敬的同行,如果你们能根据每个学生现有的情况进行因材施教,使每一个学生都热心于学习,就不可能有这样的事发生了!

眼下涉及我们教学工作中的一个尖锐的问题:怎样工作不会让我们疲惫不堪,不会使我们感到神经系统和心脏无止境的紧张。这样的疲惫和紧张是由于时而不断地突然发生在眼前的"紧急事件",或者是"天真无邪的淘气"所引起的。这虽然是些微小的、甚至难以察觉的事情,但是如果积少成多,就会使我们不能正常工作和生活。

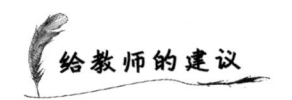

第六章
时间应耗费在什么地方?一昼夜只有24小时

这句话我引自女教师 Г. 克那斯诺雅尔斯卡娅的一封信。是的,没有时间——这是教育工作的长鞭子(意为灾难)。这根长鞭子不仅抽打着教师在学校里的工作,也抽打着教师在家庭的生活。教师也是人,和所有人一样,需要时间料理家务和养育自己的孩子。我手中有些非常准确的资料表明,许多中学毕业生都害怕进入高等师范学校,因为他们都有这样的想法:从事这个职业的人们都没有自由的时间,尽管有长时间的暑假和寒假。

我手上还有一些有趣的数据:调查人员向五百名有孩子在高等学校读书的教师提了一个问题:"您的孩子在什么学校学习,读的是什么专业?"只有十四个人给予这样的回答:"在师范专科学校"或者"在培养教师的大学里学习"。接着又提了一个问题:"为什么您的孩子不想当教师?"四百八十六人回答说:"因为他们看见了我们的工作的确不轻松,连一分钟的自由时间也没有。"

对一个教师来说,如何巧妙地安排好工作,以便有更多的自由时间呢?这个难以解决的问题常常以这样的形式被提出来。实际上,这很难做到,因为在教学工作中,已经形成了这样的固定格局:一个教语文或数学的教师每天在学校里工作三四个小时外,他还必须要备课和修改作业,这个时间不少于五个小时,何况,还得做不少于两个小时的校外工作。

怎样解决时间问题呢?这也是学校生活中那些包罗万象的问题之

一。这个问题，正如学生的智力发展问题一样，直接取决于他在学校里所做的一切事情。

主要问题在于教育工作的作风和性质本身。有一位有三十三年教龄的历史教师，以"苏联青年人的道德思想"为题举办了一堂公开课。前来听课的有区教员进修班的学员、区国民教育处的督学员。这堂课讲得很精彩。这些教师们和督学员本来准备在上课时做些简短的笔记，以便课后能提出一些意见，可他们居然都忘记了做笔记。他们坐着，屏住呼吸，像学生那样专心致志地入迷听讲着。

课后，邻校的一位教师说："是呀，你把心灵献给了学生。你说的每一句话都蕴含着巨大的思想威力，好像一颗颗的子弹直击重心，请您说说您为这堂课准备了多久？一定不止一个小时吧？"

"我为这堂课准备了一辈子，"这位教师回答说，"总之，每堂课我都准备了一辈子的时间。可是，直接做好这个课题的准备工作，也可以说是教研室里的准备工作，我只花了十五分钟。"

这个回答稍稍打开了一扇通向教学的高明技巧之一的小窗。像这位历史老师一样的教师，据我所知，在我所在的区里，我就认识十三个。他们不抱怨缺少自由时间，他们每一个人都是这样述说自己的每一堂课的——他为每堂课都准备了一辈子。

这样的备课包含了什么呢？就是阅读。在自己的一生中每天不断地和书本建立友谊。这是一条一天也不间断的思想的潺潺小溪，它不断充实着思想的河流。阅读不是为了上明天的课，而是出于本能的需要，出于对知识的渴望，如果你们希望自己有较多的自由时间，希望坐在教科书前备课时不是以单调乏味的形式，那么就多读些有关科学的文献、图书和文艺作品吧。你们应当多读书，因为学校的教科书对你们来说只是最浅显的课本，只是你们正在传授的科学知识的基础。徜徉在科学知识的海洋中，教科书只是其中的沧海一粟，你们正在将这方面的基础知识传授给学生们。读书读到了功夫圆满之日，备一次课就不必花上好几个小时了。

在最优秀的教师那里，教学技艺达到完美无缺、登峰造极恰恰是以多读书作为首要条件的，因为日复一日地阅读能源源不断地补充他的知识海洋。如果一个教师在其教学初期，掌握的知识宝库与他应当传授给学生的基本知识的比例是 10∶1，那么，在他的工龄到了 15~20 年之时，这个比例逐步改变为 20∶1，30∶1，50∶1——这一切全归于读书之功。随着年月的推移，在这位教师知识宝库的海洋中，学校的教科书，变成越来越小的微末点滴。在这件事情上，教师理论知识不仅有数量上的增长，而且数量转变为质量：知识背景越广阔，教科书越显得像明亮的光流中一缕细小的光线，作为教育技巧基础的业务能力就越显著，这是在上课讲解教材时（叙述、讲演）分配注意力的能力。例如，教师在讲解三角函数时，他的主要思维不是放在三角函数上面，而是在关注学生们——他在观察每个学生如何做习题。哪个学生在理解、思考和记忆方面遇到了困难，在教学的过程中，他不仅在教课，而且在对学生进行智力培育。

　　教师的时间问题与教学过程中的一系列其他因素和各个方面紧密关联。这些因素和方面好像涓涓细流，它们供养一条大河，这条大河就是教育工作和创造的时间。怎样使得这些涓涓细流永远生机勃勃和潺潺流水呢——关于这一点，我打算提出几条建议。

第七章
教师的时间和各教学阶段的相互依存

这一项建议主要是向低年级的教师提出的。我尊敬的同行，低年级的教师是如何工作的，直接关系到中年级和高年级的教师的时间预算。如果留心观察中学教育的第二阶段（四至八年级）和第三阶段（九至十年级）的教学过程，就可以得出一个结论：在这里残忍吞掉教师时间的是无止境、无效果的督促"拖尾巴"的后进生的工作。教师无法讲解新的教材知识，正如上文已经解释明白的，一部分学生不能领悟这些教材上的新知识，因为教材上的旧知识他们还没有完全掌握，于是教师们不得不想办法，这种办法与其说是如何沿着认知的小道向前继续推进，倒不如说是如何消除学生滞后现象（有时这部分学生是如此之多，以致教师只好补课，并且似乎是不得不带着全班一起补课）。这不断耗费着教师在学校和在家里的大量时间。

消除大量学生赶不上进度的现象，这似乎是一项不可避免的工作，教师在教学过程中担负起这副重担已经司空见惯，可究竟为什么会出现这种情况呢？

我要给低年级的教师提出一些建议：

尊敬的同行，请你们记住，中年级和高年级的教师的时间安排（即预算）取决于你们，你们是教学和培养中首创精神的缔造者。在小学低年级阶段的许多重要的任务中，居首位的是教会孩子们学习。你们应重点操心的一件事是：在孩子们掌握的理论知识范围和实际的能力之间建立正确的相互关系。

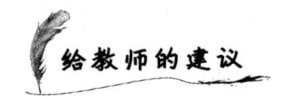

请你们记住，中年级和高年级的后进生学习落后的现象，主要表现为不会学习和掌握知识的结果。不用说，你们应致力于使孩子们的综合发展达到高水平，但是……首先需要教会孩子熟练地读和写。不会流畅地、自觉地、富有表现力地阅读，不能领会读的课文内容，不会流畅地、无错误地书写，那就谈不上以后在中年级和高年级能富有成效地学习。所谓富有成效地学习，是指教师不用被迫无止境地"督促"和"鞭策"那些学习落后的学生赶上教师的教学进度。你们应教会低年级的全体学生好好地读书，使他们读书时学会思考，做到一边思考一边读书。读书应当达到无意识性的程度，也就是在大声朗读前，用视觉和意识已经领会了书中的内容。这种无意识性的超前功夫越成熟，在阅读时思考的能力就越强——而这是学习优秀和综合智力发展的非常重要的条件。我深信，在中年级和高年级的富有成效的教与学首先依附于学生自觉读书的能力，也就是读书时会思考，一边思考一边读书，所以低年级的教师应当专心研究怎样在每个学生身上发展这种能力。三十年的教学工作经验使我相信，学生的智力发展取决于良好的读书能力。读书时善于思考的学生，做任何作业都比不能流畅阅读的学生更快，成绩更好，这种一目十行的读书本领，初看起来没有什么了不起，可实际上并不简单。会读书的人不是读死书，他的脑力劳动中没有死记硬背的成分，他读课本和其他书籍的方式与不会边读边思考的学生有天壤之别，他在读书的同时，能清晰了解文章整体和其组成部分的相互依存和相互制约的关系。

一个学生如果善于边读边思考和边思考边读书，他就不可能出现学习进度赶不上的情况。如果班上没有学习落后的学生，任课教师就能轻松地工作。实践证明，对一个学生来说，如果阅读是通往知识世界的最重要的窗口，那么他就没必要花费很多时间来进行补课。教师就有了同个别问题学生分别谈话的机会，但是这些谈话不是长时间的上课，而是进行指导和劝告，告诉他应如何独立掌握知识，如何避免不及格和落后。

如果学生不知道他在哪些方面落后了，需要什么样的帮助，教师就根据不同情况同他进行谈话。

　　学生在中年级和高年级学习成绩好，也取决于他在低年级学习迅速和自觉地书写达到了何种程度，还取决于这种书写能力后来是如何发展的。书写能力和阅读能力同样重要——这是一种工具，孩子掌握知识要依靠这种工具的帮助。学习成绩和时间的合理使用都取决于将这种工具运用到了何种程度。我建议低年级的教师们，你们要设定一个目标，要使孩子在四年级结束时就掌握好流畅的书写能力。只有具备这样的条件，他才能顺利地学习，教师才能和经常去帮助落后学生的这种现象脱离关系。应当努力让学生学会边书写边思考，做到书写字母、音节和单词没有占据他的注意力。请你们给自己提出一个更实际的目标：你们随便对学生们讲解什么，让他们边聆听，边深入思考你讲的内容，与此同时，他们简明扼要地写出自己的思想。应当在三年级时就教会孩子们具备这种能力。如果你们成功达到了这个目标，我可以很有把握地对你们说，你们的学生将来不管什么时候都不会是学习的落伍者，他们已有了获取知识的能力。这也为中年级和高年级教师节省了时间，维护了他们的健康。

第八章
怎样让学生将基础知识在记忆中保存下来

在学校三十年的工作经验让我发现了一个重大的秘密（据我看来，这的确是）——一条独特的教育规律：在中年级和高年级出现的学习落伍和成绩不好的现象，是因为学生在低年级学习时没有把那些最初级的、最简单的基础知识记牢，没有将这些知识牢固地保存在记忆中。请你们设想一下吧，一座计划中要建造的建筑物，地基却被建立在不坚固的水泥上面，水泥灰浆每时每刻都在洒落，砖头、石块不断地掉下来。人们每天都在补漏和排除建造中的缺陷，永远处于建筑物可能要轰隆一声倒塌的危险中。你们想想，许多四至十年级的语文和数学教师就处于这样的境地中：他们在建造一栋高楼，而楼的地基却不稳固，正在瓦解。

低年级的教师们，你们最重要的任务，是将一座建筑物的地基打牢固。牢固的程度要达到后来接手你们教育工作的教师不用总是为学生的基础知识不牢固而伤透脑筋才行。你们着手进行一年级的教学工作时，请务必将四年级的教学大纲拿到手中作为参考，尤其是语文和数学的教学大纲，这很有必要，同时还要找来五年级数学教学大纲看看。请你们找到一些四年级的历史、自然、地理课的参考读物资料，还要找到四年级有关这些科目的教学大纲，把所有这些资料放在一起，进行比较吧。请你们周密思考一下，为了使学生在四年级和五年级成绩优秀，当学生在读三年级时，应当知道哪些东西。

请你们首先关注最基本的识字问题。在俄语中有 2000 至 2500 条拼写法，这些拼写法是学习科学知识和识字知识的基础。经验证明，如果孩子在低年级时可以牢固地记住这些拼写法，他就会成为一个能识字的人。但是意义不仅仅止于此。在低年级时学会的识字知识乃是在中年级和高年级掌握科学知识的工具。

我教低年级的孩子们时，总是在自己面前放一张最主要的拼写法表——这是最基础的识字知识的清单。我是这样安排 2500 个拼写法的：每个工作日必须教三个单词，让孩子们在练习本上反复抄写这些单词，并且记住不忘。每天为这项学习只要花费几分钟。儿童时期的记忆力是十分灵活、机敏的。如果善于管理、引导儿童的记忆力，不让它负担过重，孩子的记忆力就会成为你们的得力助手。学生在儿童时期记住的东西，永远不会忘记。"管理记忆的办法"在这个情况下可以归结如下：工作日的开始（第一节课前），我在黑板上书写三个今天要学的单词，比如：草原、暖和、簌簌声。孩子们一走进教室，马上在一个拼写法词汇本（一至三年级，他们都使用这个本子记录生字）上抄写下这些单词。他们思索这些单词的写法，在这些单词的旁边写下一些同根单词。这项练习会持续三四分钟。学生们就逐渐眼熟了这些单词，不再感到陌生和难以认识了。

接下来的学习带有游戏性质，其中明显表现出自我教育和自我检查核对自己作业的成分。我对孩子们说："你们在回家的路上，要想想我们今天练习抄写的这三个单词，默想这些单词是如何写的，并在脑海中不断重现这些单词的轮廓。第二天早晨醒来后，马上回忆这些单词的写法，并且凭记忆把这些单词写在一个练习本上。"（这里指的是一个普通的本子，可以作为第二个拼写法词汇本）没有一个学生不会被这项游戏吸引，如果这项游戏从一年级就开始了，如果教师对这种做法很有信心并相信会取得成功，如果他爱孩子们，如果他一生中没有对学生做的某些事感到厌烦的时刻，那么学生们是会爱做这样的游戏的。

从一堂课到另一堂课的学习中，学生在不断地进行着练习，这些练习多种多样，其目的是系统地复习已经记住的拼写法，并学会使用它们。有一项练习是记住四百个修辞短语，我认为这项练习是最重要的练习作业之一。按我的见解，这四百个修辞短语是基础的语言文化的骨架。我在低年级教学的数年中，要求孩子们不断记住由于日常用语的影响而常犯的典型错误的某些修辞学的短语。

我再次强调，在教学过程中的游戏成分具有很大的作用。我收集了六百个"故事词汇"，也就是说，这些词汇常常在童话故事中反复使用。我在低年级教学的四年时间里，和孩子们一起共同描画了数十个童话故事，孩子们在这些图画下面加上文字说明，这些文字说明所用的词就包含在这六百个词汇中。这是一种可以巩固拼写法基础知识的最成功有效的方式。

根据多年教低年级数学的经验，孩子们须牢记一些基本的运算。由于多次重复地运用它们，这些运算似乎成了数学的公式。对这些运算过程熟练到一定的程度，每次使用它们的时候，就不必大伤脑筋、绞尽脑汁地去想。这不仅仅是指乘法表，也包括最常使用的一千以内的加减乘除运算，也包括数量大小的最典型的测量和变换。我这么说的出发点是：中年级和高年级学生的脑力劳动不应该被千篇一律的单调运算作业占据大比重，要尽可能多地把精力用于创造性的工作中。

不用说，所有学生学习都是以自觉地掌握学习资料为基础的，可是，必须注意的是，也会有一些解释不清的情况发生。我在教学时，力求做到把学生自主的注意和记忆同不由自主的注意和记忆结合起来。

第九章
发展学生思维的"两套教学大纲"

教师时间不够主要是因为一些孩子很难教会。我思考了许多年怎样减轻学生的负担。将实践应用作为获取知识的基础，仅仅是解决这个问题的第一步。让学生将知识记住并保存在记忆中，是解决这个问题的继续。我劝告每个教师：在分析知识内容的同时，从其中划分出学生应多次重复记忆和经久不变地保存在记忆中的资料。在教学大纲中正确地判断哪些是知识的"枢纽"，这是教师极重要的教学功夫。知识的"枢纽"就是知识的重点和中心。学生的思维和智力的发展，学以致用的能力都取决于其掌握重点知识的牢固程度。知识"枢纽"包括重要的结论、概括、公式、规则、定律和规律，这些内容反映出这门学科的特征。在一位有经验的教师执教的班级，学生们都会有特殊的笔记本，用来记下那些需要反复记忆和经久保存在记忆中的资料。

需要记住的资料越复杂，在脑海中需要记牢的综述、结论、规则就越多，学习过程中的"智力背景"就越有重大的意义。换句话说，为了牢固地记住公式、规则、结论和其他综述，学生应当通读和认真思考许多无须记住的资料，阅读应当与学习紧密结合。如果阅读能加深对一些事实、现象和物体的深入了解，而这些事实、现象和物体是保存在记忆中的知识概括的基础，那么这样的阅读有助于记忆。这种阅读可称为智力背景的建设者，而"智力背景"对于学习和记住资料是必不可少的。只要学生读书的动机是出于对阅读的资料感兴趣，出于想了解、思考和领会的愿望,那么,对他来说,记住必须学会和牢记的资料就比较容易。

我常常考虑到这个十分重要的规律性,因此,我在自己实际的教学工作中常常有两套教学大纲:第一套是必须学会和记住资料,第二套是课外阅读,以及一些其他的信息来源。

就需要牢记的资料而言,物理是一门最困难的学科,特别是六至八年级更是如此。这个阶段的教学大纲包含了十分丰富的概念。我执教这门科目的六年中,总是追求一个目标:使课外阅读和近期新学会的每个概念相适应。在某些时刻所学习的概念越复杂,学生读的书籍就应当越有益、越有吸引力。学习电流定律的时候,我编制了一个合理的、专供学生课外阅读的图书推荐表,这个表包括五十五本关于各种自然现象的书,五花八门、形形色色的带电的物质的性质就是建立在这些自然现象上的。

我激起了学生们强烈、活泼的思维热潮。他们七嘴八舌、接二连三地向我提问:这是什么东西?这是怎样发生的?为什么?在所有提出的问题中,大约80%是以"为什么"这个词开头的。学生们不明白的事物和现象有很多。他们对周围世界不理解的东西越多,就越明显地表现出求知欲,对知识的领会能力就越强。学生们对我讲的所有东西一下子就能领会了。在给学生讲关于电流就是自由电子流这个初步科学观念时,在学生的头脑里,许多问题恰恰是关于这个复杂的物理学现象的:对他们的问题的回答似乎是往学生头脑中的世界图景的空白处添砖瓦,而世界图景则是学生们依靠读书和早先获得的知识在想象中已大致形成的。

我在高年级执教生物学三年。这门课程理论概念特别丰富,要学生理解这些概念颇不容易,要他们长久地记住就更难了。当学生学习一些基础的科学概念,诸如生命、生物体、遗传、新陈代谢、有机体等的时候,我就会想办法从科学的和科学普及的杂志、书籍和小册子中挑选专门的资料给他们阅读。"第二套教学大纲"就将阅读这样的小册子、书籍和论文列入其中。学生熟悉这些资料后就会对一系列复杂的科学问题产生兴趣，随之而来的是对新书产生兴趣。在学习生物学的小伙子和姑娘那儿，对周围自然界的各种现象具有十分浓厚的兴趣，其中尤感兴趣的是新陈代谢的多种形式。学生提出的问题越多，认识得就越深入。他们中没有一个人的回答所得到的分数低于四分。

我奉劝所有的教师们，为了让学生将教学大纲的资料学好、记住和牢固保存在记忆中，搭建好智力背景吧。想要学生牢固地掌握知识，只有当他开动脑子思考的时候才能做到。请你们周密思考一下，怎样才能使此时此刻学习的课程和不久之后将学习的课程，成为思维、分析和观察的对象。

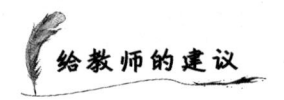

第十章
谈谈做"学习困难"的学生的工作

做"学习困难"的学生的工作是我们进行创造性教学工作中的一颗最难啃的"坚果",对于这一点,恐怕没有一个教师不同意我的观点。对那些领会和掌握教材比大多数学生要多花费三至五倍时间的差生来说,对那些第二天就忘记了所学的东西的健忘者,为了防止他们忘记,应当在学习教材后让其反复做练习,复习、操练的时间不是隔三四个月才进行,而是两三个星期就要进行一次。

超过三十年的教学工作经验使我深信不疑的是,"第二套教学大纲"(上文已提及)对这些学生正好起着格外重要的作用。对这些学生来说,将他们的学习仅限于必须背熟的资料之内,是特别有害的——限制学习范围会使他们变愚钝,养成死记硬背的坏习惯。我尝试过许多减轻这些学生脑力劳动的方法,并且得出一个结论:最有效的手段是扩大阅读范围。不错,对这些孩子而言,必须尽可能地多阅读。我在教三至四年级和五至八年级的学生时,总是关心和操心着,为每个"学习困难"的学生挑选了一些以十分鲜明、有趣、富有吸引力的形式阐明各种观念、概念和科学特征的书籍和文章,让他们阅读。应该让这些孩子的脑海里产生对周围世界的物体和现象尽可能多的疑问,他们应当带着这些疑问向我求教——这就创造了对他们进行智力教育的十分重要的一个条件。

"学习困难"的孩子应该读什么读物?他们在周围世界会遇上什么?有时应该向他揭示些什么知识,让他们感到新奇古怪呢?这都是做"学习困难"的学生的教育工作中的要求，我总是为这些要求动脑思索，我建议所有的教师都关注这方面的要求。大脑半球皮层的神经细胞萎缩、懒散和衰弱是可以用万般惊讶和新奇古怪的感觉医治好的，就像肌肉的软弱无力可以通过体操锻炼医治好一样。很难说，当某种令儿童惊讶不已的事物出现在一个孩子面前时，他的头脑里究竟会发生何种反应。但是上百次的观察得出一个结论，那就是在人万分惊讶、觉得稀奇古怪的瞬间，某种强大的刺激因素在起作用，这种因素唤醒大脑，强迫它加紧工作。

小费佳的事例令我永远难忘。我教了他五年——从三年级教到七年级。对他来说算术习题和乘法表是学习路上像石头一样坚硬的障碍物。我知道这个孩子只是无法记住算术题的已知条件，在他的意识中不会将目标、物体、现象作为条件的基础形成概念。这个孩子刚试图将注意力转入下一个问题，下一秒就将上一个问题忘记了。在这方面和费佳相似的孩子，在其他班上也有，虽然他们不完全像他一样，缺点也没有他那样多。我为这些孩子量身打造了一本特殊的习题集，其中大约有两百道习题，主要从国民教育学中取材。这本习题集的每一道题都是一个有吸引力的故事。其中大多数不需要做算术运算，解答这样的题目首先意味着要动脑思考。下面是从我编的《疏忽大意、漫不经心的学生习题集（Задачника для рассеянных и невнимательных）》中摘取的两道：

（1）有三个牧人，由于夏天很炎热，躺在树下歇息时睡着了。牧人的助手（半大孩子）是个淘气鬼，用橡树上长的"墨果"往睡觉的人额头上涂抹，三人醒来后都笑了起来。但是每个人都认为其他两个人是在互相嘲笑对方。突然一个牧人收起了笑容，他已经猜到他的额头上也被涂抹上了，他是怎么想到的呢？

（2）古时候，在广阔的乌克兰草原上，有两个相距不远的村落——普拉夫杜内（意为说真话的）村和布列胡内（意为撒谎的）村。普拉夫杜内村的居民总是说真话，而布列胡内村的居民总爱撒谎。如果你们中有谁得以迅速回到古代，落入这两个村落中的一个，你们只要向第一个遇见的当地居民提出一个问题，就可知道你们落到哪一个村落了。你们应当提出什么问题呢？

最初，我们只不过是阅读这些习题，当作关于鸟类、动物、昆虫和植物的一些有趣的短篇故事来读。过了好久，费佳终于明白，这些故事是习题，是需要解答的。这个男孩开始集中思想思考一道最简单的题目，在我的提示下，解答出了这道题。解题的简单使他感到惊奇。费佳问道："这是不是意味着，这个习题集的每一道题都是能解开的？"他整天离不开这个习题集，每一次解题都能体验到成功的莫大喜悦。他把已解答的习题抄写在一个专门的笔记本上，在文字的旁边他还画出了习题中的鸟类、动物和植物。

我为费佳配备了一个专用的小书库，里面有近百本小书和小册子，这个男孩从三年级到七年级都在阅读这些精神食粮。后来，另一个小书库也建成了（约有两百本书），除了供费佳读书外，两年时间里，还有三个学生也使用这个书库。一部分小书和小册子与课堂学习的内容有直接关联，另一部分没有直接联系，我把读这些书看作特殊的脑力锻炼。

费佳在五年级时赶上了班上的学习进度，他开始和其他学生一样解答数学习题。读六年级时，这个男孩令人意外地表现出对物理学的兴趣，费佳成了青年设计师小组的一个积极分子。他对创造性的劳动表现的兴趣越大，他读的书就越多。日后的学习中他也遇到不少困难，特别是在历史和文学方面，但每一次的困难都依靠阅读而克服了。

费佳读完七年级后，就进入了中等技术学校，成了一名具有高技能水平的优秀专业人才——修复和调整机床的行家。

无论什么时候，我都没有为了让他学会在课堂上没有掌握的东西安排他或是其他的好几个学生来补课，一次也没有。我只是教会孩子读书和思考。读书是诱导和唤醒思维的一种活动。

请大家牢记，一个孩子学习越困难，他在学习中遇到的不可克服的困难就会越多，他就越应当多读书。阅读教会他思考，思考是一个唤醒智力的促进因素。书籍和经由书本唤起的鲜活的思想是预防读死书的最有力的手段——读死书、死记硬背是使理智变愚钝的大祸害。学生思考得越多，在周围世界观察到的不懂的事物就越多，他就越能成为对知识有领悟力的人，而教师的工作就会越轻松。

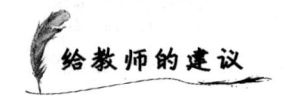

第十一章
知识既是目的，也是手段

我深信，孩子们在学习中遇到困难的原因之一在于知识对他们来说往往是一种作为"储藏物"积累起来的重负，"不能流通周转"，不能随机应变，灵活运用（首先是不能和获取新知识的目的相适应）。在教学培训工作实践中，对许多教师来说，"知道"一词意味着善于回答教师提出的各种问题。这种看法驱使教师片面地评价学生的脑力劳动和学习能力：谁善于将知识存储在脑中，并按照教师的要求"和盘托出"，谁就被认为是有学习能力的和拥有知识的。在实际情形中，这会造成何种结果呢？这么一来，知识仿佛和学生的精神生活逐渐疏远，和他发展智力的兴趣渐行渐远，对学生们来说，掌握知识变成了一种繁重的难以接受的课业，他们只想尽快摆脱它。

首先应当改变对俄语的两个词汇"知识"和"知道"的本质的看法。知道（掌握某种知识或技能）——这意味着善于运用知识。知识只有在成为精神生活的要素，能抓住思想，唤起兴趣的时候，才能谈得上被称为知识。知识的积极性和生命力是使知识的内容经常不断地发展和深刻化的决定性的条件。知识只有在不断发展和深化的时候，才称得上知识，并且只有这时候，知识才能存在。只有在知识不断发展的条件下，才能实现下述规律：学生掌握的知识越多，学习就越省心，教师就教得越轻松。但十分遗憾，实际的情况常常适得其反，随着年级的升高，学生学习起来越发困难。

根据这些真实情况，究竟可以得出什么合乎实际的建议呢？

请你们努力做到使学生不把获得知识当成最终目的，而是当成一种手段，使知识不至于变成一种僵化的死学问，而是活在学生的脑力劳动中，存在集体的精神生活里，活跃在学生们的相互关系当中，存在于活跃的精神财富的不断交流中，缺乏这样的交流，知识就不可能在智力、道德、情感、美感上进一步发展。

为了达到这样的要求，在实践中应怎样做呢？

在低年级时，从教学的第一堂课开始，语言就应当成为知识最重要的成分，说准确点，现实的周围世界应表述在语言中，语言向孩子展现了一个他入学前完全不熟悉的、全新的世界。孩子通过语言认识世界，就是沿着知识阶梯迈出了第一步，按我的观点，也是最广阔的一步。要让语言在孩子的意识中存活并且活跃，使它成为帮助孩子掌握知识的一种工具，这是非常重要的事情！如果你希望知识不会转变为一门僵化的死学问，就把语言打造成一种创造性的教学工作的最主要的工具吧。

在有经验的教师的实际工作中，教育教学的方向表现为：在学生的脑力劳动中，占首位的不是反复背诵和拼命记牢别人的思想观点，而是在语言的帮助引导下，让学生自己思考，这是一种生气勃勃的、富有创造力的自觉思维活动，借助语言自主认识周围世界的物体、东西和现象，自主认识语言本身的细微差别。

我带领孩子们来到一座花园，这是一个明朗的阳光普照的秋日，温柔的光线洒满大地，照耀着静止的树木，果实累累的苹果树、梨树和樱桃树的枝头五光十色、美不胜收。我给孩子们描述金黄色的秋天，告诉他们自然界的生物是怎样准备度过这漫长寒冷的冬天的：树木会把种子掉落在地上以便来年发芽，我们眼前的鸟类和昆虫都将以各种方式过冬。我深信，孩子们体验到了语言和词组的丰富含义，且感受到了其中的感情色彩，随即我提议孩子们讲述他们见到的和感受到的东西。于是，在我的眼前，就在此时此刻诞生了好多关于周围自然界的精确和明朗的思想："一群白天鹅消失在蔚蓝色的天空中……""孩子们敲击树皮,树木梆梆作响……""一只鹳鸟站在巢里,眺望着很远很远的地方……""一只蝴蝶停在一朵菊花上,在晒太阳……"孩子们没有鹦鹉学舌地重复我的语言,而是说出了自己的语言。思想不断丰富和活跃起来,在孩子们身上,他们正在培养思考的本领,他们体验到了思考的愉悦和认知的享受。他们感到自己是个思想家。

你们是否有机会观察到(或者从其他教师那里听到),孩子有时对教师的语言漠不关心,冷淡地当作耳边风?你对他随便讲述什么有趣的事情,他都目光呆滞地枯坐着,你们的语言没有进入他的心中。你们有一切理由感到不安:这种对语言的漠不关心、不愿领会的态度是学习中的巨大不幸;如果这种不幸深深扎根,人就仿佛和学习疏远和隔绝了。

这种不幸从何而来,它的根源在何处?

如果语言没有作为一种创造性的手段存在孩子的心中,如果孩子仅仅死记硬背别人的语言,没有创造自己的思想并且用语言表达自己的想法,孩子就会对教师的语言漠不关心,不愿理睬。对孩子的漠不关心而感到担心害怕吧!为孩子的无精打采而感到担心害怕吧!教导他积极热情地对待教师的语言吧!

第十二章
谈谈获取知识

关于学生脑力劳动的积极性，大家谈了很多，而且常常谈论，但是积极性可能是多种多样的。一个学生流利迅速地回答问题、背熟读过的书，或者牢记教师讲解的东西，这是一种积极性，但是这种积极性未必能促进智力的发展。教师应当努力提高的是学生思维的主动性，力求做到学生通过思维的运用，使知识得到不断发展。

教学应该是使学生在已有知识的帮助下获取新的知识——按我的观点，教学的最高技能水平就归结于这一点。我听课时不断观摩课堂教学的情况，不断分析这些情况，正是根据学生们的脑力劳动的特征和线索对教师教学技巧的水平做出结论的。

怎样才能使学生的学习成为一种思维的活动，从而能获取知识呢？在这方面最重要的是什么呢？

获取知识，意味着在学生面前打开通向真理的大门，使学生头脑里的疑问有了答案。我恳请你们务必做到的是：要使你们的学生看到、感到、意识到有不懂的东西，使他们产生疑问。如果你们做到了这一点，你们就成功了一半。

但是要做到这一点并不简单。备课的时候，应当花一段时间周密思考教学资料，要从下列角度分析教学资料：从其中寻找第一眼难以发现的那些关键点，有因果关系的联结就是发生在这些关键点上，而各种问题就是从这些有前因（比如说，前面已学好的知识）后果（比如说，接着要学的知识）的联结处产生的。要知道疑问能唤起求知的

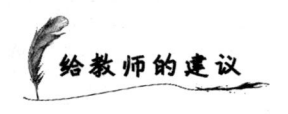

欲望。

瞧！眼下在我的面前摆放着"光合作用"这课的教学资料，我应当向学生们详细讲解在植物的绿色叶子上发生了什么。把整个过程都讲解得很清楚，讲述的内容既带有科学的真实可信性，也带有理论和教导的连贯性，但是这样的照本宣科将不能完成一项重要的教学任务：激发学生动脑思索的积极性。我仔细地钻研教材：联结因果关系的关键点究竟在哪里？是的，最主要的关键点就在这里——将无机物转变为有机物。这是一幅出奇奥妙的画面：植物从土壤和空中汲取无机物，在自己的有机物组织中，使其变成有机物。制造有机物的过程究竟是如何进行的？植物的有机体内部有一个不可思议、出奇复杂的实验室，这个实验室依靠阳光把没有生命的矿物肥料变成美味多汁的西红柿果肉，变成芳香扑鼻的玫瑰花朵。在植物有机体内部这种变化是如何发生的？

我这样讲述，目的是引导学生明确清楚地意识到这个问题，使每个学生都紧张思考：这究竟是怎么一回事呀——这一切都发生在我的眼皮底下，可我从未好好思索一番这种变化。

怎样引导学生提出这个问题呢？

为了做到这一点，必须知道什么东西应该讲，什么东西应该留着不讲，留着不讲的东西仿佛是启发学生思维的"导火索"。在这里没有任何万灵药方，一切要看实际的教材内容和学生已掌握的实际知识行事。在一个班应该留住一些东西不讲，在另一个班则应该留住另一些东西不讲（即使教材的内容相同）。

但是，马上有问题出现在学生面前，怎么办？

往下我要让学生在以前上的生物课、做的劳动活动和阅读课外书中掌握的全部知识，从这些知识资源中选出一些已有的知识，来得出这个问题的答案。这种利用已有的知识来回答问题的做法，就是获取新知识。在这件事上，不需要一个接一个地叫学生起来回答问题，不必仔细听完每个人的陈述，然后从零碎不全的答案中得出一个完整的答案。采用这样的方法处理这件事的时候，能产生一些表面的主动活跃的现象，但并没有让每个学生都有真正的思维积极性，一些学生想到这个问题，做了回答，而有一些学生只是在听。我所寻求的是使所有的学生都在思考，都在紧张地进行脑力活动。所以，我最常见的做法是这样的：一面引导学生产生疑问，一面自己讲解教材，而不是叫学生起来回答个别的、局部的（微小的）问题。

为了使学生们通过思考获取知识，教师应当十分清楚地知道他们已掌握的知识情况。有的学生对已经学会的东西记得非常牢固，有的学生对学过的某些东西已经忘记了。面对这种情况，我应当做一个脑力劳动的引导者，使每个专心听我讲课的学生，都能够根据自己的思路跟上我讲的内容，使每一个学生都能从知识的贮藏室中找出保存在那里的东西，如果这些贮藏室的某个地方空了，某个学生的思维线索也就中断了。我应该用补充讲解的方式来填充空白，防止思维出现断层。但是要做到这一步，需要高明的教学艺术和技巧。我寻求一些将早先学会的内容重复讲解的方式，以便学得最好的学生在我这里也能获取一些新的知识。在学习知识时没有任何空白和断层的地方，我就采用简略的说明讲解。在这样的课堂里，没有表面的主动性和积极性，学生们都默默听着，不回答问题，不互相补充，却能获得知识。对学生们这种获得知识的形式，我不妨将其称为学生通过自己的思索来补充认识，同时对自己贮藏的知识进行"检验"。

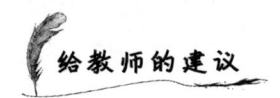

第十三章
如何引导学生从事例出发趋向抽象的真理

不用说,你们曾经遇到过这样的问题:一个学生记住了(倒背如流)规则、定律、公式和结论,但是不会运用自己的知识,不能使知识为自己开辟求知的新路,他甚至不理解自己记熟的内容的实质。在学习语法、算术、代数、地理、物理、化学等学科时,这种糟糕的情况常常严重显现,这些学科的内容本来是一个概括的有条有理的常规体系,掌握这些学科的知识,首先表现为在实际工作中善于应用这种概括性的知识。

遇到上述的情况,人们常常说:这个学生只会死记硬背,不会理解。但为什么他会死记硬背呢?为防止出现读死书这种情况,应该怎样做呢?

熟记知识(不畏疲劳地硬记)应该建立在理解的基础上。教师必须引导学生通过领会(认识清楚)来记忆,通过理解大量的事例、事物和现象来牢记不忘。教师不要让学生死记那些没有理解、没有认识清楚的东西。从领会事例、现象到深入理解抽象的真理(规则、公式、定律、结论)是一条治学的道路,这条道路唯有通过实际的工作(作业)才能贯通,而实际的工作就是掌握知识。

有经验的教师善于教孩子们在领会的过程中进行记忆,即在思想深入到事例、物体和现象之中时进行记忆。瞧,这里学生们面临的是俄语中硬音符ъ的拼写规则。教师为了引导学生们记住这条拼写规则,并且善于自觉地使用这条规则,他采用的方法是:分析很多实例——将要写入硬音符ъ的词归成一类来分析,讲解这些词的拼写法。通过更多的新事例让学生理解这一规则,学生们逐渐确信,他们学习的是一种有归纳总结性质的真理,可以将这种真理应用到许多词汇上,这样的应用就可被理解为一条规则。经过多次的领会,这条规则就被学生们记住了。

在有经验的教师那里,学生将规则和结论记牢,不是靠死记硬背的办法和专门花费工夫来记住的;而是在不断领会事例的同时,就把知识的综合结论逐渐记熟了。领会和熟记二者结合得越好,学生有意识获得的知识就越多,就越会将知识运用于实际。将知识灵活运用于实践性作业的本领,一般来说,取决于学生是通过何种途径来熟记知识的。如果学生没有领会并分析各种事例和现象,只是生硬地把知识熟记,那么,该学生就不会运用所熟记的知识。

这是教学过程的一条十分重要的规律。我从多年的工作经验中得出一个结论:如果一个学生在小学就能通过领会各种事例和现象掌握各种抽象的真理,那么他就获得了脑力劳动的一个十分重要的界限性特征——善于动脑筋了解一系列有相互关系的物体、事例、情况、现象、事件,换句话说,他善于思考因果方面的、从属方面的、时间方面的和其他方面的关系。许多事实使我深信,学生思考算术题的条件的能力(特别是在四、五年级),恰恰是取决于他是如何掌握抽象的结论性知识的。那些没有理解足够数量的事例的意义,单凭死记硬背抽象结论知识的学生,是不善于思考认清数量之间的依存关系的。与此相反,如果学生在脑力劳动中记住抽象化的真理,靠的是开动脑筋深入思考各种实例,如果他不依靠死记硬背,就能牢记不忘——他便能看出,数学习题不是某种数字的组合,而是数量之间的依存关系。他在阅读习题的条件,理解其意义时,会先撇下数字不管,从不做具体的数学运算,而是先思考整体的解题步骤。

我以许多事例和许多孩子的未来情况为根据,从而深信不疑,一些学生在数学课(然后是在代数课上)赶不上班级进度的原因是在脑

力劳动中有难以觉察的缺陷,这些短处和缺陷,正是下面的话题所涉及的。关于学科之间的联系,人们谈论得极多。每个教师都清楚,应当寻求自己执教的学科和其他学科有关联的交会点。但是学科间的联系不仅仅可归结为这一方面。最深刻的联系(我对这一点坚决相信)与其说是包含在实际的教材内容之中,倒不如说在脑力劳动的性质上。学生们建立在科学基础上的脑力劳动会这样进行:数学课有助于孩子们掌握历史,而历史课对发展数学才能有促进作用。

众所周知,对许多低年级的教师以及语文课(即俄语课)和文学课(即俄语文学课)的教师来说,他们教学的一大阻碍就是为了使学生有意识地掌握语法规则他们需费尽心血。大部分学生们在语法修辞上常犯错误,这对一所学校来说是一场大灾难。我知道这样的事实:一个学生在初次学习俄语教材时没有牢固掌握前缀 раз-、без- 和 рас-、бес- 的正字法,他在这条规则上犯了许多错误[7]。教师努力纠正这个错误,让该学生做一些符合这条语法规则的练习。这位教师教导他说:做作业时,首先认真复习这条规则。这项工作似乎应该带来正面的效果,但是事与愿违。在读十年级(中学毕业班)时,这名学生继续犯错,在作文试卷上写着"разцветает""расбежалая"[8]。

这是怎么一回事呢?这种奇怪的现象产生的原因有哪些?多年的教学经验使我得出一个结论:在善于运用知识(或不善于运用知识)和在学习知识的过程中理解事例的意义之间有一种互相依存性,这种依存关系特别明显地表现在学习语法的过程中。在这方面,对抽象的真理、结论(语法规则)的初次熟悉有关键性的意义。在一个学生初次学习教材的时候,教师不能容许他犯许多语法错误,同时要尽量使他学好语法规则,并且正确地、简练地用语言说明规则——这个任务并没有看起来那么简单。

所以,关于初次学习教材,应当专门讲一讲。

第十四章
初次学习教材

学生们学习落后、成绩差的一个根本原因是初次学习教材时没掌握充分。

我谈论初次学习教材时，有没有考虑到这个表述的合情合理性呢？按我的意见，完全合情合理，不违背教育常规。要知道学生们的知识是经常不断地发展和长进的，他们学习教材要持续很长时间，而他们每次灵活运用知识的成功事例，将同时增进发展他们的知识，使他们更深入地钻研知识，而第一次学习——这是从无知到有知识的第一步，是从什么都不知道到理解事例、现象、品质和特征的本质所迈出的有意义的第一步。

例如，学生们记下简单的乘法公式后，将在许多课程上用得着，经验让大家确信，许多问题和事情都依附于学生在学习公式的第一堂课上对知识点深入掌握的程度。首先，这关系到学生能不能随时准备把他在第一堂课上学习的公式当成获取新知识的工具，换句话说，每次着手学习各种新概念和新真理都依附于学生很久以前在第一堂课上学习的教材是否有成效。这也是一条重要的规律：在学生的意识中模糊不清的、含混的、一知半解的认识越少，他学习落后的可能性就越小，他对于第一次学习新教材的思想准备就越充分，在课堂上的脑力劳动就越有成效。

学习教材的第一堂课应当是特别不寻常的——"不寻常"这个词的含义指的是：这堂课教师讲得特别明确清楚、有逻辑性、有说服

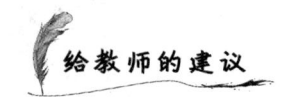

力，在此时学生的独立脑力劳动的有效性也获得了特别不寻常的意义。你们要努力做到的是，在第一次学习教材时，你们能看到每个学生脑力劳动的成果。在学生初次学习教材的时候，查看"学习困难"的学生们的独立作业特别重要——因为他们思维缓慢、理解迟缓。对这些学生，为了让他们能领会教材的实质，必须给他们提供较多的实例，花费较多的时间（为了他们能领会，往往举出的实例也应当不是那些提供给多数学生的实例）。

有经验的教师总是力求在学习教材的第一堂课上看到学生独立完成作业的情况。在这样的课堂上，特别需要的是独立地做作业。在做作业的过程中，一些实例就被学生不断领会，并不断领会到事例朝概括性真理的过渡（这里指的是自然科学系列的课程，也指语法课）。

让学生在领会知识的过程中有运用知识的成分这一点十分重要。你们要明白，在这种场合还应当有一部分工作是特地为"学习困难"的学生们安排的。应当走到他们中每一个人的身旁，应当在每一个学生那里发现他的困难之处，应当给每一个学生提供一套专门为他设计的习题；有时在课堂上会发现这一个或那一个学生必须给予个性化的家庭作业，有经验的教师常常就在课堂上及时布置这种作业。学习难以获得好成绩的学生的脑力劳动的有效性，首先依附于他初次学习教材时在课堂上有逻辑地、有系统地做作业达到了什么程度。不能让他仅仅只听同学们的正确回答，并把黑板上的东西抄写下来而已，应当热心地鼓励他独立思考，并且促使（有耐心地、委婉地）他上每一堂课时都在脑力劳动中经过努力获得成绩（即使成绩微不足道也没关系）。

我教语法课时，总是在学生初次学习教材的课堂上或课后，力求做到让学生不会在自己的书面作业中犯错。也许，是说得好听，有点令人难以置信。但这是真理：当学生在课堂上连一个错误也不再犯的时候，他就成了一个掌握语法知识的人。如果在课堂上没有错误，那么在家庭作业中也会没有错误（即使有错误也很少）。语文教师工作遇到困难的原因之一是学生们在上课时做的书面作业中已有不少错误；教师的失误在于他没有把学生不犯错误当成自己的目标。

  怎样在实践中做到使学生正确地书写从而奠定稳固的知识基础呢？这依附于多方面的努力，最主要依附的是学生迅速阅读的能力。为了文理通顺、没有语法错误地书写，学生应当学会一目十行地快速阅读。提高书写能力也存在着其他方面的依附性——依附于课程的结构，上课时教学的方法和手段。我为上语法课备课的时候，会竭力预见学生可能会在什么地方犯错，会在哪些词语上犯错，哪个学生可能会犯错误。没有一个"捉摸不定""有疑问"的词不经预先讲解清楚就留给学生的。

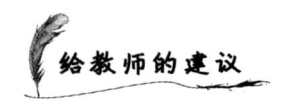

第十五章
将领会新教材作为课堂教学的一个阶段

大概每个教师都会遇到这样的情况：昨天全体学生对课堂上讲授的一条规则（定义、定律、公式）已经理解透彻，并能很好地回答和引用实例说明，可今天呢，你看，全班占一半的学生把已学过的知识描述成某种程度上的含混不清的东西，而某些学生已经把教材忘得一干二净。原来，许多学生在做家庭作业时遇到了很大的困难，只是在上课时这些困难没有被发现。

在俄语中，理解并不意味着知道，理解也不意味着掌握了某方面的知识。为了让知识在脑海中牢固不忘，必须进行领会。

理解，究竟意味着什么呢？按笔者的看法，在学生学习方面，就是学生开动脑筋思索他已经领会的东西，检查自己正确理解教材的程度，并努力将已获得的知识运用到实际中去。

我举一个例子。在上几何学课程时，学生知道了关于三角函数的初步概念。教师讲了正弦和余弦两个函数的相互关系。教材没有使学生感觉到困难，似乎一看就全部理解了。但是，理解了教材，并不意味着就牢固掌握了。教师在讲解之后，留出时间，让学生思考新学的知识。学生们打开用于做粗略笔记的练习本，画出直角三角形，记录教师讲解的全部内容，反复背诵正弦和余弦的定义，在自己做的例题上显示和检验函数的依存性。这样的教学，似乎把知识的复习和知识初步的浅显运用融在一起了。实际上并非如此，许多学生在自我检查时，不能使教师讲解的过程再现，不能重述教师讲的内容。学生确信自己忘记了教师讲课的这个或另一个环节，诉诸教科书求助，但是在这样做之前，他自己要搜索枯肠，认真回忆。

对于最"糟糕"的和难以获得好成绩的学生来说，专门留出一些时间领会新的教材内容是非常必要的。有经验的教师会在这种情况下分出很大的精力，让难以获得好成绩的学生们集中注意力阅读教材的"关键点"，实质上这些"关键点"是显示因果关系的部分，也就是知识的基础。多年的经验使我深信，在难以获得好成绩的学生们那里，知识无法巩固的原因在于他们不能发现或不懂得各种事例、现象、真实、规律的连接点——而这里连接点就是教材的"关键处"，在"关键"的地方产生了因果关系的、从属关系的、时间上的和其他方面的联系，难以获得好成绩的学生应当把注意力转向这些"关键"的章节。

例如，向学生们讲解副动词的变化。在这个场合，难以察觉的"关键处"是：副动词是语法中的附属成分，它是主要的谓语——动词出现的情况下，作为第二个、次要的谓语出现的。我给学生们留出时间仔细领会的时候，我将注意力转向了一个难以获得好成绩的学生，他在编造一个带有副动词变化的句子，同一个主语完成两个动作：一个动作是主导的、主要的，而另一个动作是依附的、次要的。这位学生认真思考怎样编造才合理，最后编造好了句子。

无论在课堂上学习的教材的理论性多强，为了让学生能最好地掌握和消化教材内容，总是有办法给学生布置一些实际的作业。在上历史和文学课时，为了让学生理解新知识的意义，最常见的是引导学生找出在刚刚讲解的教材中的一些有因果关系、内容上的联系，特别是这些联系的实质。例如，教师讲解 1861 年俄罗斯的农民从农奴人身依附制中得到解放，为了让学生理解新知识的意义（花 5~7 分钟），会提出一些问题让学生解答：如果沙俄政府不解放农奴，俄国的农业经济会沿着什么样的道路发展？到了 1861 年时，俄罗斯农业中的资本主义发展和工业资本主义发展之间存在着怎样的相互联系和依存性？在农民获得解放后这种相互联系和依存性又是怎样体现的？1861年之后，是什么继续阻碍俄罗斯资本主义的发展？什么样的原因使得俄罗斯农业中封建主义的残余继续存在——即使1861年改革后依旧如此？这些问题写在一张很大的纸上，讲解之后，我将这张纸立即挂在黑板上，我坚信，这开启了一个最紧张的、最有益的上课阶段。学生们回忆起早先学习过的教材章节，苦心钻研今天学习的教科书内容（顺便说一句，我们上课使用的人文科目的教材最主要的特点应该是对于领会新知识很有用），在教与学的过程中，发生了最必需的（按我的观点）、最有益的活动——复习早先学过的教材内容，却不用通读整个一连串的旧教材内容。这样的复习是最有效率的，因为是按照思维的实质方面行事。

因此，请你们不要犹豫为每一堂课留出尽可能多的时间用于让学生掌握新知识！留出的这段时间将得到千百倍的补偿。在理解知识的意义的时间，学生付出的脑力劳动越有效率，完成家庭作业必需的时间就越少，在下一堂课上为检查家庭作业花费的时间也越少，留下供讲解新教材内容的时间就越多。请你们牢记这种相互依存关系的实质——并且请你们摆脱下面这个魔力圈吧：用于学习新教材的时间不够是因为把时间都花费在检查家庭作业上去了，而检查家庭作业需要更多时间，恰恰是教材学习得不充分、不够好导致的。

第十六章
怎样将有效率的脑力劳动用于检查家庭作业

和检查家庭作业有关的不顺心的状况令我忐忑不安已不止一两年了,因为折腾一番,时间往往白费了。最后得到的是一幅我们每个人都熟悉的图景:被叫起来的学生开始回答问题,其他的学生都在做自己的事情,无论什么情况,都只有那个预料到自己会被叫起的学生在思考答案。一种想法使我感到烦恼:怎样才能做到在检查作业的时间里让其他学生也参与思考提出的问题,并使得教师有可能检查到全班的作业呢?

草稿本给我带来了帮助。在几何学课上,教师准备检查家庭作业,并给全班布置了一项任务:推算圆面积的公式,编出一道圆面积的习题,并加以解答,简述出全等三角形的特征。全体学生都把这项任务抄写在草稿本上,在这里,草稿本代替了黑板,暂且没有谁被叫到黑板跟前。教师注意观察每个学生做作业的情况。如果他需要弄清楚这个或那个学生理解这个公式(学生自己推算出来的)达到了什么程度,就让这个学生解释运用这个公式计算的结果是什么,为什么要这样计算,怎样算出来的,等等。在这种情况之下,就不再需要叫学生到黑板前面来。每个学生都在草稿本上做题,和被叫到黑板前面来一样。教师随时(在完成作业的这个或那个时刻)都可让全班停止做作业,或让部分学生停止做作业。

这种做作业的形式的优点首先在于不用学生们大声背诵他们所

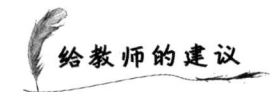

掌握的知识就可进行检查。教师对学生掌握的知识情况有了大致的了解，这种信息似乎带有简略的形式。在这种情况下，每个学生都是完全独立地做作业。在这里还有两个因素很重要：第一，检查知识就是积极运用知识；第二，教师有机会关注成绩不好的学生们做作业的情况，估计他们个人的能力和学习进步的可能性。

在我们学校，检查家庭作业时，三至十年级的学生都被要求使用草稿本。没有这样的草稿本，我们就检查不了作业。经验表明，这样的检查，可以让学生养成简明扼要地表达思想的习惯，杜绝死记硬背的现象产生。那些偏向死记硬背的学生，始终不会简明扼要地回答问题，说话不得要领。我们检查作业的方式是在培养学生们在记住教材时边读书边思考的习惯。

如果对学生掌握的结论性知识（规则、公式、规律、总结）的检查是通过学生运用许多新的事例对总的结论重新领会进行的，那么，在检查作业时，学生脑力劳动的效率会大大提高。在低年级不必为了检查作业在刚上课时拨出专门的时间。检查作业应该与知识的深入、发展和运用融合在一起。例如，当学生学会一些定义时，教师就应当检查他们学得怎么样。这样的定义包括句子的主要成分和次要成分、主语和谓语、主要成分和次要成分之间的语法联系，等等。学生们打开草稿本，教师出一道具有实践性的问题：编写六个句子（因俄语名词有六个格，第一格为主格，其他五个格为间接格），六个句子都应有阴性名词"道路"，使道路一词在六个句子中或居于主格（第一格），或作间接性（第二、三、四、五、六格）使用，还要说明主要成分和次要成分的语法关系。对很快完成作业的学生，还让他做一项作业：造三个句子——分别带有一个、两个或三个同等谓语。学生们完成了这项实践性的作业后，既运用了知识，并且更深入地理解了知识的意义。

请你们不要认为检查学生们作业的唯一目的是给学生提供鉴定和评分。尽可能要做到的是，将对学生掌握的知识的日常评分和其他的目的结合起来,首先,需要以学生对知识的崭新的领会、知识的发展和深入为目的。不要让极端的情况出现,如对学生的每一次回答,每一次书面作业都给予评分,这样会产生消极效果。对为何会如此,应该特地解释一番。

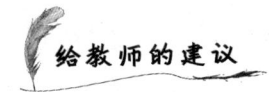

第十七章
评分应是一杆秤

不能把对学生知识的评分当作某种独立事件从教学过程中分离出来。只有在教师和学生相互信任和互相怀有善意的情况下评分才会成为促进脑力劳动积极起来的因素。可以说，评分——这是最细致的教育手段之一，根据学生对待教师给予的分数的态度，可以准确推断他对教师信任和尊重的程度。关于对学生知识评分的事情，我还想给大家若干建议。

第一，尽量少评分，但是要让每一次评分都像秤一样准确、有意义。在我多年的教学生涯中，中学教学大纲中的所有科目（绘图课除外）我都教过，可我从未对任一堂课的学生的回答给予评分（即使提出了两个、三个或更多的问题）。评分永远要全面地顾及学生在某个阶段的劳作，将多种形式的劳作都要考虑进去，这包括对课堂提问的回答（可能是好几次的回答），以及对同学回答的补充，包括书面作业（小量的）和课外阅读以及实践性质的劳作。我常常抽时间在一段期间内观察某个学生的知识状况，而他也察觉到了。等到时机成熟了，我说："现在我要给你评分。"评分后，下一阶段对他的学习情况观察才刚开始，这个学生就知道，无论怎么样也不能避开我的注意力了。读者可能会提出一个问题：难道能把对某个学生的所有印象都保存在记忆里吗？也许，一个教师要把某个学生脑力劳动的全部表现都牢牢记住是很困难的，但我总是把最重要的记住，难道可以把平时应关注的事情统统忘记，临到教育的时候才即时盘算培育的点子，或临到培训的时候才现场思考教育的方法吗？

第二，如果遇到客观条件限制，学生没有能力掌握知识的情况，我从不给予不及格的分数。无论怎样也不能给一个孩子施加压力，让他意识到自己前程无望，使他产生自己什么也不能做好的想法。灰心沮丧、郁郁寡欢——这些感情会影响学生的所有脑力劳动，他的大脑仿佛麻木了，只有乐观主义的光明向上的感情才是使人精神焕发的小溪，这样的小溪不断滋养着一个人的思想河流。备感凄凉、毫无乐趣、压抑苦闷，这些情绪通向管理情绪冲动和感情色彩的大脑皮层下的神经中枢，因而不再唤醒思考的智慧，相反，它们仿佛将智慧束缚住了。我总是力求使学生相信自己的能力，令他信心百倍，如果一个学生想求知却没有学习能力，就应当帮助他，即使只是帮他向前跨出微小的一步也好，这一小步会成为思维和情感的快乐源泉——获得知识的快乐源泉。

什么时候也不要急于打不及格的分数，请你们记住，获得好成绩的欢乐——这是使人乐观向上的强大情感力量，一个孩子想成为好学生的愿望就依附于这种力量。请你们认真关注，要让孩子这种内在的力量永远不会衰竭消失。如果没有了这种内在力量，任何教育学方面的高招都挽回不了局面。

第三，如果你们发现学生掌握知识不牢固，模糊不清，他们头脑中关于正在学习的事物和现象的概念是似懂非懂的状态，那么，这时候就不要给予任何形式的评分。在我任教的每一个班级里，都有一个我特别关注的学生，我将他的精神状况研究到了精细入微的地步，我从他眼睛中就可看出他是否懂得我询问的知识，如果这个学生的眼睛在说他不准备回答，我一般不会对他学习知识的情况评分，教师首先应当让学生听懂知识。

第四，应该避免向学生问某些问题，这些问题似乎是要求完全准确地重复（照本宣科）教师讲述的东西或课本上学过的内容，这样的提问完全多余。在教学大纲里有一个十分有益的项目——我不妨将其称为知识的转换变化。这里指的是通过"头脑的想象"(不是温习书)逐渐深入到知识当中,这样的靠"想象"深入知识的方法会导致良好的结果:学生每一次都重温以往学过的内容,在事例、现象和规律中看到某种新的东西,从而察看和分析事例、现象和规律的各种新的方面、特征和特殊性。知识的转换变化应当作为复习的基础。关于这一点我想给予一条单独的建议。

第十八章
教与学的母亲不应成为后妈

国民教育学常有这样的言论，复习是教与学的母亲，但是往往会发生这样的情况：慈善的母亲成了恶毒的后妈。有些时候会出现这样的情况，学生被迫在一天内或数天内做好需要好几个星期或好几个月才能做完的事情，比如说，复习十堂课、二十堂课或者更多节课学习过的教材。一大堆事例和结论猛地压在一个学生的肩上，他头脑中所有的东西混在一起。要知道，在复习一个科目的教材的同时，还有其他科目需要复习！正常的脑力劳动不可能负担得起，学生的精力会被耗尽。

怎样才能按教育学的要求正确地安排复习呢？首先，我建议大家要考虑到科目和实际教材的特点，比如说，在九年级复习物理课的几节教材和复习历史课的几节教材是大不相同的两码事。

当布置复习诸如物理学、代数学、几何学和化学等科目的法则、定律、公式和结论时，有经验的教师往往将实际的做练习作为复习的基础——这包括做作业、解题、描画图形、制图，等等。在这种情况下，教师特别关注的是，为了完成任一项实践性作业，都要求懂得两种或更多种结论性的知识。在完成这种性质的作业的时候，完成了对于智力的发展非常必要的知识转换变化的过程——各种真理的总结在其相互联系和相互依存当中得到重新审视和理解。学生从他以前不知道的、新的方面看待各种事例、物体和现象。比如说，数学教师应当布置一系列的习题用于复习，学生在解答这些习题的时候，头脑中既

复习了几何图形的体积,也重温了三角函数。多年的教学经验令我深信,如果某一种理论上的总结能和另一种理论总结接触,产生联系或"交错纠结在一起",似乎就会发生知识转换变化中的飞跃:两个结论都被深刻领会,学生能从一些理论性的总结中看到他以往没有看到的东西,清晰明白了一条真理,另一条真理也就领悟了。

我建议你们对诸如代数、几何、物理等科目采用这样的方法进行复习,我们学校最优秀的教师们在实践工作中称这种方法为全套的、综合的复习法。这种方法可能有许多变换形式,例如,给每个学生出一道制作几何图形的模型的习题,凭借这个模型他们复习了一系列重要的公式。或者,按照教师出的习题学生画一些几何图形的示意结构图,在这些示意结构图上某些定理会明显地显示出来。

历史、文学等人文科目的复习则是另一种形式。复习七八节课学过的教材,就意味着要读完40~50页书。这种情况,不是在学习新教材的过程中进行复习,当要复习的内容很多时,只需复习最有重要意义的内容(精华),并脱离教材,这样就能较清楚地看到主要的内容,而次要的内容就被忽略了。如果学生在复习的时候,需要通篇阅读教材,就会造成过度的学习负担,也会导致教材中主要的思想内容(精华)往往被学生忽视,降低了教材的教育作用。

应当教会孩子们学会撇开教材,不纠结于烦琐细节,仔细地读主要的内容(精华)。请你们把一些课时花在复习历史课和文学课的一些篇章上,还应特别指明,复习时不要连续地阅读全部教材。知识的意义比较重大的范围(精华)越和课堂上的复习(然后甚至和在家里复习)"捆绑在一起",学生领会这些知识就越深刻。

请你们教自己学生(特别是高年级的)远离次要的部分,把注意力集中于主要的部分(精华),这种能力是形成世界观的一项基础。

还有一种复习的形式,在我执教数学、物理、化学、生物等课程时经常会用到,始终坚持一项我认为重要的要求:在每门科目的笔记本里面特地留出一处空白处,用红笔记录下应当永远记住的内容。学生每次翻阅浏览这个笔记本时,就复习这些规则、公式、定律和其他结论(物理课和数学课每周翻阅复习一次,化学课两周复习一次,生物课三周复习一次)。

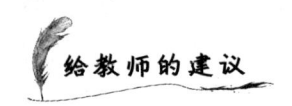

第十九章
怎样检查作业

"检查作业吞没了一切闲暇时间。"这句话摘自一位女教师的一封信,在这封信的下面也许会签上成千上万个教师的名字。面对一摞摞的急需检查批改的作业本,不止一个教师心里感到烦闷,这不仅是因为这要花费许多钟点的劳动——而且因为这种劳动是千篇一律的、毫无创造性的,使他感到非常苦恼。

教师们和从事国民教育的工作者们都在苦苦思索,力求大规模地压缩检查批改作业的时间,但是"成效甚微"。为什么?因为学生作业本上的错误太多。检查作业这个大问题,乃是学校工作中存在的许多大问题之一,这些大问题的解决依附于成百上千个条件和前提。在这一方面,不可能有统一的良策,说"就这么办吧"就成了。但是如果整个学校或整个教学集体在工作中遵循某些确定的规章,就可能将批改作业花费的时间大致缩小到平时所用时间的三分之一。

首先,学生在学校里应当有较高的语言文化修养,应当营造一种要求语言的遣词造句达到极其精确的气氛:不仅仅于教师,而且对于学生都必须有这样严格的要求,说得不正确或者写得不正确,大家都应意识到是发声或用词搭配不和谐,就像面对一个音乐听觉能力强的人感到音调不准确一样。应当建议低年级的教师们:请你们在孩子们身上培养对语言的情感色彩的敏感性。要使学生感到听人说话好像听音乐。形象地说,学生应当是语言的音乐加工者,重视语言的正确、纯粹和美丽。请你们把孩子们引领到自然环境中,向他们指出各种色彩、声音和动作的最精确的细微差别,在他们面前揭示人的劳动就是一种创造,让所有这一切都反映在语言中,在说话的语气中显示出来。

我们学校为学习某些词语开设了专门的课,诸如霞光、晚上、草原、田野、河流、淙淙作响、闪烁、轰鸣……我会根据每一个词语,和孩子们一道编写文章。词语深入到孩子的精神生活中,他学会用词语表达自己最细微的感情,在遣词造句中传达周围世界在他心中的印象。这是一门不容易的教育科学,也许是学校工作中最复杂的教育科学,在低年级就应当给这门教育科学打下基础。如果在那个阶段忽视了,永远也不能补上了。

请引导学生从书本和苦思中走向实践,再从实践引向思想和语言。实践应当转换变化为学生自己的思想,而自己的思想应当用语言来表达。实际的做法可归结为:尽可能让学生经常思考和判断的对象是他自己的活动。让学生描述、议论和报告他亲自做成的东西,以及他观察到的事物。一旦学生的语言混乱含糊,这时他的语言就联系不上他所做的、看到的、观察到的和想到的。应当布置一些作业,最好有意让学生叙述和书写故事、总结或报告,若是要求他们将已有的知识运用于说话和写作中,那就再好不过了,而这就意味着,要使语言成为创作的工具。

为什么学生会犯很多错误,为什么他们写作文不通顺?按我的想法,这些问题的根源在于运用能力和知识之间的比例失调。在绝大多数科目的学习体系中,运用能力都往往落后于已学会的知识,特别在诸如语法课、文学阅读课和数学课中,尤其显著。当运用能力微小或"虚弱"的时候,学会的知识实际上是沉重的难以支撑的负担。

减轻批改作业的重负和教学的一系列根本问题紧密相关,但是存在着这种减轻的前提条件。首先,应该在每节语法课上抽出时间让学生记笔记和牢记单词,使学生书写和记住可能犯语法错误的词语。其次,布置家庭作业务必认真仔细和周密考虑,以预先防止错误为目的。最后,应该说,有经验的俄文、文学、数学和物理课的教师都有自己批改作业的方法,定期抽查是一种最合理的检查方法,可作为一种经验展示:教师每隔一段时间抽几个学生的作业本进行批改,只有测验时才批改全体学生的作业。

第二十章
学生们在学习一门功课时积极活动的内容

有经验的教师在着手教育学生的时候,就在拟订教一门功课(在低年级指的是所有的一系列的教学)的整个时期的积极活动的内容。其目的不仅是培养学生们在生活和劳动中具有必不可少的实际能力,而且要使得他们在学习这门学科体系时开展努力向上的活动,这里指的首先是智力的培训、思维的发展和语言能力的增强。我们已经讲过,学生的语法素养以及词语在他精神生活中的作用,在很大程度上取决于他努力向上的活动的性质和状况。

怎样安排学生的积极活动,使得这种活动能促进他智力的发展,提高他的思维能力和语言能力,培训他不犯语法错误呢?

积极的活动,这仿佛是一座连接思维和语言的小桥。我每次准备在小学任教时,心中就在草拟一个对所有学生都适合的积极活动计划,在这个计划中最好明显地表现出(当然也能被学生领会)事例、物件、现象和劳动过程之间的关系和相互依存,换句话说,我努力在劳动中激发学生的思维活动,而不仅仅是巩固在课堂上学到的知识。在学习一门课时,活动不仅是对于知识的实例图解(这也是非常必要的),而且是新的真理、发现和规律的源泉。例如,每个学生在读书的数年内都要栽种一棵能结果实的树。在这个过程中,他有了各种新的"发现",新的思维使他激动不安,他会将这些发现和思想表述出来。由于劳动,语言成了工具和手段,用来表达自己的见解,也就是表达他对于各种精心观察到的事物的复杂关系和相互依存的思维感触，这样语言就加入他掌握的词汇储备中，促进情感和思维的发展。

根据成百上千名学生的未来发展情况，我深信不疑的是：全神贯注于有益劳动的学生的思想不会杂乱无章和语言不会泥古不化，各种新的复杂关系和相互依存都在劳动中展现出来，学生不仅在劳动，而且在思索，在判断因果关系，拟订日后的工作。随着教龄的增长，我更加相信，如果在积极活动中明显地看到学生们在开动脑筋思考，那么这样的积极活动常常能增强他们的语言能力和提高他们全面的文化素养。可以说，只有在一定的条件下劳动才能在智力发展中起作用，这种条件是：学生入校读书的第一天起就开始参加劳动，而这种劳动必须是精心组织的。

我们学校里中、高年级的每一位教师在准备教授一门课的时候，就会为学生们拟订一项积极活动的计划，这种活动最好能使他们受到智力上的培育，能用各种概念和规律充实他们的头脑。我一千倍地深信，没有人与自然的相互关系，智力的发展就是不可想象的，正如没有旋律就没有音乐，没有词汇就无法说话，没有图书典籍就不可能有科学一样。在学习诸如生物、物理、化学、数学等科目体系当中，劳动和思维、活动和语言的统一乃是奠基石之一，学校只有在这些奠基石的基础上才能保持着思维发源地的作用。有经验的教师在讲授这些科目的时候，都在精心思考，要用怎样的方式，要通过什么样的劳动才能揭示那些复杂关系和相互依存的联系。在学习这些学科体系中，只有在这些复杂关系和相互依存的基础上才能创建思维活动。例如，在物理课的教学系统中，主要的复杂关系和相互依存可归结在一些现象和概念中，诸如物质、运动、能量的转换、物态的变化、各种现象的相互作用，等等。物理教师会寻找到组织一项劳作的好主意，在这项劳作中，所有这些概念都在具体的关系中得到体现。例如，给一名学生布置一个作业，叫他用成套的仪器制作一种原理模型，在这个模型里，机械能转换为电能，电能转换为热能。另一名学生则制作另一个模型，在这个模型里，通过机械的影响，使得物质的状态发生变化。这种劳作,不是简单地用实例说明知识,而可以说是知识在运转中产生教育效果。

我奉劝各位教师同行们,如果你们期望自己培育的学生能成为善于思考的人,期望他们严谨的、有逻辑联系的思维在自己的解释和说明中得到表达,那么就将他们吸引到多用脑子的劳作中来吧,并且在这种劳作中体现知识系统的种种复杂关系和相互依存吧。请你们记住,劳作不仅仅是实际的本领和技能,它首先意味着智力的发展以及语言的文化修养。

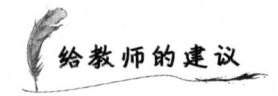

第二十一章
请教会学生观察，请教会学生细看

可以说，在某些学校里，观察不被看作是积极的智力活动的形式之一，也不被当作是发展智力的途径，而是当作解释某些课题和章节的简单手段。

教学工作的水平在很多方面由观察在学生智力发展中占据何种地位来断定。知识不仅由于观察而被吸收消化，而且在观察中，五花八门的知识变得活跃起来了。可以说，由于观察，知识进入周转，变成劳动中的工具。如果说复习是学习之母，那么观察是领会和熟记知识之母。有观察能力的学生永远不会成为学习落伍者和文理不通者。一个教师，如果他善于帮助学生将过往学会的知识运用于各种新的观察，他就能达到一种效果：学生的知识越"老"，这些知识就掌握得越牢固。

对低年级的孩子而言，观察是必不可少的，正如阳光、空气和水分对一株植物是必不可少的那样。在这样的年龄，观察是智慧的最重要的源泉。对一个孩子而言，他需要领会和牢记的东西越多，他就越发需要观察周围自然界中和劳动中的各种关系以及相互依存。

我执教低年级的学生时，我教会他们在平常事物中看出不平常的东西，为回答种种为什么的问题而寻找和发现因果关系。

早春二月，冬季的严寒犹存。但眼下遇到一个出太阳的日子，我们一同来到一个静谧的铺满雪的花园里，我对学生们说："孩子们，看吧，注意观察你们周围的一切，你们看到春天来临的迹象没有？你们中哪怕最粗心大意的人也能观察到两三个迹象，而某个不仅用眼睛看而且动脑思考的人就可以看到二十个迹象。谁要是会听大自然的音乐，便能听出春天已经苏醒的旋律。看吧，倾听吧，动脑子思索吧。"我看见孩子们留心观察盖满雪的树枝和树皮，认真倾听各种声音。每个很小的发现都使他们欢欣鼓舞，每个学生都很想找到某种新迹象。过了一星期我们又来到花园里，一周复一周，每一次都有新迹象展现在积极求知的孩子们面前。一个在低年级时就经常观察的学生，善于精确地把理解的和不理解的东西区分开来，并且，在这方面特别可贵的是，他能积极地在词语面前做出反应。教师从那些学会观察与细心的学生那里，常常能听到令人意外的关于"哲学"的智慧提问。

请你们教会学生们观察和见识周围世界的各种现象，引领孩子们到大自然中去吧，当大自然正处于变化的时期，此时此刻，蓬勃的急剧的变化正在发生——生命在不断涌现，形形色色的生物都获得了生机，它们的各种内在力量正在更新，为了强大的生命的跃进正在不断地积蓄能量。

在低年级时接受观察的教育，是发展智力的必备条件。

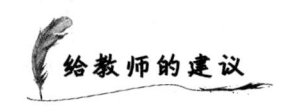

第二十二章
怎样依靠课外阅读增强知识

在中年级和高年级的年龄阶段,阅读科普读物和科学书籍所起的作用和低年级学会观察的作用同等。一个善于仔细观察的学生,会不断养成对科学书籍领会的能力。不能坚持阅读科学图书和科普读物的学生,要想产生对知识的兴趣是很难做到和不可想象的。如果学生一步也没有跨出教材的范围,就谈不上对知识有耐久稳定的兴趣。

科学正在以前所未有的速度向前发展,可是,将这些日新月异的概念和规律都不断引入中学的教学大纲中是不可能做到的。所以,阅读科学文艺作品成了现代学校教与学的过程重要的组成部分。

请你们唤醒学生们阅读科学文艺书籍的兴趣。为了做到这一点,在讲述新的教学大纲的教材时,某些问题应当用教学大纲以外的知识来阐明。富有教学经验的生物、物理、化学和数学课的教师讲课时,仿佛是将无边无际的科学知识世界略微开启了一扇小窗户,还留下一些知识没有彻底解释明白。学生们看到很多知识超越了教学大纲教材的界限的可能性,前往无边无际的知识海洋的渴望使他们激动起来,就是在这种情况下出现了阅读的动力——少年人、青年人都想求知呀!

在学校图书馆或者教师私人的藏书室里都应当藏有阐明教学大纲教材中的知识并补充知识的书籍。这一类书籍已出版了很多,当前正在出版的也在大量涌现,特别重要的是,要多看专门阐述现代科学前沿的科学书籍和科普读物,阅读这类书籍有助于学生理解在学校所学的基础知识。

  课外阅读还有一个非常重大的意义，就是这种阅读能解开大纲教材的知识难点和阐明大纲教材最困难章节中的知识，而教材的其他章节是按照这些章节阐述的，并且是依附于这些章节的。有经验的教师要努力做到的是，在学生学习这些困难章节之前，就指导学生读一些科普书籍，或者伴随着学习一起阅读，或者学完这些章节之后紧跟着阅读。这其实没有什么可怕的，学生还没有学习量子理论的基础概念，就把关于这个问题的一些书籍列入课外阅读计划中，即使他们不理解的问题有许多。在新教材的学习过程中，学生们产生的疑问越多，他们对课堂学习知识的兴趣就越发浓厚和高涨。总而言之，这是教育理论中的一个极有意义的问题——在课堂学习教材之前有个预先积累问题的过程。

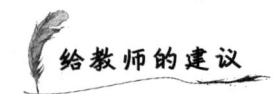

第二十三章
课外阅读是"学习困难"的学生智力培育的重要手段

我这里说的是这样的学生：他们领会、掌握和记住学习资料困难而缓慢，对一项知识还没掌握好，就要开始学习下一项知识了；刚学会一项知识，就把另一项知识忘到脑后了。有些教师深信，能够减轻这些学生学习负担的办法，就是大大地缩小他们脑力劳动的范围（有时他们规劝学习不佳的学生说：只读教材吧，不要分散精力去阅读其他东西了）。这是一种极不正确的意见。学生学习越困难，在脑力劳动中遇到的阻碍越多，他就越应该多读书。正如感光力不够灵敏的照相胶片需要持续较长的曝光时间，分数勉强及格的学生的智力也需要较强烈、较长久的科学知识的光芒照耀。无须一而再，再而三地补课，不需要没完没了地"督促"，而是阅读、阅读、再阅读——唯有这个方法才能在那些学习困难的学生的脑力劳动中起决定性的作用。

在基洛夫格勒州博格达诺夫中学的一位乌克兰苏维埃社会主义共和国的功勋教师伊万·古里耶维奇·特卡琴科那里没有学习落后的学生。他的创造性的工作最有意义的特点是高明的组织读书的方法，这里指的是增长智力的读书。在他执教的五至十年级的班级里，每个班都有几个差生，本来这些差生无论何时都难以学有所成，但是他设计了一个奇妙的图书馆，情况变得就不同了。这个图书馆不仅有上百种图书，而且好似一个形式鲜明的有吸引力的讲座，讲述关于科学（主要是数学）的知识（按他的信念，这是世界上最有兴趣的知识）。在开始学习方程式以前，学生便会阅读数十页关于方程式的书——这里面是些有吸引力的故事，讲述方程式是怎样在人们的智慧中，作为益智游戏一般的难题组合起来的。

这不仅仅是阅读拯救了一个学习困难的学生的问题，还由于阅读，发展了他的智力。"学习困难"的学生读书越多，他的思维就越清晰鲜明，他的脑力劳动就更有积极性。

通过特别精心的设计、以远见的目光，将几乎难以及格的学生组织起来阅读科普读物，这是教师重大的任务之一。实际上，这是学校生活实践中某方面的工作的首项，这方面的工作被称作带差生的特殊工作。

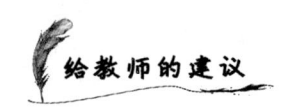

第二十四章
不允许能力和知识之间不成比例

能力和知识之间不成比例（不相称）可归结为某个学生还没有具备某些能力，而这些能力乃是掌握知识的手段，可教师以填鸭式的方式不断给他灌输新的知识：你学会吧，消化吧，可不要打哈欠啊。这样的学生好比一个没有牙齿的人；他被迫吞吃一块块未经咀嚼的食物，他开始只感到很不舒服，后来就生病了，什么也不能吃了。

我在上文中一再强调指出，许多学生之所以不能掌握知识，是因为他们不会快速地有意识地阅读和边读边思考。这是最令人忧虑的不成比例（不相称）的情况之一。快速和自觉地读书的能力（既富有感情地读，又独自领会地读），并不是简单的能读书识字。这是在上课时或是在独立阅读书籍课本时能发展逻辑思维的最重要的条件之一。

不会快速和自觉地读书的学生，不可能有成效地掌握知识。快速和有意识地读书，这意味着用眼睛领会和用心去领会句子的一部分或整个不长的句子，自己的视线离开读物时，能说出记得的内容，同时还在思考——思考的不仅仅是正读到的东西，还包括某些和刚读过的内容有关联的各种各样的图形、意象、概念、事例和现象。

应当在小学阶段就引导学生阅读达到那样的程度，否则就不会有意识地掌握知识。更大的危害是，虽有掌握知识的意图却不会快速地阅读，会使得学生的智力迟钝化，引起思维活动的混乱、无系统、不连贯和简单化。你们一定遇到过一些五、六年级的文理不通的学生，据说，有些学生不会将两个词汇连接起来。我曾逐字逐句地记录过那些学生说的话，并加以分析，发现这些言语仿佛是一些从书本上下文割裂下来的个别词汇，它们之间没有任何联系。这样的学生自己的有些观念根本不能用词汇来表达，他由词汇构成的语言是含糊不清的。对这些令人担忧的事例进行多年研究后我得出一个结论：智力上的口齿不清（我是这样称呼这种缺陷的）是由于不会快速和自觉地读书以及不会边读边思考导致的。一个孩子不能理解许多词汇的意义是由一个简单的原因造成的，就是他往往没有做到很好的长时间的阅读，总是来不及领会这些词汇的发音，尤其是不能将这些词汇与自己意识中的相应概念联系起来。不会快速和有意识地读书的学生往往来不及思考。没有深入研究和缺乏思考的阅读往往会使一个孩子的智力变迟钝。

怎样才能做到阅读是快速而有意识的呢？怎样使一个孩子通过目视和思维迅速将一组词汇联系起来进行领会呢？为了实现这个目标，需要进行系统训练。我做很小的孩子的教育工作时，是采用某种特殊方式检查阅读的速度和有意识的程度的。让一个学生阅读（第一次读）一个神话或一个故事，例如，关于一个原始人的生活的故事。在教室的黑板上，我挂了一幅色彩鲜明、生动逼真的图画，画中描绘的是一个原始人的生活，画上既有生火的炉灶，又有准备食物的过程，还有捕鱼、儿童做游戏、忙着穿着打扮的场景。如果这个学生（按当时的场合，这里讲的是个三年级的男学生）大声朗读这个故事，临到阅读的末尾，他的视线仍离不开书本，也没能认真地看看那幅图画，最后记不住故事中没有提到的细节——这意味着他不会读书。视线一刹那也不离开书本的阅读，这还不是读书。这个学生在阅读中什么也没有领会，就实质而言，他不会边读书边思考，而恰好这种情况不可能称为有意识地读书。

在学习的某个阶段，学生应当掌握快速书写的技能，以便能同时边写边思考。如果没有这种技能，则造成了又一种比例失调。在经过足够次数的训练后，也可以掌握这样的书写速度。书写过程应当达到

给教师的建议

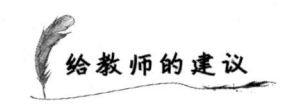

无意识性自动化的程度，使学生不用再思考字母是如何组成单词的，以及写出来的是什么样的字母。注意力的中心应当是写好的内容。在有了足够次数训练的条件下，学生读到四年级时可以达到这样的要求。但是书写的无意识性自动化依附于阅读，书写不合格的总是那些阅读很差劲的学生。

有助于练好快速和有意识的书写能力的训练（在学生很会阅读的条件下），可以按如下教育方法进行练习。教师给孩子们讲述某类自然现象、事例和劳动过程，在讲述中清晰明确地突出了各个合乎逻辑的构成部分，每一个部分都是某项要领，或者是和要领有关的细节和详情。在讲述过程中，学生按教师平时讲解教材的顺序用笔记录下了主要的内容。缺乏一边听讲一边简短记录下叙事（讲座、解释性的谈话）的内容的能力就根本谈不上掌握知识。在许多情况下，学习落后恰恰可用这个原因解释：这个学生没有具备这种最基础同时也十分复杂的能力。

这种能力的作用不可只归结为实践运用。它是提高智力的必不可少的条件。没有同时听、写和思考的能力（这和缺乏边读边思考的能力是一样的）就不可能发展知识。

还有一项十分重要的能力，这就是对知识进行选择，将其归纳并进行分析的能力。若要成功地掌握知识，在很大程度上，取决于这种能力。自然科学系列科目（还有语法科目）的有经验的教师操心的是千万不要使学生的知识和技能之间出现比例失调 [这种情况产生在学生的思维不能超越教师在其讲述（讲解、讲说）的各种事例中]。这样的比例失调导致知识作为僵死的重负留在学生的头脑中，无法发展和增进，因为这些知识不能变化，不能用新的知识充实自身，不能用来解释新的事例。这种情况，令人不由得想称其为知识的僵化，知识处于这种状况中，就可能遇到一些乍看起来很奇怪的现象。例如，学生学会了物质的四种形态的概念，但是他在生活中不会关注相关实例，这些实例可以用来从新的以前不知道的方面解释这个概念。因此，在知识测验时，学生遇到一道关系到物质固态变为气态的试题，他因看不见生活中这种经常会遇到的实例，所以不能理解和解释其本质。

为了使学生善于在生活实践中有意识地应用概括性的知识，他们必须独立搜集相当数量的事例，理解它们的意义，将其归纳，进行对比，并加以分析。事例的搜集和整理——这种学生作业，就其本身而言，就是学生掌握知识的状况——即他灵活掌握知识的状况，也就是他从课堂上所获得的系统知识中有意识地选择所需的规律，进行评说，加以明确定义的状况。使知识处于这种状况中发生作用是多么重要哇！多年的教学工作经验使我深信，事例的搜集和整理是一项独特的技能，学生由于获得这种技能，他的知识就经常不断处于发展中，并且这种发展是深刻的、独具一格的。学生不仅分析了处于他周围的各种事物，而且分析了隐藏于自己个人思维中的东西。学生通过搜集和整理事例这种作业，走上了智力的自我培育的道路。

在每一门科目体系中，各种实例的特殊重要性——（按我的观点）这是教学法中十分重要的问题之一，同时也是普通教育学的复杂问题之一。请你们以集合实例的立场来分析教学大纲吧，形象地说，集合大量实例就是思想的翅膀所依托的空气，请你们想一想，为了上课选择了哪一部分的实例吧，想一下留给学生们搜集和整理的是哪一部分吧，请你们为搜集实例过程本身议定一项教育方法学上的规章吧，请教育学生们如何对各种各样的实例进行思考吧。

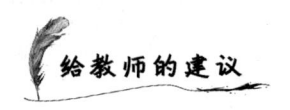

第二十五章
兴趣的奥秘在哪里

每个教师都希望自己教的那门课能让学生感兴趣,怎样将一堂课教得让学生感兴趣呢?所有的课都能成为学生感兴趣的课吗?兴趣的源泉在哪里?

一堂课上得很有趣,这意味着学生在学习和思考的同时,他们还会产生高昂、兴奋和激动的感情,同时产生的还有惊奇感,有时他们在逐渐展现的科学真理面前甚至感到惊异,同时他们清楚地意识和感觉到自己领悟力的强大,体会到创造的喜悦,又会为人类的智慧和意志力的宏远广阔而骄傲。

获得知识,了解客观世界的规律,就其本身而言,乃是一个令人惊讶和感到神奇、妙趣无穷的过程,这个过程引起活力充沛的无穷无尽的兴趣。在各种事物的自然本性中,在它们的关系和相互依存的关联中,在万物的运动和变化中,在各种各样的人类的思维和谋略中,在人创造的一切东西中,都存在着不可估量的兴趣源泉。但是,在某些场合,这样的源泉好似一条淙淙作响的小溪,在我们眼前缓缓流着——走近去吧,细看吧,在你面前展现的是一幅大自然奥秘的令人吃惊的图画;在另一些场合,兴趣的源泉潜藏在深处,要费力才能挖掘到它。常常有这样的情形,"探索"和"挖掘"各种事物的自然本质以及它们的因果关系的过程本身,就是兴趣的主要源泉。

如果你们今后期望的仅仅是凭借某些表面可见的容易发现的促进因素来唤起学生对学习和上课的兴趣,你们永远也培养不出学生对智力劳动的真正热爱。你们要努力达到的是，使学生们自己发现兴趣的源泉，使他们在这种发现中感知到自己付出的劳动和取得的成就——这样做本身就形成了一种最主要的兴趣源泉。不引导学生从事积极的脑力劳动，却想引起学生们的兴趣，或是要他们集中注意力，都是极难做到和徒劳无功的。

最早出现的兴趣源泉和学生对知识感兴趣的第一次闪光，在于教师在课堂上讲授教材以及要分析事例的态度，在于他是否适应教材和接近事例。真实性的知识之所以孕育在学生们的意识之中，是由于他们能认识到各种事例和现象之间的接触点以及连接这些事例和现象的线索。我每次备课时，总是苦心思索，竭力领会到这些接触点和线索，它们恰恰存在于学生的种种思维和念头凑集的地方。在这些地方，由于凑集了学生的思想，他们在认识周围世界的真理和规律的意义中，会发现某种新的出乎意料的东西。例如，下堂课将学习植物的根部系统以及根在生命过程中的作用。学生们见过的植物的根不计其数，似乎教材里的内容没有什么东西能让他们感兴趣。但是，能引起兴趣的点就在对隐藏的、粗看一眼不可见的东西的感性认识当中。我常常给孩子们讲解细小的根须是如何从土壤中汲取植物必不可少的物质的。我关注的就是事例的某种接触点和连接线索：在土壤中每一分钟都不会停止生命活动，无论夏天或冬天，生命活动在土壤深处都不会渐渐减弱以至于灭亡。有数以亿计的微生物在为根须提供各种各样的大量服务，没有这种复杂的生命活动，树木就不可能生长。我说道："孩子们，让我们细心察看土壤中这种复杂的生命活动吧，让我们深思一下，这种生命活动是如何依附于从周围环境汲取来的物质进行的。在你们面前展示着生物和非生物之间的相互关系。"非生物是如何作为建筑材料为生物服务的——这就是各种事例的接触点和连接线索，我阐明了这个接触点和连接线索，使学生们的注意力集中于这个点和线索。这样，我在学生们面前展示的是某种新的知识，这种新知识使得他们在神秘的大自然面前惊奇不已。这种新奇感引起少年们的

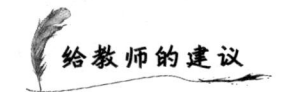

兴趣越大，他们就越希望知道、领会和理解更多的东西。

兴趣的源泉就在运用知识当中，在感到智慧能掌控事例和现象的心境当中。在人的内心最深处，有一种根深蒂固的需求，就是感到自己是发现者、研究者和探索者的需求。而在儿童的精神世界中这种需求特别强烈。但是如果不给这种需求提供营养（不与事例和现象进行交往，缺乏获得知识的欢乐），这种需求就会逐渐减弱，同时对知识的兴趣也会渐渐消失。我由此看到一个十分重要的培育任务，就是经常不断地支持和加深学生要当发现者的愿望，使用一些特别的工作方法使他这方面的需求得以实现。在课堂上，孩子们心里被唤起的兴趣受到压抑，他们不能直接观察到土壤中发生的生命活动，于是，课后我和孩子们一同到田野里去，这是一片特别适宜观察土壤剖面的田野。孩子们十分惊讶地发现，一些微小的禾本科植物的根须长达两米。对他们来说，这是真正的发现。但实际上，他们还只是刚刚踏入这条发现者的小径。我让孩子们观察牧场上和草原上的青草的形形色色的根须。我们种植这些根须（这些根须上一根小草茎也没有），乍看起来许多已经完全枯萎和死掉了，最后这些根须成活了，渐渐发芽，长成了碧绿色的小草，连葡萄的根也能成活，从土壤中冒出芽来。

这种现象使孩子们深受鼓舞，他们具有了求知精神。他们体验到什么也不能与之相提并论的骄傲感：我们管控着事实和现象，知识在我们手里成为力量。我们感到知识能提高人地位的力量——很难找到比这更明显的对知识感兴趣的激励因素了。可见，使掌握知识的过程中不让学生感到疲惫不堪，不使他处于软弱无力和对什么都漠不关心的状态，而是让欢乐充满他的生活，这是多么重要哇！理所当然的是，当学生直接研究和发现什么东西的时候，当学生抓住和理解各种实例和现象的时候，此时此刻，在学生心里唤起的知识主宰者的感情胜过一切。但是其中也有纯粹的思想的欢乐——智力对内容的归纳总结和系统化整理的活动带来的愉悦感。

在一个读了很多书的学生那里，在课堂上学习的各种新概念和知识，都被装入了他已读过的书本知识系统中，于是，这时候，教师在课堂上传授的科学知识具有很不平常的吸引力，特别招他喜欢。这是因为，他清楚地意识到，这些科学知识是一种必不可少的有助于他弄清楚"他头脑中已有的知识"的东西。

第二十六章
为实现自己学生的理想和心愿而奋斗

在一所学校里，有位优秀的数学家在此任教，因此，数学成为这所学校里最受欢迎的、最有趣的科目，许多学生非凡的数学才能也全显露了出来。一位天才的生物学家来到这所学校——请你们瞧吧，经过两年，生物学在这所学校就成了一门受欢迎的科目，也会涌现出十个以上有天赋的少年生物学家，他们迷恋于在校园的某个地段观察植物，在土地上进行试验和研究。

在这所学校，学生的智力的生活不断如泉水般涌出，在这里，各种科目的教学似乎成为教师为了实现学生的理想和心愿而展开的善意的竞赛。这种竞赛充斥于教师集体的创造性劳动的整个范围。竞赛显示出每个教师都力求唤起学生对自己所教科目的兴趣，一心要激发自己教的科目对学生的吸引力。让我们设想一下，一个孩子，从读四年级起就进入这个教学集体的严格管教之下，这个集体中所有的教师都是有才能的，至少是一些十分喜爱自己教学的科目的人，是些能点燃每个学生对自己最有兴趣的科学的爱的火花的人。在这样的条件下，必定会使每个孩子的自然素质显露出来，由此而逐渐形成爱好、能力、志向和天赋。

在这种状况下，我们进入了一个教学过程中最有益处的领域——这个领域在许多学校实际工作中，还是未经探索的蛮荒地。在这个领域中，教与学的培育方向不断呈现在大家眼前，按我的坚定信念，形象地说，首先呈现出来的是每个学生在科学基础知识的严整和谐的乐队里都能找到自己爱好的乐器和自己喜欢的旋律。缺乏对具体的科目和科学知识的浓厚兴趣，就没有个人生活的智力上的充实和精神上的丰富。

请你们把事业当作自己的荣誉，力求使学生们在你们任教的科目中找到自己喜爱的东西，使尽可能多的孩子像祈求幸福一样祈求在科学领域里有所创造发明，而眼下你在学校里向他们讲解的就是科学领域的基础知识。请你为自己培育的孩子的理想和心愿而奋斗吧；请你和自己的同行们——其他科目的教师们比赛吧。比如，你是名八至十年级的学生的物理教师，他们全体都是你的学生，但是在你的心头还应该有关于我的学生们的另一种观念。在你的心头应当重点牵挂着十个或者更多的（或者数目较少，只有五个或六个，这种情况是常有的，这里没有什么可指责的）自己的学生，这些学生始终把自己的心思沉浸于物理学中，早就下决心将自己的一生同技术工程和科学技术思维方面的劳动联系在一起。除此之外，在你的心头还应记挂着一二十个其他的学生，在他们的头脑里，对物理学的兴趣，正像俗语所说的，是刚"啄破壳钻出"的，也就是刚发芽，他们中有几个日后会爱上你教的科目，另外几个将在其他知识领域里找到自己的黄金矿脉。在人生理想的发展中，没有什么比志向的形成更复杂的了，你教两百名学生，把浅显的中学物理教科书中的知识稳固牢靠地传授给他们全体，这是你工作的一个方面。但是请你不要忘记，你的良心上还得担负教学创造者的另一个方面，即心里牵挂着那群喜爱物理的学生对作为这门科学的物理学的志向的形成——包括关注他们对于工程、各种机器、机械装置、科学技术知识的爱好，因为在课堂上能够获得的物理学知识仅仅是皮毛的基础知识，在学校里，你那里应该有你自己的学校——一群青年物理学家的培训班。

所有这些应该怎样去做呢？在这方面最重要的是什么？从什么开始入手呢？

不用说，你那里有一个物理学教研室，你每天除上课外其他的时间都在那里工作——要不就是坐在那里面对着一本书，要不就是为即将做的实验工作起"草稿"，要不就是埋头于一张图纸或者为仪器的模型苦思。我告诉你们，我若是在这些时间处于你的位置会做些什么。我将把万尼亚、科利亚、根卡、斯拉夫卡、彼得罗和萨沙召唤到教研室来——都是些早就倾心于物理学的年青人。来到这里的还有一些八年级的学生，甚至有七年级的学生——他们还没有完全爱上我教的这一门课程，但是我发现，当我讲解物理学上的反粒子和光子火箭时，他们的眼睛发出了亮光……他们的双手朝着讲述核能物理学的小册子伸过来。我在物理教研室开辟了一个学习的小角落，我称它为"思想角"。

在那儿的墙上有一幅版画——罗丹①的《思想者》，而在那里的柜子则装着一个小图书馆——都是些关于最新的科学技术问题的书籍和小册子。这是些星星之火，它们吸引着青年们越过教学大纲的范围进入未知的远方。我还布置了另外一个小角落，即"艰难事业角"，这里有一些模型的图纸，上面是些让人费解的不寻常的设计意图，如果要运用金属和塑料品把设计意图体现出来，非得克服一些相当大的智力难题不可。思想的懒惰在这里是不容许的，智力的激情冲动和敢作敢为是首要的条件，为的是在"艰难事业角"没有惊讶得张大嘴巴的旁观者，而是创造者。在这里我还有专用的教学创造实验室——备课的角落。我在这里潜心钻研新的教材参考资料。我和我的实验员们一道工作——都是些高年级学生，他们帮助我备课。

就这样，我将所有这些角落都开放给爱上了物理学的学生们，也开放给那些没有完全爱上物理学，但是有一双炯炯发光的眼睛、兴高采烈的孩子。

还有一个"理想之角"，我赋予它格外重大的意义。在这里，一些星星之火由于科学知识的熊熊篝火而激情燃烧起来。在这里，半大的孩子们一致确信：动脑思想——这是一项巨大的劳动，一项毫不轻松的劳动，复杂得像地狱般可怕，往往使人筋疲力尽，但是可以期望获得什么也比不上的快乐——求知的快乐，以及因意识到自己将知识掌握在手，为我所用，可以获得精神上的满足感。学生们从"理想之角"开始接近、熟悉和掌握科学知识。在这里，我安排些小本本读物，提供给那些刚刚进入科学知识海洋的孩子们阅读，还有给应届毕业生读的小册子，这些即将毕业的学生往往已经下定决心选定一门专门的科学或技术作为自己今后的职业，或打算在实验室里或者在工厂复杂的机床旁干一辈子。我十分关心那些头发蓬乱竖立的孩子，当我在课堂上娓娓动听地讲科学故事时，他们那双眼睛总是燃烧着追根究底的光芒，在每个孩子那里总是有数十个问题，想问为什么。我一定会引导这些学生来"理想之角"体验和学习。每当我知道哪个孩子怀有某方面的理想，我就为他在书架上摆放一些适合的读物。

对于许多聪明的、具有天赋的孩子，若想唤起他们求知的兴趣，只有在他们亲手投入创造性的劳动时才能做到。如果我看到某个孩子朝着机器或机械模型伸出手，或用手触摸各种仪器或各式各样的设备，我就一定会引导他去"艰难事业角"体验一番。

如果一些学生长久地对任何东西都不显露特殊的兴趣，如果在学校里没有一群教育工作者为了实现学生的理想和心愿而奋勇拼搏，那么很多学生任何时候也不会显露出对某个方面知识的兴趣。在学校里，有些少年、青年对学习知识态度冷淡，没有找到任何一门自己感兴趣的科目，这一类的学生越多，教师们就越有可能缺乏一群得意门生，如果有这样的学生的话，教师们本可以敞开心扉地传授知识。在学生们对待知识的态度中，最令教师苦恼和郁闷的是冷淡和无所谓……学生在这门或那门功课学习落后、成绩不及格并不可怕，可怕的是漠不关心和无所谓。

请你们去唤醒那些漠不关心、无所谓的学生们的意识吧。一个人对什么东西都不感兴趣，这是不可能的。克服冷漠的最可靠的道路是思想。唯有用思想的激励才能唤醒思维。根据这些学生对待知识和脑力劳动的漠不关心、毫无兴趣的态度，每个教师都应当用自己的智力

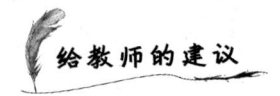

手段去对待他们。在这里谈论的已经不是后进赶上先进的学习竞赛，而是将一个人从智力的怠惰中拯救出来。在我们的教学集体内形成了一条规矩：关于对知识漠不关心、毫无兴趣的学生，我们常常在心理学委员会的会议上商讨办法。我们苦思良策，想寻找一个能促进人与自然和人与知识起相互影响作用的境界，在这个境界中，通过获得知识和对客观世界规律的了解可以使人充满崇高精神，变得精神焕发。在这方面最主要的归根结底是要让一个人在自己身上发现主宰知识的力量，尝试统治和掌握真实和规律的情感。通过获得知识和认识客观世界使人变得高尚——这意味着人的思想和尊严融为一体。通向这种精神状态的途径是使知识发挥效力和起积极作用。我们常常遇见唤醒冷漠和拯救智力怠惰的成效，这就是我们看见学生在才智活动中显露自己的知识，在一定程度上表达自己和表露自己的个性。

我多年执教五至七年级的数学课。我有两个数学小组，一个是为那些学习能力超群、富有天赋的学生组织的，一个是为那些对知识冷漠、没有兴趣的学生组建的。关于怎样唤醒这些学生的意识的故事似乎是一部关于为了实现他们的理想和心愿而奋斗的十分耐人寻味的叙事小说。我竭力要达到的是，学生们将在学习小组中获得的知识用在集体中的人际关系方面，牢固地树立了个人的尊严。一个人没有感到自己是个思想者，他就不会真正体会到做人的骄傲。怎样将思想和做人的骄傲感融为一体，关于这一点必须有一篇专门的建议。

有经验的教师和训导者力求使学生达到自己热爱的那门科目知道的东西比教学大纲要求的多十倍或二十倍这个目标。对一个学生来说，将一门自己酷爱的科目的知识掌握在手，感到自己是知识的主宰者，是促进全面的智力发展的最强大的激励因素之一。如果在一个学生的心中有一门热爱的科目，即便其他所有的科目他都不能获得五分，这也不值得你们为之忧虑不安。应当值得忧虑不安的是，作为优等生，却没有一门热爱的科目。多年的教学经验使我深信，这样的学生——一个没有个性的人，他不知道脑力劳动的快乐。

第二十七章
怎样将思想和公民的尊严融为一体

这是我们教育工作中的一个十分微妙的问题。怎样使学生因他学习得好而感到骄傲呢？怎样使学生通过自己的学习成绩和拥有的知识而获得公民的尊严呢？

我深信不疑的是，要达到这个目的，其途径是将知识这种精神财富当作个性的自我表达的工具使用，应当从低年级开始，就引导教育工作朝这个方向努力。我教低年级的学生时，力求实现一个原则，即每个学生都应该在集体的智力生活中添加一砖一瓦，做出自己的贡献。与此同时，每个学生都应该将自己的学识、思维和能力当作荣誉和优点来体验。要达到这种程度颇不容易，如果仅仅让学生集体知道某个学生在课堂上学习得怎么样，听到他是如何回答教师的提问的，那是无论如何也达不到这样的程度的。我从一年级的孩子们开始着手朝着这个目标训练——我们携带着一本集体创作的叫作《早晨一饱眼福》的画册。我们已习惯于在春天和夏天时节的朝霞中早早起床，走到花园里或池塘边，迎接太阳升起。每个孩子都分到画册中的一页，如果谁还想要，就再给两三页。让他们描绘沉浸于大自然的感触，画旁写上一个独一无二的句子和一些词汇，"但是这些词汇应当像一首歌曲那样优美"——我是这样嘱咐孩子们的。不用说，每个孩子都想描绘出和写出某些很好的东西。画出好的图画、写出美丽的词语——每个孩子都把这看作自己的荣誉。我今天还保存着这本汇集创作的诗画册。孩子们升入二年级时，我和他们一道在冬天的暮色中编写故事和童话。每个孩子要么讲述他生活中的事情，要么叙述他憧憬或幻想中的情景。

孩子们对这种创造性活动的热爱程度，简直很难表述。大家都会构思想象和娓娓讲述，这让每个孩子都感受到了精神生活上的尊严和优越感。

随着年龄的增长，智力上和精神上丰富完美的交流越来越成为孩子们之间友谊的纽带。孩子们升入三年级和四年级时，我们开始举行"读书晚会"，让孩子们讲述读过的书籍的内容，大声读书，朗读诗篇和艺术散文的片段，这是一种独具一格的智力和技巧的竞赛。

我培育的学生们从升入五年级就开始成为学前班小朋友和一、二年级小学生的积极的智力小教员。十二名五年级的学生组织了一些幼小孩子的诗歌创作小组。每个小组包括五到七个低年级的学生，五年级的学生们教他们创作描绘自然界的美文和小型彩画，他们还朗读自己创作的文章给小朋友们听。这种活动牢固树立了高年级学生的尊严感。

一些学生升入六年级和七年级后，就开始成为一至三年级的学生中的少年数学爱好者小组的领导者，孩子们凭借自己的"机灵"程度解答和编选习题。在就读五年级到八年级的整个期间，这些学生也是外语学习团体和小组的领导者——他们教一年级和二年级学生阅读法语课文和用法语交流。

学生在读七年级和十年级时，都要在科学技术晚会上做报告或做动态报道。在我们这里，每个小少年都为做好报告或动态报道而努力，他们把这当作光荣的事业。

所有这些教育工作形式都朝向一个目标：使学生们把学习知识和运用智力的生活当作自己的一种道德尊严，教师如此教育孩子们，是为了让他们认识到不学无术、对书籍毫无兴趣是一种不道德的表现。

第二十八章
传播知识和参加社会生活

在农村地区，学校是文化和知识的主要发源地。我们意识到自己最重要的教育任务就在于让知识的发展和加深的过程融入乡村的社会生活中。这种培训教育的最本质的特征之一就是培训学生们加入这项启蒙教育工作。我们学校执教高年级的教师都培训自己的学生加入这项造福社会的活动。一个村子里大约有两千户人家，他们被分到一百八十个文化家园里。这些文化家园的中心是某集体农庄庄员的一座农舍。集体农庄的庄员们和工友们时不时地在这里聚会。有三四个高年级学生常常来到这儿，举行纪念列宁的报告会、自然科学知识晚会和文化艺术晚会。

学生中的共青团员们将自己学到的知识带给人们——他们仿佛是在向老一辈人汇报学习成果一样。小伙子和姑娘们不仅仅是陈述自己的知识，还要劝导群众，常常还要同反科学观点的言论进行斗争。共青团员们常常遇到关于对周围世界的物质和现象的种种抱虚假观念，而且这些观念往往还夹杂有迷信和无知的成分时，他们不只是简单地否定说："不，不是那样的。"我们教导自己的学生说："你们要运用科学道理去说服和驱散宗教的和反科学的偏见，你们不要和一切违背真理的东西妥协。但是应记住，反科学的观点和信念在个别人的意识中根深蒂固，为了驱除这些观念，必须懂得许多知识，具备各方面的能力，而且必须成为科学信念坚定的人。"在绝大部分场合，我们的学生都能胜任启蒙家的艰巨使命，而挫折也增强了他们认识科学的决

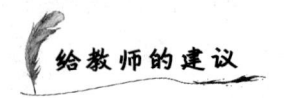

心，使他们对知识的渴求更激烈。

在将知识传授给他人的过程中，学生本身也了解和弄清了许多东西，他的头脑里不断形成许多问题；他竭力要弄清楚思想中各种最精细的"转折处和曲折的地方"，查明隐蔽的因果关系。将知识应用到社会启蒙工作中去，没有比这种形式更能积极地使用和发展知识了。在确信、捍卫真理和为之辩护的同时，年轻人立身于真实当中，产生了进一步扩充和加深知识的要求。男女青年们都要求学习，怎样才能达到目的呢？如果知识作为一种"供自己用的珍藏品"存留在学生的意识中，如果知识没有获得道德的色彩，如果知识没有被当作一种欢乐、一种荣誉、一种财富和一种个性的尊严来体验，那么，这个目标是永远不会达到的。

第二十九章
怎样按照一年的各种季节安排学生的脑力劳动

这是一个有关学生的身心健康以及全面发展的重要问题。一年是由四个季节组成的，每个季节，人体的生命活动也有所不同。例如，大家知道，一到春天，人体的抵抗能力减弱，一到秋天，这方面的能力又开始增强。在学校中，考虑到这种周期性的变动特别重要——要知道我们是在与正在成长发育的身体和形成中的大脑打交道，外部环境对人的机体和大脑有很大的影响。在春天进行的读书和脑力劳动（特别在低年级）不应当像在秋天一样。

我建议，一年之内，低年级学生的脑力劳动应该按这样的方式进行：大致到了第三个学季中期（二月底）就大体上结束语法和算术的最重要的理论性和总结性概念的学习。最后的学季（第四学季，正处于春天）的脑力劳动应当增加某些类型的作业，以便发展、加深和系统化整理以往获得的知识。我建议不妨在春天加强能力的培训，这是下一个学年[⑩]学业有成的必需。在春天最好为了最紧张的观察活动做些事先的安排，应当积累些事例，以便在下一学年的头两个学季里进行理论性的结论的学习。上面谈到的能力和知识之间比例失调的问题，正好发生在春天（秋天时也如此），因为当时复杂的理论概念的学习已形成和成熟。

春天，在中年级和高年级也应当利用一切机会以便最大限度地减轻脑力劳动，不能不考虑的是，由于维生素储备的消耗，特别在半

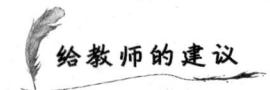

大孩子的身体里,在春天最常见的是视力减退和发生眼疾,而眼睛在脑力劳动中起着格外重要的作用。有些艰难的学习任务不能安排在最后的学季(第四学季),例如,这种情况通常发生在许多学校的教学实际中:在第四学季要求学生阅读大部头的艺术作品,以复习为目的要他们通读许多历史和文学教科书。特别不能容忍的是采取机械式的复习方法,使复习的内容和初次学习的教材毫无二致。形象地说,春天应该采用新的教学方法,请你们在准备第四个学季的备课时要灵活点,应将已有的知识引入积极活动、机动灵活的状态成为你们的教学工作方法的主导思想。联系到这样的思路,不要强制学生们经常坐在书本前,按照教师提出的各种问题概括不同篇章的教材资料。甚至一些特地用于总结教学大纲中一系列问题的概述性讲座也可使得知识积极活动起来。考虑到高年级学生的疲劳,教师应当采取一些减轻学生复习负担的措施。

在许多年的教学生涯中,我总是在夏天给八至九年级的学生们布置学习任务:阅读将在下一学年学习的文艺作品。这大大减轻了他们在第四个学季的脑力劳动,解除了过重的学业负担,使得第四个学季不至于过度紧张。

你们可能会提出这样一个问题:怎样在实践中做到减轻第四个学季中学生脑力劳动的强度呢?要知道在许多学校中孩子们由于作业太多的压力而发出"痛苦呻吟"。如果在先前的三个学季中把学生的脑力劳动安排得更紧张些,又将是什么情况呢?

是的,这个问题是我们教学事业中种种尖锐、困难的问题之一。但是我敢说,在普通的中学教育大纲中不存在负担过重的问题。我亲爱的同行们,学生负担过重是因为我们实际工作中的教育方法出现了问题。如果教学工作建立在科学的基础上,如果童年、少年和青年早期(特别是童年)的一切潜力被应用和开发出来,那么,接受普通教育的中小学学生可以学好的不止一门,而是两门外语,并且在小学阶段就可达到实际掌握的程度。

在实际工作中应当怎样才能做到使学生不负担过重呢？要回答这个问题是很不容易的，其难度和回答某些包罗万象的问题一样，例如，怎样才能避免从中学里不会走出没有学会什么东西的、培育失败的、只受过肤浅教育的小伙子和姑娘们来呢？预先防止负担过重——这意味着要做好一些事情，第一，打儿童三四岁起就得使他有一个丰富的知识背景，他在家庭中的智力发展就是在这个背景上进行的，由此推之，就应当经常不断地提高双亲的教育文化水平。第二，不能容许实践能力和知识之间比例不相称，要保证学生既有学好知识的过程，又有掌握实践本领的过程——二者都是学生从事脑力劳动的最重要的手段，不可偏废。第三，在实际中实现一项教育心理学最重要的原理，也是普及教学法一项最重要的原理，这就是没有抽象化的学生；要把知识传授得很深入，意味着要检查和察看每一个学生的脑力劳动，一个也不能遗漏。第四，关注知识的不断发展，明白知识"在不断被引导进入流通变化"中，不是停滞在大脑里变为僵化的负担。第五，不能容许授课常常变成无休止地补救错误，无法使无穷无尽"拖尾巴的后进生"振作起来。总而言之，不让负担过重的情况出现——这就意味着要做好上面提到的全部事情。但是有两个十分重要的条件，这些条件和此前讲过的许多事情一样，都是真正地和学校中正在做的一切事情有联系的。关于这两个预先防止负担过重的条件，我想给大家提供一些专门的建议。

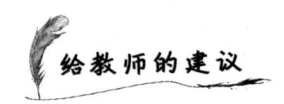

第三十章
谈谈受培育的孩子的智力发达的生活

这是一个关系到学校中正在做的一切事情的问题。如果一个教师所思所想仅仅是如何强使学生们更多地坐着啃教科书，如何将他们的注意力从其他的活动上转移到教师这里，这样做很难避免学生负担过重的问题。学生除了关注上课、教科书、家庭作业和分数外，不关心其他任何事情，他的命运和前程肯定不佳，不值得羡慕。不能让你们培育的学生被套上读死书、无独特精神和不能独立处理问题的枷锁。除了学校里的学业、种种观念、各种爱好等形成的习以为常的圈子之外，他还应有丰富的、多方面的使智力发达的精神生活。我这里谈论的主要指学生的课外阅读，特别是半大孩子的课外阅读。

如果你被任命为五年级某个班的班主任，或者这个班的辅导员，你们就要把让学生养成这种精神生活的需要当作一项首要的任务摆在自己面前。要列出一个学生在上中学的期间必读的课外书单，并使班级的小图书库里藏有这些书。

如果一个少年、青年没有自己喜爱读的书籍和自己敬爱的大师和作家，我无法想象他能有充分的、全面的发展。为了成功地培育一个人，为了成功地塑造他的个性，我总是努力使我的学生在上小学时就有一个自己的小图书库。在读中年级或高年级时这已经变成一个充实的图书库了，其中藏有一百本到一百五十本书。正如一个音乐家不把双手放在自己心爱的乐器上就无法过日子一样，一个有思想的人如果没有反复阅读热爱的书籍就难以生活下去。

在促使智力发达的生活中，将每个学生都引导进入书籍的世界里，培养对书本的热爱，将书籍当作指路明灯——这项工作的成败取决于教师本身，取决于书本在教师的精神生活中占据什么样的位置。在一定的条件下，使书籍成为学生精神上的必需品，这种条件是：如果他感到你们的思维日益丰富增长，如果他深信你们今天不会重复你们昨天说的那一套陈言。

如果一个教师的智力生活开始停滞和贫乏，在他那里就会产生一种特征，可以将这种特征称为对思维不尊重——所有这一切都明显反映在教学活动中。我认识一位教师，"一切都令他感到厌烦"，正如他所说的，他不想老是重复讲述同样的东西。学生们在他的话语中感受到的全是凝固的僵化的思想。因为他不尊重思维，学生们回报这位教师的也是不尊重。但是比这更有危害性的是，学生和这位教师一样，也不想动脑思考。

不应当将个人的智力生活打造成一个狭窄的封闭的小世界。一个人，如果他能使集体的智力生活丰富起来，与此同时，他也在享有集体的精神财富。我们在学校里，力求营造许多好学的集体，在这些集体中，精神生活有如泉水一般不断涌出。这首先是有关各门课的科学小组——数学科学小组、技术科学小组、生物科学小组、文学科学小组和哲学小组。也许冠以"科学"一词有点夸大，但这个词语反映的是真实——少年们、青年们走上了科学思维的道路。千万不要把这些小组看作某种科目教学的附属物或者预防学习成绩落后的工具，这些小组都是促进智力生活的发源地。求知好问的气氛充斥在这些小组中。当然，在各个科学小组的学习活动中，学生们讲述的不外乎他们正在读的东西（做报告、汇报），但是这里有一个特征，它赋予思想真正的创造性质——他们对自己的同学们讲解各种真理和定律，他们珍视这些真理和定律，将其当作个人努力取得的属于自己的财富；他们将这些财富用于一个目的，也就是将其和有关劳动与创造以及有关未来的理想联系到一起。

给教师的建议

在各个科学小组的学习活动和晚会上，也常有学习困难的学生参加，对他们来说，学习负担过重是特别危险的，这种智力丰富的有趣环境唤起了他们读书的兴趣。而对他们来说，课外阅读是提高学习成绩的补救手段。

第三十一章
为了不至于学习负担过重——必须有空闲的时间

乍看起来，这似乎是个奇谈怪论：学生只有在一个条件下才成绩优秀，这就是当他并非所有时间都用于学习，而是留有许多空闲时间之时。但是这不是奇谈怪论，而是教育过程的逻辑推理。学生在学习中作业越密集、越饱和，留给他思考与课业无直接联系的事物的时间就越少，就越有可能形成负担过重、学习落后的状况。

闲暇时间的问题——这不仅仅是教与学的一个最重大的问题，而且是学生的智力培育和全面发展的最重大的问题。学生必须有闲暇时间，正如健康需要新鲜空气一样，闲暇时间之所以非有不可，是为了学生能有成效地学习，使他不会感到学习落后的危机感。（你们都知道，常常有这样的情况，一个孩子只要生病好几天，他在学业上就大大落后了。）闲暇时间是学生智力生活丰富的首要条件，能使他的生活中不仅有学习，而且意味着使学习更有效率。

闲暇时间产生于日常课堂学习之中，一个明智的、善于思索的教师是闲暇时间的创造者。在教师创造闲暇时间的过程中，他的首要助手是学生本人，知识处于何种状态中，究竟是处于机动灵活的富有积极性的状况中，还是处于僵化凝滞的状况中，很大程度上取决于这个学生。但是闲暇时间的创造还依附于一个条件，这个条件就是有关劳作和休息的作息制度。

我以多年教学经验为依据，首先要提出警告的是：不能容许在脑力劳动作息制度中出现一些偏向；最不能容忍的是，放学之后，学生马上要接连几个小时面对书本和作业，有时是三四个小时，甚至五六个小时，后者在高年级是常有的情况，实际上，学生在每天下午也从事像课堂上那样紧张的脑力劳动。每天连续七到十二个小时坐在书本前面，耳朵要专心听讲，脑子要认真思考，还要记忆，力求达到牢记不忘，为了回答教师的提问，脑子里要不断复述知识的内容——这全是不堪承受的繁重的劳动。归根结底，会损害体力和脑力，孕育出对知识的冷漠和无所谓的态度，导致一个人只有学习，而没有促进智力发达的生活。

经验表明，有一种方式可以让脑力劳动暂停，这就是每天下午将学生从坐着读书和做作业的状况中解脱出来。每天下午应该是学生的闲暇时间。在这段时间里，学生可自由阅读课外读物，参加各科目的科学小组的活动，在大自然中劳动，观察自然现象和人们的劳动状况。

换句话说，下午的时间，学生们应当从事促使知识转换、变化和发展的智力活动。应当注意的是，不是无所事事，而是促使知识发展进步。要努力使学生们在学习日下午的活动恰恰是为了有充分价值的智力发展和有成效地学习所必须做的，在这方面是否获得成功，取决于整个教学进程的文化发展水平。特别重要的是，在下午也要读书——是出于兴趣和求知愿望的阅读，而不是非死记硬背不可的读书。

我可敬的同事们，你们或许要问：让学生从事各种各样的课外智力活动，可他们哪有时间完成家庭作业呢？

早睡早起，家庭作业在大清早离家上学之前完成——这是我们学校绝大多数学生劳动作息制度的基本原则。在多年的教学时间里，我们一再向家长们解释经科学证明的早睡早起的必要性，并解释这样做对利用起床后最初的八到十个小时从事紧张脑力劳动是十分有利的。新一代家长们成长起来了，我们在家长学校中给他们传授教育学知识，在这些知识中，占首位的是孩子们智力劳动的文明规章和卫生学。我们成功地做到让 90% 的孩子、少年、青年都能遵循下列的作息制度：低年级学生晚上九点上床睡觉，中年级和高年级学生晚上十点上床睡觉。低年级幼童早上六点起床（有九个小时睡眠），少年、青年在早上五点三十分起床（有七个半小时睡眠）。在这里陈述的简短建议和忠告中，不可能给予这个作息制度提供充分的科学论据，但是应当指出的是，一个人在一天结尾时（晚上十二点之前）入睡的时间越长，他就越能消除疲劳，越能轻快地睡醒，且能更迅速地投入智力劳动当中。在学生们那里，从睡醒起床到离家上学之间有两到两个半小时用来准备功课的时间——这是我们的作息制度的核心环节和重要关键环节，但是这个关键环节只是整个教育体系的不可分割的组成部分。多年的教学经验使我们的教学集体坚定地认为，高年级在读学生完成整个家庭作业不可以超过两到两个半小时（中年级和低年级在读学生需要的时间更少）。但要达到这个目标，还要具备一定的条件，那就是：学习要在精神生活丰富多彩的广阔背景下进行，当知识是在各种各样的智力活动之中不断发展时，掌握知识的过程就得到了保证，形象地说，得到一套完整的手段保证，每位学生的个人能力、天赋和才能都在一门喜欢的科目中显露出来。所有这一切都是互相紧密关联的。缺乏这一切，完全不可能采用我正在叙述的经验，如果没有上面列举的条件，仅仅试图强迫学生早早起床和在上学前完成家庭作业，这是徒劳无获的。（一系列学校的现实中的许多事实使我坚信，即使最宝贵的经验也往往难以得到推广应用，因为这项经验往往"被移植"在一些不良的环境中，比如说，如果孩子们还没有学会怎样阅读，教师对此视而不见，却要教他们写作文章，结果将毫无成效。）

完成家庭作业后，学生前往学校。上学的途中——这是休息。随之开始一个最紧张的脑力劳动时期——上课。应当做到劳逸结合，在要求投入相当大的智力的紧张活动的各类课程的中间，应有一个小时，或者根据可能的条件有两个小时的休息，这种休息以变更活动性质的形式进行（体育、图画、音乐、劳动等课程）。

　　清晨两到两个半小时的脑力劳动，其效率远远胜过上课之后花四到五个小时坐着看书本和作业本的劳作。但事情不仅仅只在于效率，应当想一想孩子的健康，关于这方面的考虑我不妨称之为智力劳动昼夜作息制度的均衡。为的是一昼夜中一部分时间可以充分供紧张的脑力劳动使用，另一部分时间则应当从紧张的脑力劳动中解放出来。每天下午是学生的自由时间，应当顾及童年的种种十分有趣的特殊性，安排好脑力劳动。这些特殊性究竟是怎么样的，要怎样才能顾及这些特殊性——关于这一点留给下一章建议中再细谈。

第三十二章
请教会孩子们使用自由时间

对孩子来说，对时间流逝的感觉完全不同于成年人——关于这一点我们什么时候也不应该忘记。不考虑到童年的特殊性，若想找到通向孩子心灵的道路，往往会碰到一堵名为不理解的墙壁。在森林中度过一个阳光灿烂的日子，这对一个孩子来说等于一整年，而在少先队夏令营度过一个月对他来说仿佛一生。不要经常用强制的规定和计划限制孩子们，让他们仔细去观察和看个够。或许，你们拨出一个小时来吧，在这个时间内，力求使孩子们做好每件事。孩子的天性要求这样做，不做到这样的程度，就无法让他们有孩子的认识和思维。

请你们牢记不忘的是，生活的每一步，都在孩子面前展开出某种新的未知的东西，这种东西吸引他，迷住他的头脑和心灵，孩子早就没有心思顾及其他了，而且还感觉不到时间的流逝。完全不值得惊讶的是，孩子沉浸在童年世界的河流的平稳、缓慢但不可阻挡的流动中时，他常常忘记一些事，比如，他完全忘记他今天应当完成家庭作业……请你们不必大惊小怪，我尊敬的同行们，当你们很惊讶地问起这件事，孩子会纯真地对你们说："我就是忘了做。"他讲这个不像讲述自己的罪过，而是好像在讲述某件让自己奇异不解的、感到惊讶的事情一般。千万不要惊讶，孩子上课时望着教室的墙壁出神，他观赏着那上面反射出来的一棵树在太阳照耀下光影的游动，这时你们说的东西他绝对听不见。是的，他没有在听讲，这一点也不假，千真万确，因为童年河流的流逝将他的心吸引住了，他对时间的领受和感觉

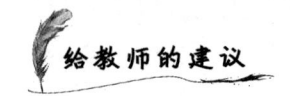

和你完全不一样。不要呵斥他,不要把他当作不专心听讲的学生在全班同学面前展示,完全不必这样做。你们要默默地走近他,牵着他的一只手,领着他离开神奇的童年世界的独木舟,乘坐在学习知识的快艇上,让整个班级都乘坐在这只快艇上。而更重要的是,不要限制自己偶尔转乘孩子的独木舟,和他童年的调式合拍,和他待一会儿,用他的眼睛看世界。请你们相信,如果你们学会这样做,在学校日常生活中就不需付出很多精力去消解冲突,这样的冲突最常见的是缘于不理解:教师不理解孩子为什么要这样做,他为什么有这样的举动,而孩子则不理解教师对他的期望。

我作为一个成年人,也常常迷恋于某种乐事,我很难摆脱这种乐事,因为它吸引我,给我带来愉悦,但是在潜意识的某个地方有一个想法让我不安宁,有一项工作任务在等我去做,没有谁能替我完成。这种源自潜意识的信号帮助我们监督时间的流逝,在孩子那儿没有这种监督的信号。他忘记了时间,应当教会他利用空闲的时间。

怎样去教?要求他反省思过吗?不断指责他迷上某种爱好而忘记做功课吗?事先禁止他和具有吸引力的事物交往吗?

用不着这样做。用不着急剧地改变童年的天性,教会儿童使用闲暇时间——这意味着力求使有趣的、令儿童惊奇的东西同时成为他的智力、感情和全面发展所必需且缺一不可的东西。换句话说,孩子的时间应当排满让孩子有兴致、吸引力的活动,这些活动能发展他的思维,丰富他的学识和实际能力,同时不损毁童年的那些童趣。为孩子创造自由活动的时间——这不意味着让他自行安排,不再过问,容许他想干什么就干什么。孩子的自发性可能使他养成无所事事、懈怠懒散的习惯。

让孩子学会使用闲暇时间不是用三言两语的教诲和解释所能达到的(幼小的孩子还听不懂这样的解释),而是要通过有组织的活动、做出榜样给他们看,以及集体劳动才能做到。

第三十三章
请你们将每个孩子都引领到兴致勃发的泉源地

请你们仔细想一想,你们的每个学生是在哪里使用自由活动的时间的,是怎样使用这些时间的(不是度过,而恰恰是使用)。孩子应明智地使用自由活动的时间。

这里应当重新回到书本。读书应当是产生兴致最重要的泉源,学校应当是书本的王国。你们可能在国家偏远的角落工作,你们所在的村镇可能距离文化中心远达几千公里,你们学校里有许多不完善的地方,缺少应有的设备——但如果书籍在你们那里非常充足,你们的教育水平可以和中心地区的教师处在同一个水平位置,取得和中心地区教师同等的成果。你们别担心孩子迷恋图书会影响学业。

从一年级到三年级,教师应有责任建立图书角(每个班级单独建立),在这里陈列启发智慧又能使儿童感兴趣的图书,让每个学生经常来到这个他平生第一次遇到的小图书馆。我建议一至三年级的学生最好不要到学校图书馆选书看,至少一、二年级的学生不必这样做,没有谁比教师更明白自己的学生该读什么书了。此时此刻应该让他读的是一本非读不可的适合自己的书,关于这一点,没有谁比教师更清楚。

请你们牢记,如果引起兴致的事物不触及思维、精神和心灵,任何兴致都不会带来益处。我一再强调指出,读书的兴致应该是首要的兴致。这种兴致应当保持终生。无论你们任教的是哪门功课(文学或历史,物理或美术,生物或数学),都应当引导自己的学生(如果你

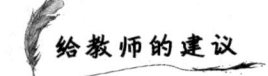

们一心想做他的培育员）接近的首要的兴趣泉源是书籍。

书籍——这也是一所学校，应该教会每个学生在书籍的海洋里遨游。这就是我为什么建议小学生最初只在班级的小图书室阅读，然后逐渐学会使用学校的图书馆。容许孩子们自发地乱读书，这在任何情况下都是不行的。你们要亲自带领自己培育的孩童们到学校的图书馆去，让他们熟悉那里已有的藏书，你们要提出指导意见，告诉他们可以选择什么样的书来阅读。请你们交给图书馆管理员一份建议学生阅读的图书目录（当然，列入目录的图书应该是图书馆书架上已有的）。

应当引领每个学生去到第二个兴趣的泉源地——他所热爱的那门科目。迷恋上一门科目，产生动脑筋的积极性只有在一种时候才有可能，这就是当学生在求学的年月里有极珍贵的财富——闲暇的时候。对一个教育集体来说，应当深思熟虑的是，怎样做到在学校中每天下午会有许多引人入胜的兴趣泉源地在发光发亮，这些泉源地，不妨称其为"深入钻研不同的科学领域的基地"。这不仅仅是上文说过的各种科目的科学小组。这也是一种积极的活动场所，在活动中，理论知识成为创造性工作和解决智力困难的主要动力。在我们学校里，作为引发智力兴致的泉源地是两间"困难工作室"，其中一间是关于物理和技术方面的，另一间是关于生物学和农业技艺方面的，在这里一切工作都建立在主动和首创精神的基础上。负责管理工作室的是高年级学生。工作室的大门对全体学生开放，一至十年级的学生都可进入。学生们在这里解答各种不同的工艺和生物学的难题。例如，要求学生们设计一种有功效的装备模式，在这种装备模式中，一种机械组成部分（或零件）可以被另一种取代，因为只有另一种才能够为一些困难的工序所利用。在生物学方面要求学生们完成的任务有：在两年的时间内，将一片荒凉的土壤改变为肥沃的土壤，在上面种植作物并获得丰收；为有益的微生物的生命活动创造条件。

学生怎样利用闲暇时间，这个问题依附于许多其他因素。请你们再接再厉，在自己教育的学生身上培养出良好的兴趣吧。

第三十四章
请你们培育劳动的爱好

几十年的教学经验使我深信不疑的是，劳动在智力发展中起着特别重要的作用。一个孩子的智慧就出在他十只手指的指尖上。

这种教育信念是由多年观察得来的，我发现孩子们身上都有一双黄金般的手。那些爱好劳动的孩子正是通过一双手才培养出清晰的、好钻研的头脑。我这里所说的不是随便什么样的劳动，首先要推崇的是复杂的创造性劳动，在这种劳动中包括思维推理、精确的实际操作能力和手艺技巧。逐年积累的经验让我深信，双手和大脑之间有一种直接的关联。一双手掌握的工艺技巧越高明，这个儿童、少年或青年就越聪明，对各种实例、现象、因果关系和规律性的思考分析能力越突出。

我力求理解这种依存关系的科学根据，研读过一些学术著作，同时研究教育和教学过程中各种不同的方面和现象。我打算在利用实际劳动来作为对学习困难的儿童和少年进行智力培育的手段的时候，千方百计地吸引他们参加可以掌握复杂的实践能力和技巧的工艺性劳动。这种劳动的典型特点是，各种个别的阶段和工序之间有着关联性，正因为如此，这种劳动要求全神贯注，集中精神，同时深思熟虑，在双手的动作和大脑之间存在着经常不断的交会和联系，大脑审察、纠正和完善劳动的过程，双手仿佛在不断地向大脑报告劳动的细节，于是劳动发展了人的智力，教会劳动者合乎逻辑地连续不断地思维和推理，使其深入了解那些无法直接观察的事例和现象之间的依存

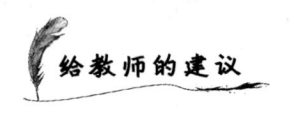

关系性。

让思维迟缓、头脑混乱的学生参加复杂的脑力劳动，对他们的劳动活动进行长时间的观察——所有这些更有助于我发现培育思维的途径。我恍然大悟地认识到，如果某人在学习中遇到困难，那么，这些困难产生的主要原因是不能意识到、明白事例的各种关系和相互关联性，也就是不会超脱"各种事例"动脑思索。也就是说，在劳动的活动中，可以比在所有其他活动中更快地意识到事例之间的各种关系和相互关联性，因为在劳动的活动中，这些关系和相互关联性以直观的形式呈现出来了。

经验表明，为了提高学生的智力，应当选择如下的劳动形式：

（甲）设计、组建和安装各种设备、机械装置、整套仪器的实用模型。在我们学校里，没有一个学习成绩差的学生在学校的小型工厂里不会操作那些精巧的机器、机械装置、仪器和设备的模型。在这种情况下，懂得各种关系和相互依存关联是学生动脑子思考的本源和动因。在两年的时间里，涌现出多个年轻的设计师和模型设计者的小组，其中一个小组设计了一台木材加工的万能机床，这个小组里有十五名学生，其中有三名学习落后的差生。这种使智力觉醒和发展聪明才智的劳动有一个最重要的特征，就是持续不断地开发构思能力。在那些少年人、青年人眼前似乎总是呈现出对未来的机床的构思图样。构思的正确性和实用性总是要承受检验，因此小组成员们不断查验不同的设计方案中各部件部分和零件是如何相互作用的，在一种条件下可能发生什么，在另一种条件下又会是什么样的。对这类问题的领会和理解促使学生们仿佛在瞻前顾后，反复研磨，不断分析比较。

在劳动过程中，不断领会和理解相互作用的意义，是开发重要的思维领域的最完美的手段，按我的意见是什么也不能取代的手段，思维领域以紧密联系因果关系、功能关系和时间关系为特色。关于相互作用的思维，其特别的价值可归结为思想总是处于运动和探索之中，人的思维视野面前出现了一些明显的概念，这些概念跟总结性思维有着关联。在这种情况下，发生一种从具体到归纳和总结的过渡，缺乏这种过渡，就不可能有思维推理，而学习困难的学生恰恰没有这种过渡的能力。

（乙）选择能量和运动可以传输、变革或转换的方法，这里指的是设计和安装某类模型和机械装置、设备、成套仪器或机器，在这些装置中都存在着转换现象，比如说，电能转化为机械能或者热能，直线运动转变为旋转运动，或者相反。在这种情况下，思想仿佛刹那间从抽象的、归纳式的概括转换为具体的事物——转换为表象、形象和图形。怎样使得归纳出来的思想观念转化为实用的具体的动作呢？在这个问题上的深入思考会激出、催醒学生思维的力量，促使他们从已知的东西上寻求结构上的解决办法。选择传输、变换的方法，可以培养学生的有观察力和好钻研的智力（成绩不及格的学生恰恰缺乏这些）。因为学生常常细看一个整体中的零件、部件和元件，常在具体中探索一般，常常学习将基本的观念从一个具体的场合转到另一个场合。所有这些应表现在双手的技艺和实际才能上。我们认为劳动的对象的功用是发展智力，力求使得劳动对象是活动的和不断变化的，使构思的创造者和实现构思的技师是同一个人。尽可能多做些试验和实验，尽可能多做些双手和手指的机灵的动作——这就是在劳动过程中培养智力的一项原则。

（丙）选择对材料加工的方法，选择运用工具和机械装置及合乎工艺规程的加工手法进行加工操作。我们力求做到工具仿佛和手融为一体，成为手的一部分。一个人没有学会使用自己的双手和自己的思维十分精巧地对劳动客体进行加工，难以想象在他身上能培养出机敏的、创造性的思维。在这种对劳动客体的加工中，体现着脑的思维和双手的劳动的实际融合。当一个人借助手工工具或机械工具加工某件东西的时候，会发生一种非常复杂的现象：在每一片刻中，从双手到大脑或从大脑到双手都在多次转发信息；大脑训练手，手促进大脑发育成熟、发展智力。此时此刻，人的某项构思不仅得到实现，而且

在经常不断地发展、深入和变化。在这种情况下,思维的线索不可以中断。使用手工工具和极简单的机械工具对材料进行加工,这是"医治"那些成绩不及格的学生的好药方,这些学生没有能力运用思维的目光理解长时间的劳动过程。

(丁)创建为了生命过程(植物的和动物的)正常发展所必需的环境,控制这种环境。学生在农业的试验工作(作物栽培、畜牧)中应从事与这方面有关的劳动。这是一种从具体的表象过渡到总的结论以及从结论转入实际操作的最佳手段,这些形式的劳动在培养教育方面的特殊性可归结如下:一个人可以从思维上理解在各种变化的条件下长时间进行的过程,同时,应当有意识地影响这些条件,改变它们。按我的坚定信念,农业劳动——这是一种最明智的、最有智慧的劳动活动。在我们学校由年轻的农艺师、育种师、生物化学技术员、农业技术员组成的小组收容了一些学习有最困难的学生,这些学生在求学的道路上似乎遇到了不可克服的阻碍,明智的农业劳动教会他们动脑思索。

在一个年轻的试验员小组中,学习成绩不及格的儿童和少年参与其中的创造性的劳动已有十五年以上了,这些儿童和少年解决两大难题,一是通过影响环境条件促使种子发芽,改善植物生长初期的生命活动;二是通过影响土壤和外部条件促使植物结果实。

要使手能促进智力发展,不用说,必不可少的是常读书,因为书本不仅培育智慧的大脑,而且培养灵活的双手。

第三十五章
怎样使学生集中注意力学习

我带着二十七名幼童前往一处牧场，目的是向他们展示不同的植物如何传播各自的种子。我带孩子们观看的植物生长在牧场边缘。为了让所有孩子都停留在这些植物的旁边，我使用最精细的丝线拴住小男孩和小女孩们的注意力，使其朝向自己。这确实是像一根有象征意义的无形"缰绳"。在那些植物中间，紧挨着这些植物的地方，有几十个形形色色、极不相同又极有趣的自然物。一个孩子刚刚向其中的某一自然物走去，那根拴住他注意力的丝线就断了。我对这孩子讲的话，他全听不见；我指给他看的事物，他全看不见——他的思想已经飞走了，落在远方的某处。你瞧，一只彩色的蝴蝶振翅向上飞起，万尼亚和科利亚也好，尼娜和卡塔洛契卡也好，他们好奇的目光都集中到它身上去了——四根丝线一下子就断了。脚下一只青蛙跳到跟前——又有好几根线断了。

在课堂上这种情况是司空见惯的。这些耐不住性子、不能长久坐着的、好奇心重的小孩随时准备去追逐一只花蝴蝶，你们有什么办法制止他们不去接近自己身旁的小动物呢？你们如何用一些枯燥、毫无趣味的事物去吸引这些少年们呢？要知道你们的说教故事开讲的那一刻，他们的脑海里已经想着某个有趣的、富有吸引力的、让人激动的东西了。

控制学生的注意力，是教育工作的一个最精细的且也是很少研究的领域。为了控制一个孩子的注意力，务必深入了解他的心理及其年

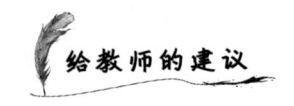

龄特点。多年的任教经验使我深信，要掌握一个孩子的注意力，只有通过造就、确认和保护好他的一种明确的内心状态的方法才能做到。这种内心状态中既有高昂的激情，也有智力振奋向上，而这是与掌握真理的自豪和发挥智力的骄傲感相关联的。

要创造学生的这种心态，常常需要创设整个智力培育系统。上文提到的激情高昂的心态不可能仅仅靠在课堂上使用某些特殊的教学方法来培养，例如：即使运用一些完好整齐的直观性教具也事倍功半，收效平平。这种心态取决于许多方面——学生思想和感情的修养水平以及他们的见识和视野。

控制注意力——这是教师对学生思想施以十分精确的、非常细致的影响。例如，我知道学生们将学习一整年有关动物学的许多知识，初看起来，这些知识毫无趣味可言——比如蠕虫的组织构造，它们的生命活动。在教授这段教材内容时，无论怎么样也吸引不了孩子们的注意力，如果他们的意识中没有一种思想可以和正在讲授的知识"挂钩"。在这种情况下，运用一系列联系实际的知识常常能引起学生们的关注，比如用他们懂得的常识来讲解教材，毫无趣味可言的教材将作为有趣的知识被学生领会接受。在这个实例中的真实情况是：有益的蠕虫（例如蚯蚓）在土壤的形成和植物的生命活动中的作用，在自然界的各种现象之间始终保持普遍均衡，而一些自然现象对另一些自然现象的依存性是肉眼看不到的。

学生们有一种激情高昂的心态，这对我来说很重要。为了使他们集中注意力领会和理解有关蠕虫的知识，这种心态是必不可少的。因此，我送给学生们一些有关自然界和土壤的有趣的图书，使得初看起来毫无趣味的教材的各种故事和讲解，直接针对学生们的思想。我仿佛在不断轻轻触碰和抚摸他们的思想，叙述故事引起他们的兴趣。这种兴趣首先是由学生的内心的刺激因素和内在动机引起的。平时读书过程中存留于学生意识中的思想此时此刻仿佛活跃起来，得到更新，迅速趋近我的思想。学生不是单纯在听讲和领会对他来说十分陌生的教材，他们从自己的意识深处搜寻出一些实例和现象，对其加以思索。

不由自主的注意应当同自主的专心结合起来，这种结合只有学生边听讲边思索的时候才能出现。而学生边听边想只有在一种条件下才有可能，这种条件是：在他的意识中已经存在"一根引发思维的引火索"。也就是说，对学生而言，关于正在被传授的课程，他已经知道某些东西。在领会教材的过程中，思维活动越积极，学生学得就越轻松。

通过阅读而培育出来的注意力，乃是减轻脑力劳动的最主要的条件之一。在上课时，把学生的不由自主地集中注意力和自主专心结合起来，他们就不会出现无精打采和疲劳的现象。

如果教师不想方设法在学生们那里创造激情高昂和智力振奋向上的心态，就照本宣科地传授知识，那么，知识引发的便只有漠不关心的态度，而冷冰冰的、毫无感情的脑力劳动总是带来疲劳。哪怕最勤奋的学生打算要集中精力掌握和记牢教材内容也会很快就"精疲力尽"，丧失领会因果关系的能力。而且，他越用很大的精力去集中注意力，就越事与愿违，要控制住自己的思想对他来说就越困难。那些平日除了教科书外任何课外书都不读的学生，在课堂上领会知识总是掌握得很肤浅，而且把这些一知半解的知识依样画葫芦地用到做家庭作业上去，因此，他们做家庭作业很困难，深感负担过重，没有时间读科学图书和杂志。这样的结果是"恶性循环反复"。

众所周知，学生们对一门课程的兴趣和注意力可运用实物做证的教学手段来增强。但这种直观示范作为一项教学原则具有更广泛的意义。如果把直观示范的教具仅仅看作引起学生们注意的手段，那么对教学是不利的，特别在智力培育中更加如此。

> 给教师的建议

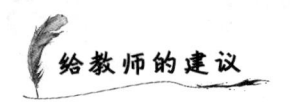

第三十六章
实物做证是认识的一条捷径，也是照亮这条捷径的灯塔

对思维施加影响是培育注意力的唯一手段，实物做证的作用是有限的，它仅仅只有在刺激和推动思维的过程中促进注意力的发展和深入，这种教学法也就只是在这种程度上。课程内容的直观实物形象可以长时间吸引学生的注意力，但是使用实物做证的目的绝不是把学生整节课的注意力锁定在实物上面——将直观示范手段带到课堂上是为了使孩子们到认知的某个阶段时就放弃实物形象，让思维转入总结性的真理和规律性方面。在教学实践中常常出现意想不到的情况：有时直观示范教具将孩子们的注意力锁定在某个细节（零件）上面，这时它不仅不能帮助学生思考并且妨碍学生领会抽象的真理，而教师本来的目的是想引导孩子们趋近真理。有一次，我给孩子们拿来一件水轮机的活动模型。一股细细的水流推动一个轮子旋转，溅起的水花形成细小的水尘，太阳光在其中折射出一道七彩光谱的虹。我没有看到这道彩虹，但孩子们看到了它，他们的全部注意力没有锁定在我想引领他们趋近的归纳性的结论上，而是被一种自然界的有趣现象吸引住了，这种情况完全是偶然，当然这堂课没有收到正面的效果。

使用直观示范教学手段，要求教师对教育科学的准备时间非常充分，懂得儿童、少年和青年的心理，了解掌握知识过程的窍门。

第一，应当牢记，直观示范教学是低龄的学生进行脑力劳动的一项普遍使用的原则。乌申斯基[①]写道：孩子们是靠"形状、声音、色彩和感觉思考的"。这一年龄规律要求小学生的思维在自然环境中发展，让他同时既看又听，既体验又思考。直观示范教学是一种增进注意力和发展思维的力量，它赋予认知以激情的色彩。由于在孩子的意识中视觉、听觉、感受和思维在同时进行着就形成了一种现象，在心理学中被称为情感洋溢的记忆；与每个存留在记忆中的概念和观念有联系的不仅有思考，而且有感情和体验。不形成发展的、丰富的情感记忆，就不可能有、也无从谈起在童年时代的完全合乎要求的智力得到发展。我现在向低年级的教师们建议，请教会孩子们在思维的发源处，在大自然和劳动中动脑筋思考。要让进入孩子意识中的每一句话都带有明显的情感色彩。直观示范教学原则不仅应当进入课堂，而且应该贯穿教育培训过程的其他方面，贯穿学生的全部认识当中。

第二，使用直观示范教学法应当认真顾及如何从具体的过渡到抽象，当学生们没有将注意力投向直观示范的实例时，教师应考虑在课程的何种阶段终止直观示例手段。这是合乎理性教学十分重要的原则：直观示范教学法仅是在促进思维积极活跃的一定阶段才是有必要要的。

第三，应当逐步从实物的直观手段过渡到造型描绘的直观手段，然后进一步只给予物体和现象以象征性及符号性的描绘。在一、二年级的时候，就应当让孩子们渐渐戒掉依赖实物的直观教学手段的习惯，但是这并不意味着可以全面放弃这种教学手段。有经验的教师原则上在所有的学习年限，从一至十年级都运用直观示例教学法，但是年复一年，他会将这一原则逐渐体现在更加复杂的工作方法和手段中。即便是教十年级的学生，有经验的语文教师也会引领他们进入森林中走到河岸边，到春天色彩缤纷的花园里。可以说，在这些地方，青年人的语言色彩更细致和精练，他们的情感记忆得到更深刻的发展。

从实物的直观示例教学手段过渡到描绘性的教学手段是一个长期的过程。这种过渡不能等于教师将一只猫崽的图画带到课堂上以代替一只活生生的小猫崽。直观示范教学法的描绘性手段，即使它能丝毫不差地传达实物的形状、颜色和其他特征，但它也只是一种归纳和概括。教师的任务归结为：在使用直观示范教学法的描绘手段中逐步过渡到更加复杂的概括。特别重要的是要教会孩子们理解象征性的描绘——画图形和示意图，在发展抽象性思维中，这些图形起着十分重大的作用。在这里，我很想谈一谈有关使用教室黑板的教学法。

教室黑板的设置不仅是为了在上面写字，也是为了方便教师在讲故事、解释课文和举行讲座时画图画、绘制示意图和描绘平面图。我在讲授历史、植物学、动物学、物理、地理和数学等课程上，几乎整个上课时间都使用黑板和彩色粉笔。（大约历史课中有80%的时间要用黑板，植物学、动物学和地理学课中90%的时间要用黑板，物理和数学课中100%的时间用到了黑板。）按我的观点，如果不运用黑板教学，不可能有朝向抽象思维的过渡。我将描绘性的直观示范教学法不仅看作是使概念和观念的具体化的手段，而且当作从表象世界前往抽象思维世界的手段。

描绘性直观教学法是与智力自我培训法并列且同时进行的。我的学生们在上二年级和三年级的时候总是将算术练习本的每页划分成两个版面：左边的版面是解题的答案，右边的版面是做习题的直观示意图。在进行解题之前，学生描画出这个习题的图解。教会学生描画习题——意味着促使他们从具体的思维向抽象的思维过渡。孩子们最初描画物体（苹果、篮子、树木、鸟类），然后转向示意图的描绘，用正方形和小圆圈等标识这些实物图画。我特别关注的是成绩不及格的学生们的习题描图。如果没有采用这种教学手段，他们不见得会解答习题和对习题的已知条件开动脑筋思考。如果一个孩子学会了描绘习题，我就可以有把握地说，他将能解答出这些习题。某些个别的学生花几个月也不能学会描绘习题的已知条件——这意味着他们不仅不会抽象地思考，而且不会通过"形状、声音、色彩和感触"进行思考，应当先教会他们形象思维，有条件后，才逐步过渡到抽象思维。

如果你们教的低年级中有数学课不及格的学生，试着教他们图解习题吧。应当铺设一条小路，引领孩子从明显的形象走向这些形象的象征性图形，再从象征性图形走向理解各种关系和种种相互依存性。

第四，从描绘性的具体示范的教学逐步过渡到口头表达形象的教学，用口头语言表达形象——这是从"依靠形状、声音、色彩和感受"进行思考向用概念思考过渡的第一步。有经验的低年级教师不但会用语言塑造那些无法显示的实物（如北极的冰封地带、火山喷发，等等）的形象，而且会口头描述那些我们自然界和周围人们劳动中可见的事物。这种用语言表述的形象有特别重大的意义，在形成情感记忆以及充实心理学所称的内心语言方面，这种语言表述形象法都起到十分重要的作用。

讲到这里，应当再次谈一谈成绩不及格的学生的教育工作。这一部分学生的智力发展，正如经验所表明的，在很大程度上依附于从形象思维向理解概念思维的逐渐过渡，需要花多长的时间和经历怎样的步骤。个别成绩特别差的学生始终停留在没有希望的状态，教师拿他们一点办法也没有，不知道要怎样做才能唤醒他们的思维。这主要是因为他们在需要很长时间的"形象思维"的教育训练过程中没有过关，教师就急于催促他们过渡到抽象思维，可他们对此毫无准备。要知道成绩差的学生即使花九牛二虎之力记熟了一条规则，也举不出一项自己熟悉的实例以对应这条规则，也不会用此规则解答例题——这是形象思维和概念思维之间脱节的后果之一，也是教师操之过急、拔苗助长的结果。

第五，直观示范教学法应当是为了将孩子们的注意力引向最主要、最本质的东西的手段。

再重复说一句，直观示范教学法需要很高明的艺术，要了解学生的思维和心灵。

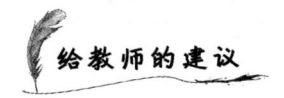

第三十七章
向初次进入学校工作的教师们进一言

我还记得在学校里工作的头十个年头时间是如何缓慢流逝的。后来，时间跑得快些了，可现在感到，一个学年才刚刚开始，可一眨眼就结束了。我说出这种个人的感受是为了让刚开始工作的教师记住一个十分重要的道理：年轻时，不管这项工作如何紧张、繁忙，如何嘈杂得令人难耐，不管这种热火朝天的、闹腾的劳动如何占满青春的年月，在这样的匆忙日子里总能找出一些时间，逐渐地、一步一个脚印地积聚我们的精神财富——教学上的智慧。

请你们记住：不知不觉，你们的二十年教龄将会来临，你们将进入自己人生的第五个十年，这时，你们将感到时间紧迫，你将苦恼地说："哎哟，如果我早知道，这种工作在青年时期应如何开始做，那么，我在接近老年时就会工作得轻松一些了。要知道，我干这行还得干二十年哪！"

究竟在青年的岁月里应该怎样做，步入老年时，才不会顿足嗟叹，无限惋惜呢？

这方面要做的事情很多。首先身为一个教育工作者，应一点一滴地积累智力方面的财富和教育方面的才智。在你们面前展开一条广阔的人生道路，在这条路上你们将遇到最不可预料的命运。年轻学生的头脑好钻研，他们会把求根究底的目光投向你们，他们在怯生生地寻求一些问题的答案：应该怎样生活？幸福是怎样的？真理在哪儿？为了回答这些问题，应当理解人们对真理的追求和人民大众渴望理想胜利的辩证发展过程，应当打内心里领会和感觉到人类为最好的未来而斗争的最终目标——共产主义思想及其在生活中的体现。

　　为了成为一个名副其实的教育工作者，应当终生掌握科学共产主义理论，在自己内心里培养马克思列宁主义世界观。时时刻刻都需要教育自己用共产主义的眼光看待世界和人生，请你们对此牢记不忘。在你们的个人藏书室里应当有马克思、恩格斯和列宁的关于社会、革命和教育的最重要的著作。在自己心里培育共产主义世界观——这不意味着死记硬背马克思列宁主义经典著作的句子。我重复一遍：这首先意味着学会用共产主义的眼光看待世界和人生。

　　年轻的朋友们，我想和你们分享一些经验，就是我过去是如何在马克思、恩格斯和列宁的著作中常常找到，而且现在也能不断找到实际工作中最复杂的问题的答案的。每个学生的人生未来遭遇都展现在我的面前，他们每个人都是一个不可复制的人生世界。我发现自己最重要的教育工作任务是为了使共产主义理想在每个学生的人生世界中得到体现——让这种理想折射在他独一无二的、深刻个性化的特征中。每一次当我看到一个不可复制的人的命运的一些转折问题时，我就体验到一种要求，感到一种必要性，这就是再三反复地深入思考共产主义的人的标准及其最理想的形象是什么，马克思、恩格斯和列宁就是为了这种人的标准及其最理想的形象而活着和斗争不息的。形象地说，不努力争取向马克思列宁主义奠基人关于人的明智的思想海洋中徜徉、求教，我就不可能深思细想具体的人生命运。在马列主义创始人的著作中蕴藏着共产主义人生观的百科全书，马列主义的导师们睿智的思想有助于我们理解共产主义理想发展的逻辑，比如，理解关于个性全面发展观的推理。马克思、恩格斯和列宁的著作帮助我梳理各种极其复杂的、缠绕在一起的条件，将其研究清楚，而培养学生的倾向和志趣是取决于这些条件的。无论你们如何轻易地从图书馆里借到任何想要的书，但建立自己私人的图书馆同样必需。我个人的图书馆是我睿智的导师，我每天都不得不向它咨询请教：真理在哪儿？怎

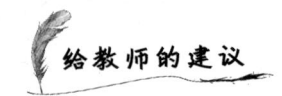

样认识真理？怎样将人类创建、积累的道德财富从年长一代的灵魂和智慧中传授给正在成长的一代人的灵魂和智慧中去？这些藏书是我们做人的指南，我们每天都要向它询问一些问题：应该怎样过日子？为了自己的学生，我们应怎样以身作则，树立榜样？怎样让理想的光辉照耀他们的心田？

年轻的朋友们，我建议你们每个月要买三本书：第一本是关于各种科学问题的书，你当前正在教的是科学基础知识；第二本是关于人的生活和人生奋斗的书，书中人的形象对青年人来说是明灯和榜样；第三本书是关于人的心灵的书——尤其是关于儿童、少年、青年的心灵的书（有关心理学的书籍）。

愿你们的私人图书馆内藏有这三个知识领域的书。每一年都应当靠读书充实你们的科学知识。但愿你们的教学工作临近第一个十年的末尾时，一个驾轻就熟的时期便来临了，这时教科书对你们来说好似识字读本那样简单，唯有具备这样的条件，你们才可以说，你们毕生都在为上好课做准备。唯有经常不断地补充科学知识，你们在讲述教材的过程中才有可能察觉学生们的脑力劳动：你们注意力的中心将不是关于课程内容的思考，而是关于听你们讲课的学生的思维和知觉。这是每个教师教学技艺的顶峰，你们应当努力朝这个顶峰攀登。

请你们像寻找价值昂贵的钻石一样，找来关于杰出人物的生平和奋斗的传记阅读。

这类人物不少，诸如费利克斯·捷尔任斯基、谢尔盖·拉佐、伊万·巴布什金、雅可夫·斯维尔德洛夫、尤利乌斯·伏契克和尼科斯·贝劳扬尼斯，等等。请在你们的私人图书馆里找出最显眼的位置存放这些传记书籍。请你们记住：这些人物对你们来说不仅是教师，而且是为人处世的培训者和导师，以及道德的引路人。

让自己的图书馆多收藏些心理学书籍吧。作为教育者，应该是鉴识一个成长的人的心灵的行家。每当我听见或读到对每个人采取个别对待这个短语时，在我的意识中这个短语总是和另一个概念——"思索"联系在一起。教育工作,首先得有活生生的、求知的、小心探索的思考。缺乏思考就不可能有突然发现和意外收获——即使是微小的、第一眼难以觉察的发现也没有。而没有突然发现和意外收获则没有教育上的创新。请你们记住,心理现象的规律虽然众多,但每一条都表现在成千上万个人的命运中。我十分有把握地相信,昔日的大学生从高等师范大学毕业后,唯有具备下述条件才能成为教育工作名副其实的高手,这就是他在自己整个教师生涯中都在钻研心理学,并且不断使自己的心理学知识深刻化。

对你们来说,自己整个执教生涯都是以教育者的身份行事,而教育工作不可能没有美和艺术。如果你们掌握许多作为教育者的主要本领。如果你们会弹奏某种乐器,如果你们只有哪怕一点点音乐天赋的火花——你们在教育工作中就是主宰者,因为音乐能使心灵互相接近,能打开学生心灵最隐秘的角落。如果你们不会任何乐器,在你们的双手和心灵中应当有另一种影响人的灵魂的强大工具——文艺作品。要建立自己个人的图书馆,以文艺作品充实其中的收藏。依据你们教育的孩子的年龄大小,你们每年要添置数十本书,这些文艺读物会帮助你们找到通向学生心灵的道路。请你们不要忘记,一部文艺作品,给你的一个学生读过了,是用他求知的头脑和易受感动的心灵来领会作品的意义,这往往能起到教师力不能及的作用。这部作品,好像在道德的天平上加个砝码,使得它朝你们需要的方面倾斜。对一个教育者来说,这可是难以尝到的甘露。在购书补充自己的图书馆时,你们应当牢记的最主要的一点是:你们拿一本书让学生读,这本书中应当有怎样做人的道理。这本书的主人公的形象应当使你们的学生心醉神迷,让他深受鼓舞,在他的心灵中确立一种信念:相信人是雄伟和强大的,共产主义思想是真理和正义最崇高的理想。当我在书店里为自己的教育者图书室选择文艺书籍时,我努力做到心里有数,每一本书都是为了我的某个学生购置的,因为这本书最适合他读。

请你们记住,教育工作首先是一种朝向一颗年轻心灵的敏锐的、

给教师的建议

深思熟虑的、小心谨慎的触碰,为了掌握好这门和心灵接触的艺术,应当多读书、多思考。每一本你们读过的书,都好像一件精确的工具,应当收入你们功夫纯熟的教育工作中。

教育者也必须有细腻的美感。你们应当爱美,创造美,保护大自然和你们学生心灵中的美。请你们明白,如果你们热爱种植和培育树木,如果欢乐的心将你们带到一个蜂房边,听着蜜蜂的嗡嗡声,这个蜂房位于一处你们亲手培植的开满鲜花的树林中,这样,你们就有一条最直接的通往人的心灵的道路——在创造美的劳动中进行心灵交流。

你们在学校中工作的每一年,都应当不断充实你们的教学工作的工艺实验室。作为一个教师,应当有大量的习题和例题的储备,这既为了整个班级集体,也为了方便给个别学生出题。所有这些习题应当一年年地按照教学大纲的主题和领域加以收集和补足编排。我认识一些有经验的数学教师,他们在五十年的教学工作中积累了一部独一无二的、精心选择和配套的代数和几何的习题集。为了对学生们进行个别辅导,这样的习题集特别有用而方便。

第三十八章
对准备教小学一年级的教师进一言

你们在初级小学工作,现在教三年级,不久你们将担任一年级学生的教师。这些学生的年龄在五岁半到六岁之间,家庭和幼儿园培育着他们。在我们这儿还有一部分孩子,他们入学前唯一的培育者是父亲和母亲。今后的教育多方面取决于学前儿童在入学前一两年是如何受培育的。你们应当透彻地了解每一个学生。

了解一个孩子意味着什么?

首先关于他的健康状况应有所了解。在着手做这些孩子的教育工作的一年半前,我的面前就摆着一张未来学生的明细表。我非常了解他们的双亲,我推测由于遗传的关系孩子们可能患什么病症。当然,这些推测要经过医生的检验和诊断。我手头有关于未来的学生们身体最重要的组织系统的状况的资料:神经系统、呼吸器官、心脏、消化系统、视力、听力。

不清楚学生的健康状况,就不可能开展正确无误的培育工作。三十年的学校工作经验使我坚信:不仅在个人的教学手段方面需要视每个学生的健康状况而定,而且学校的整个防病治病和增强健康系统都依附于学生们的身体状况。经验表明,培育工作应当尽量保证每个人得病都能治好,使他能避免童年时期最常发生的重病。一个心血管活动失常的儿童,需要特殊的培育方法,也需要专门的医疗救助教育学措施。

我认为,了解家庭内部的相互关系是十分重要的,这有助于儿童疾病的预防。如果儿童出于这样或那样原因已经生了重病，也有助于他的身体痊愈。孩子的神经系统和心脏的健康状况特别依附于家庭状况。在喊叫、责骂、凶狠、怀疑、凌辱中长大的孩子是很难培育的。在这样的孩子身上，神经系统是过分紧张的，很容易感觉疲劳。患有神经疾病的孩子要求特别多的关怀和照料。无论学习方面，或是培育方面，对他们都应当使用专门的医疗救护的教育学方法。这种方法预防有害的激动和兴奋，防范从一种激情状态急遽转到另一种这样的状态。

我建议你们这些未来要教一年级学生的教师，在即将从事一年级教学的前一年半（如有可能，前两年更好），应召集家长们前来开会（特别重要的是，父亲要来，母亲也要来），而且要和他们谈一谈关于家庭内部的相互关系的事情，家庭内的相互关系有助于形成孩子健康的神经系统，与之密不可分的是，形成积极的道德心理素质。

家庭的气氛在孩子的发展中具有十分重大的作用。他的全面发展和记忆力在很大程度上取决于家人智力的兴趣是什么样的，成年人读什么书，平日思考和打算的是什么，他们在孩子的头脑中留下的是什么，你们应该对自己学生的家长们说："你们孩子的智力取决于你们的智力兴趣和书籍在家庭精神生活中占据什么地位。"

我们深信，对每个孩子的思维活动，至少必须花一年的时间进行分析研究——只有在这样的条件下，才能很好地准备好一年级的教学工作。

上 篇

第三十九章
怎样在学前时期研究儿童的思维活动

人的思维活动有两种主要类型——逻辑分析的思维（或者数学的类型）和艺术的思维（或者形象的类型）。这种由伟大的生理学家伊·彼·巴甫洛夫[12]首创的分类法对于解决儿童的智力培育和个人的志趣和才干的养成等问题具有特别重大的意义。[13]

你们应在九月选择一个明朗的日子，将未来要上一年级的学生集合起来，和他们一起走进秋天的森林里，你们马上就会发现孩子们带有两种明显的思维类型。在这早秋时节，森林总是能吸引孩子们的注意力，他们在森林里不会无动于衷，止步不前，而在那些引起激动、赞叹和惊讶的地方，就会有对周围世界的逻辑推理的和激情洋溢的认识，也就是用理性和心灵来认识。深邃不可及的蓝天，树木五彩斑斓的装束，早秋明朗的色彩（无论在林边或密林中，都是这样美不胜收），所有这一切都吸引孩子们的注意力。但是他们以不同的方式对待周围世界。你们认真观察一下，就会发现两种类型的认识方式——两种类型的思维特征。一些孩子迷恋大自然美的整体协调和谐，他们因美丽的景致而惊奇和赞叹，把各种物体当作一个共同一致的整体来领会。他们既观看日出，也欣赏树林外表色彩中令人惊奇的秋季的形形色色的差别，也观察隐秘的密林。但是这一切正是作为许多乐器合奏的声音来领会的——孩子们不仔细倾听个别的音响，他们不会从所处的周围世界中区分出个别细节来观看欣赏。而当某种单个的事物或某种单一的现象吸引他们的注意力时，那么，对他们来说，整个和谐

129

一致都集中在这个物体或这种现象上。例如，某个儿童将注意力投向开满野蔷薇花、密布琥珀色的浆果和一颗颗银白色的露珠的灌木丛时，除了这个灌木丛，这个儿童什么也没看见，对他来说，整个美的世界都体现在这个大自然的创造物当中。

这是艺术性地或者形象性地认识和领会周围世界的最有代表性的特征。具有这种认识和领会的儿童会怀着兴致和迷恋讲述他们所看见的东西。在他们的讲述中都是明显的形象。他们依靠图景和形象——色彩、声音和动作来思索。他们对周围自然界的音乐和整个的美景十分敏感。在他们的知觉中，占优势的仿佛是激情洋溢的因素。他们似乎更多的是用心灵来认识，而较少靠理智来感知。你们要仔细察看，学习过程在他们的脑力劳动方面烙上的是什么样的印迹，明显表现出艺术性思维的孩子们会津津有味地研习文学，爱读书，热衷于创作有诗意的作品。在学习数学时他们常会遇到不少困难，常常学不好这门功课。

对另一类儿童而言，仿佛和谐一致的美景并不存在。你们在温暖的秋日里站在一片松树林的边缘观赏日落吧：傍晚紫红色的霞光，仿佛紫色的树木的躯干，在平静的池面上映出不可复制的色彩。但是在一群学前儿童中，总是能找到一个对这样的美景无动于衷的孩子，好像常言所说的，这幅美景没有达到触动他的程度。他常常会问：为什么太阳在落山时会变成红色的？晚上太阳藏到哪儿去了？为什么秋天里一些树叶会变成红色的，而另一些都变成橙黄色，第三种则变成黄色的？为什么橡树上的叶子在早霜前长久地保持绿色？在他的视线里展现的首先不是世界形象的一面，而是它的逻辑推理、因果关系的一面。这是一种推理分析的或者是数学的思维：具有这种思维的儿童们很容易看出因果关系和事物的相互依存性，很快就从思想上领悟到由各种各样的关系联合起来的种种物体和现象。他们很容易进行抽象化的思维，会带着浓厚的兴趣学习数学和其他严谨的科学。抽象概念的逻辑分析引起他们的兴趣，不亚于明显的形象引起具有艺术性思维的儿童们的兴趣。

这两种类型的思维是客观存在的，教师应当对每个孩子具备哪一种类型的思维了解得一清二楚。为了正确地在教学中指引和管理学生的脑力劳动，这样的摸底工作非常重要。教会学生开动脑筋思考，开发他们的思维能力，意味着在每个孩子那里都要开发出两种思维范畴——形象的和逻辑分析的，二者缺一不可，不容许片面性，但同时要善于引导每个学生的智力最大限度地遵循他的自然天性的轨道发展。

儿童们的思维也因进行的速度而有所区别，也可以说是因思考的快捷程度而不同。

在一些儿童那儿，思维是十分灵活敏捷的。一个孩子刚刚思考蜜蜂怎样从花朵上采花蜜，教师指出花朵的复杂构造——这个孩子的思维便轻易地转到了另一个对象上。再拿解答算术题时的思维活动来说，一个学生在思想上完全掌握了习题的条件中陈述的一切——无论涉及的是一些篮子，或是一些苹果，或是花园里的一些树木。而在另一个学生那儿，完全是另一种思维活动，不妨将这种思维活动称为"稳定的聚精会神"。如果他的思想集中在一件什么东西上面，他就忘记了另一种事物，顾此失彼，他思索每一公斤苹果的价格，就忘记了在每一个篮子里有多少公斤苹果和一共有多少篮子。教师常常会犯错误，将这种思维特点当成是智力发展的反常现象。其实，用脑思考过程的迟缓运行并不奇怪——这种现象既常见于具有形象思维的儿童们那里，也常常出现在明白显示逻辑分析思维倾向的孩子们那儿。教师没有研究明白事情的根源和实质，往往做出关于儿童们的智力发展的完全错误、过分匆忙的结论。特别令人难过的是，教师常常和那些思维过程明显缓慢的孩子们发生误会和争吵。常常这是些十分聪明伶俐的孩子，但是他们的思维缓慢，因而引起教师的不满；孩子急躁起来，他的思想就仿佛麻木了，总之，这时他停止思索任何东西。

在开始教学以前，所有这些都应当看明白和弄清楚，教学工作开始前就着手研究一个孩子的思维特性，是容易得多的。我奉劝面临教学一年级的教师，在儿童入学前的一年的时间内，不妨带领他们前往思想的发源地——大自然中进行二十至三十次旅游，你们要引导孩子们进入一种环境中，在那里既有形形色色的明显的现象，也有各种现象之间的种种因果关系。孩子们在美丽的景致面前赞叹不已，体验到惊喜的感情，同时也在进行思索和分析。

第四十章
怎样发展孩子们的思维和智力

据我看,怎样开发学生的智力,促使他的智力深入地思考和钻研,这是学校的普通培育工作很少有人研究的问题之一。传授知识只是智力培育的一个方面,缺少另一个方面(智力的形成和发展)就无法审察和分析这一方面。发展思维和智力是发展思维的形象成分和逻辑分析成分,并且也促进和影响思维过程的灵敏程度,消除思维的缓慢性。

正如多年教学经验所表明的,必须开设专门的思维课。早在学前时期就应当时不时地进行思维教育:从一年级开始思维课程就成为智力培育的一部分。思维课程,既要包括对周围世界的形象、图景、现象和物体的生动直接的领会,也要含有逻辑分析、知识探求、思维的锻炼和因果的发现。

如果你们打算教会那些"思维困难的学生"开动脑筋思考,不妨引领他们到思维的泉源地去,那儿似乎打开了现象的链条,让人看到一个现象的结果成为另一个现象的原因。一个常表现出缓慢的思维过程的孩子在思想上抓住这个链条,努力在记忆中保持一些事例、对象和关系,就在这个什么也不能取代的思维培训学校中获得通过了。事情是这样进行的:孩子在诸多现象的链条中有各种发现,一个追随一个,在孩子面前仿佛燃起思维的火花,这些火花促进思维过程活跃敏捷。只要思维的火花燃起,孩子就想知道得更多,希求从思想上深入到各种新现象中去。这种希求和愿望就是一种加速思维过程变得活跃敏捷的推动力。

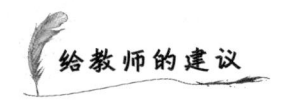

第四十一章
怎样培育记忆力

培育记忆力也是学校教育实践中最尖锐的问题之一。大概,我们每个人面对"记性不好的"学生都会束手无策,无可奈何。他此刻费力记住的东西,到明天就忘得干干净净。我试图根据一些资料和试验,提出一些关于培育记忆力的建议和劝告。

越是依靠个人努力和集中意志获得较多的知识,越是让逻辑的认识触及学生们感情充沛的领域,记得就越牢靠,就越能在很大的范围里更严整地将新的知识纳入意识中。

孩子在开始记忆功课之前,应当在我已经讲过的培训思维的学校中获得通过。摆在孩子记忆力面前的任务越复杂、越困难,教师培育他思维、让其动脑思考和提高智力的工作就应当更有耐心和细心。对孩子来说,他常察看各种物体、事情和现象,如果他只能看到这些东西表层的一面(这对所有人都是显而易见的),一次也没有做出过深入这些东西的内层和本质的"发现",他面对意想不到的诸多现象的互相联系的时候,没有感到惊讶,那么,这样的孩子很难记得住功课。

我深信,有一个时期教师应当特别为培育学生的记忆力而尽心尽力,在孩子还没有感觉到读书学习的压力,还没临到无论在课堂上或是在家里都要强记不少东西的时候。上学前和低年级的学习阶段是最利于培养牢靠持久的记忆力的基础的最佳时间。应当格外操心的是,让孩子们获得关于周围世界的各种现象和规律的重要原理不是通过专门的死记硬背得来的，而是在直接的观察过程中得到的。

我们作为教师，想必每个人都会面对一些奇怪的形象，因而摊开一双手，想不出办法来对付。诸如一个孩子在低年级学习得很不错，可学完低年级后，马上就学习退步，成绩不佳了。这是怎么一回事？为什么会常有这样的情况？其中的一个原因是：在低年级时，教师没有做好一项专门的工作，这项工作应该以开发思维、培育智力和培养记牢知识的基础能力为目的。在低年级应当奠定记忆力的牢靠基础，而这个基础就是在教师的指导下在对周围世界直接认识的过程中得到、获得和掌握的知识。

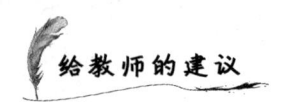

第四十二章
珍惜同时发展少年、小伙子和姑娘们的记忆力

死记硬背总是为害匪浅，这种读死书的方法出现在少年和青年时期格外不能容忍。在这个时期，死记硬背和读死书会导致幼稚病，使成年人和青年人像孩子那样幼稚低能，使他们在智力上变愚钝，妨碍能力特性和爱好倾向的形成。死记硬背和读死书，这种毛病孕育出一种不良产物——强行死啃书本而无独创精神的书呆子气。实质上这是将培育小孩子的方式方法照搬到少年和青年人的身上，将智力的幼稚低能和掌握严肃的科学资料的尝试结合在一起。这使得知识脱离生活实践，大大局限了智力活动和社会活动的范围。

造成这种病态的恶习的主要原因之一，是少年、青年人获取知识的方法和小孩子一模一样：靠死记硬背记熟教科书上一部分有定量的资料，为的是按照如此定量将自己的知识说给教师听，交给教师出的卷子后获得一个好的分数。过多的滥用这种有意的强记功课的方法只会使人变愚蠢。

从学校中驱除无独创精神的死啃教条的学习方法——这是一项十分重要的培育工作任务。但是怎样才能做到这一点呢？如果中年级和高年级的大部分教材恰恰是要求专横的、有意的强记，你有什么办法？你只能对学生说：坐下来苦读吧，背诵功课吧，要不然你将不学无术，在学校里卖弄小聪明一点用处也没有。那么，如何能做到摆脱书呆子气呢？

要做到这一点,唯一可行的方法是:建立有意的强记和无意识的记牢的合理比率关系。如果一个八年级学生应当记住的教材数量用俄语字母"x"表示,那么,与此同时,这个学生应当领会和仔细思考的教材就应要多好几倍,其数量为"3x"。在这种情况下,一类教材是需要背会和记牢的,另一类教材是仅仅被领会而没有专门安排记牢的,在这两类教材之间应有某种联系和交流——不是直接的联系,但这是一种必需的与问题相关的联系,但愿这是一种提出和解决复杂问题的联系。例如,学生按照解剖学和生理学研究人的神经系统。在这部分教材中有许多全新的内容,几乎所有的都应当记住。为了使学习过程不至于变成死记硬背,你们应建议学生们读一些关于人体的有趣的科普书籍——关于人身上所有的组织系统的、神经系统的著名科学家的研究成果的书,统统要读。学生们翻阅和浏览这些不用专门规定记牢的资料,但其中的许多内容却被他们记住了,不过这完全是另一种记牢的方法——无意识的记牢,这种记牢在本质上不同于蓄意的、有意地去对教科书的资料进行强行的记住,这种记牢法基于生动的兴趣、思维和入迷——在这个场合激情洋溢的认知起着很大作用。无意识的记牢(阅读有趣的书籍)促使一个人头脑里的思想的生命力觉醒。思想的生命力越积极,有意记忆法就越顽强地发挥作用,这种记忆法就越有保存和复现大量教材的能力。如果一个人领会的教材资料比应当按教科书背会的多出好几倍,那么,按照教科书记住资料(记熟和背会)就不再是死记硬背了。这样记住的资料就成了依靠广泛阅读和思维分析领会的学问。经验表明,如果有意的记忆以无意识的记忆为基础,立足于广泛阅读和深刻思索,那么在一个少年攻读教科书的过程中,他的头脑里一定会产生许多问题。他知道得越多,按照教材上课,学习就越容易了。

　　要在无意识记忆和有意识记忆之间建立合理的比例关联,这首先取决于教师。您作为一位教育工作者立足于科学,应当不是一个简单的知识传声筒和传话器,而应当是男女青年思想的掌握者。在您讲的

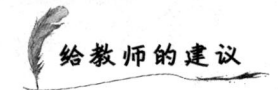

故事中和在新的教材的讲解中就有星星之火,可以点燃孩子们的求知欲和好奇心。少年上了您的课后,会带着坚强的意志去阅读您提到的那些书籍。他很渴望这种书,想马上找到它,一睹为快。

因此发展少年、小伙子和姑娘们的记忆力取决于中年级和高年级的教学培训过程中所培养的智力文化修养水平。

第四十三章
培养儿童对绘画的热爱

关于在小学怎样开设绘画课，教师在教学培育过程中将绘画引领到什么地位，这个问题对于学生的智力发展有直接关系。我在初级小学任教时，把绘画看作开发创造性思维和想象力的方法之一。我坚定地相信，儿童绘画是走上逻辑认识的道路必不可少的阶梯，更不用说绘画帮助发展审美观了。

最初我教孩子们凭天性绘画，我们画树木、花朵、河流、动物、昆虫、鸟类等，无论这些孩子的构图多么简陋，在画中总是反映出理解、思维和审美力的个人特征。有一次，我们速写长满三叶草的田野，一些孩子力求在纸上画满五光十色的庄稼地的全部情景，把云朵、蓝天、啼叫的百灵鸟都画上。在另一些孩子的画上，我仅看见一株三叶草的草茎，其花瓣上落着一只蜜蜂。而在一个小姑娘那里，只有几件东西横跨整张纸面——一只张开翅膀的熊蜂、一株开花的三叶草和太阳。

我们在大自然这个思想的发源地举行了好几次野游，这是特地为了让孩子们对周围世界的领会和理解充满着鲜明的、爱美的感情而举行的。我们描画池塘边的早霞和晚霞，草地牧场上夜晚的篝火，鸟儿们飞往温暖的边远地带，还有春汛时的场景。我得出一个欢乐的结论：描绘那些令人激动、赞叹和惊讶的景物，这是对周围世界进行一种独特的美学的评价。当一个孩子对体现美的景物进行描绘时，就仿佛对美的感受使他急于用语言来表达这一切。

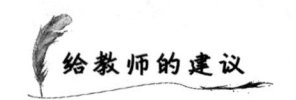

我逐渐地、一步一步地让孩子们掌握了绘画技术的基础本领。孩子们学会了表现光明处和背阴处以及透视地配景的画法。早在一年级时创作就在儿童的绘画中占据很大的地位。孩子们在诸画作中编辑故事，描绘幻想的事物。画作成了发掘创造想象力的泉源。我深信，在绘画过程中发展的富有想象力的游戏和孩子的言语能力之间具有直接的联系。可以毫不夸张地说，一幅画作"解开了舌头"，迫使不爱说话的、十分拘谨的孩子表达自我。

在二至四年级，孩子们开始把绘画列入创造性的书面作业中——各种按照观察自然现象和劳动的材料编成的创作。我注意到，在某些场合中，当孩子没有找到精确的、足够多的词汇来表达自己的思想时，他就诉诸绘画。一个男孩在刺猬的"食品库"里看见一些宝藏，他竭力要表达自己的惊讶之情，于是就画出这些宝藏——苹果、马铃薯、甜菜的绿色的叶子，以及从树上落下来的色彩纷呈的树叶。

我力求使绘画在孩子的精神生活中占有重要地位。当我们在基辅沿着第聂伯河[⑭]航行时，男孩和女孩们对沿岸的草地、山丘、森林和草原中遥远的丘陵赞叹不已，力求将所有这些美丽景致都用线条和色彩描绘出来。

没有绘图，我无法想象怎样上地理、历史、文学、自然知识等课程。比如，我要讲解澳大利亚的动植物群。不可能将各种画完的图表带到课堂上来，所以我在黑板上飞快地画出许多植物和动物，这样就不会中断孩子们的思想线索，同时保持着想象力。上历史课时，便在黑板上用粉笔描绘生活在许多年前的人们的衣服、劳动工具和武器。经验使我深信，讲课过程中在黑板上临时创作的情节图画具有十分重大的作用，特别是在四、五年级上历史课时尤其如此。例如，我讲解斯巴达克起义时，我在黑板上描画建立在山顶上的起义者的营地。在讲课过程中，即刻产生的图画比起印制好的甚至色彩鲜明的图片来，有很大的优越性。在低年级上数学课时，有时不得不描绘习题——关于这一点我在前面已经讲过。

第四十四章
怎样训练儿童快速书写

读书和写字——这是对学生来说最必不可少的两种学习方法，同时也是两扇通向周围世界的窗口。一个孩子不会流利、迅速和有意识地读书，不会敏捷、迅速、半无意识地写字，他仿佛是个半盲人。我在教学中，接到一个非常重要的教学任务，在三年级就要做到（四年级则要明确无疑地做到）使学生写一个长的单词时笔不离开纸，还要使他的眼睛不看练习本就能写出单词（甚至一个短句）。书写过程做到半无意识，这是学会读和写及全面自觉地掌握知识的特别重要的条件。学生正在写这个字母或那个字母时，他不应当考虑这个字母和其他一些字母是如何连在一起的——只有在这样的条件下，他才能把心思用在语法规则的运用和他所写的东西的意义上面。快速地书写锻炼半无意识性和培养对于语法规则的思考：孩子已经不再思考他怎样写这个字或那个字，因为他将这些字已经写了许多次。

所有这一切——字母和单词书写的速度，半无意识性地获得和掌握拼写方法（正字法），一边书写一边领会意义——应当是齐头并进的。培养快速书写能力，首先要求将手部肌肉进行一定量的练习。多年的教学经验使我深信，这样的练习应当在学写字之前进行。我说的是双手进行精巧细致的动作——既用右手，又用左手。在入学前一年，应当让孩子们做些某种方式的劳动，诸如使用小刀（雕刻刀）和剪刀将硬纸板和纸张剪削，在木头上雕刻，编织，使用木料设计和制作一些小的模型。借助劳动达到的精巧细致的动作，锻炼出十个手指活动的互相适应性和节奏，养成这些手指的灵敏性和使其对小型图画具有敏感性，实质上字母就是小型图画。

应当努力达到的是，幼小儿童劳作的动作就是美学的创造，但愿孩子做好的成品中，圆形、椭圆形和波浪形的线条不断重复，但愿孩子从很小的年龄起就习惯于精细平稳地发力，这要求孩子实现"手指的灵敏"。

经验令人深信，如果孩子完成了足够数量的借助劳动实现的精细的动作，他已经在相当程度上做好了快速书写的准备。当然，系统的书面练习也是必不可少的。

第四十五章
教会孩子工作时双手并用，既用右手，也用左手

人类的发展历史过程导致一个结果，这就是各种与思维有联系的、在手指尖上承载思想的最聪慧的劳动作业往往都是用右手完成的。在诸多创造性的劳动的过程中，左手只起着辅助的作用。我们用右手掌握工具，钢笔和铅笔都握在我们的右手中，艺术家的右手不断创造出不朽的彩色绘画作品。

对一个人而言，为了登上他经过努力达到的诸智力文化的顶峰，单靠一只右手就足够了。但是，如果所有的人都会用右手做最精确的劳动细活，有些人还会用左手来做，那么，这些人的工作技巧、劳动的艺术和智力发展的日臻完美就会比过去快得多了。在这里说的不仅仅是关于劳动培育的又一个先决条件。在手和大脑之间存在着成千上万次影响双方的联系——手使大脑得到发展，创造智慧，大脑使手不断发展，把它训练成为有创造力的智能工具，成为思想的武器和镜子。多年的经验令我深信，如果最精确、最聪慧的动作不仅右手会做，而且左手也会做，那么手和脑联系的次数将不断增长，从手到大脑发生着智慧的体验，这些体验表明各种事物、过程和状况的相互作用和相互关系，这结论是依靠经验取得的，但是它有一个实际存在的规律：借助双手的创造性的劳动过程中的活动，才有相互作用、相互理解和相互把握，这种相互作用、理解和把握将会把思维工作带来新的性质：一个人用思维的眼光不断掌握各种相互联系的现象，将它们

看作统一的整体。

　　我在七年的时间里教七到十四岁的孩子们用双手工作。孩子们学会同时操作两件刀具，他们会用右手或用左手装配复杂模型的组合件，也会用左手或用右手在生产商品的机床上加工木材。我眼看着在这些孩子的活动中，创造性的因素逐年不断发展。创造性的特点是能产生各种新的构思并且具有发明能力。会用双手劳动的能手们在同一个现象中看到的东西似乎比仅仅会用右手工作的人看到的要多得多。我培训出来的能手们在使用工具加工材料时因劳动动作极其精确、细腻、柔和、优美而显得出众。他们都迷上了这种含有智慧的创造性的劳动。

第四十六章
向在规模宏大的学校中任职的教师进一言

在一个具有数十名教员的学校里任职的教师,要提高自己的教学水平比在规模很小的学校要轻易得多,在大集体里总是有一些经验丰富的教员。但是参照和借用他人的教学经验是十分复杂的,是一种创造性行为。

您毕业于高等学校,有小学教师资格证,比如说,低年级教师的证书,在您获得聘用的学校里,除了您之外,还有十六名低年级教师。在各种教务研讨会议上,人们提到他们之中的某几位时,常常称之为优秀的教学能手,对另外几位,则在什么场合也不会提及和表扬,而对除此之外的第三类,则时不时地要指出他们的一些不足之处。但对您这个教学舞台的新角色来说,每个教师,即使他来校工作没有几年,都有值得您学习的地方。但是借鉴他人的教学经验,应当节省时间,避免事倍功半。如果您打算按顺序一一观摩所有教师的讲课,要取得教学技巧的真谛和要领也非易事。

我劝您不妨先仔细看看从事低年级教学工作的同事的教学笔记以及其学生的练习本。如果您看到绝大多数孩子的练习本里的书写(字)写得合乎要求——这就是直接的标志和基准点,说明在这个班级您就可以学到很多东西。学生的练习册是一切教学工作的镜子。您应该去听听这个教师讲课。不仅仅在上写字课时去听,其他课也要去听。练习本是整个教学过程的成果的反映,书写的优劣也取决于孩子们如何读书和他们读了多少书。

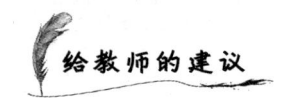

不深入了解教师做的一切工作和孩子们是如何接受他的影响的，就不可能了解教学经验的任何一个方面。您初次观摩经验丰富的教师上课仅仅是为了想弄明白他是怎样教会孩子们正确良好地书写的，但听他的课时，似乎您看见的许多情况和您要观摩的对象没有直接的联系。您处在各种现象的复杂依附的关系中，但不要惊慌失措和惘然若失。了解教学经验，首先要理解一种现象是依附于另一些现象的，要不然，无论理解还是借鉴别人的经验都是不可能的。要知道借鉴最优秀的教学经验，不是把一些单独孤立的方法和手段机械照搬到自己的工作中来，而是思想的挪用，为了在一些卓越的大师那里学好本领，就应当信服他的某些奇思妙想。

眼下，您在您的一位同事那儿观摩了他教的学生的练习本，这些练习本引起您的关注，您也看到，学生们读书读得很熟练；一眼扫过就掌握了一些词汇和一部分句子，边读边动脑思考，朗朗上口的激情读书声就是由此产生的。您认真观摩阅读的教学方法，但是对自己而言，任何意料之外的、新颖的方法都没发现。因此您又去听了一节课，接着，又听了很多节课。您将这些听到的课和自己的课做对比。您原封不动、一丝不漏地照做无误，但效果却相差甚远。那就请您寻找吧，坚定地寻找答案——完美的教学效果是依靠什么东西得来的。

您询问学生们，竭力弄清楚他们的家庭生活情形——在您的面前逐渐展现出学生们良好的朗读是依附于诸多的因素：依附于家庭的智力生活，依附于小孩在童年时听到什么样的故事，依附于课外阅读制度，还依附于教师是如何把控知识和实际能力相互关系的比例。您得出一个结论，在教育事业中，没有一种结果仅仅依靠于某种单一的因素，似乎只要您这样做，得到的必定就是那个结果。其实，每一个结果取决于几十、上百个诸如此类的因素，有时，甚至取决于那些十分遥远的因素，这些因素和学习、观察和研究的对象没有直接联系。

领会和把握某位大师级教师的经验，有助于您看到某种诀窍，在您的教学实践中您就依靠这种诀窍。

教学技巧的改进、提高和逐渐娴熟，这首先要靠坚持自学和您个人的努力，您的努力应以提高自己工作的文化素养为目标，最先做的应是提高思维的文化素养。缺乏有个性的思维，缺乏对自己工作的追根究底的钻研态度和眼光，则随便什么样的探求教学方法的工作都是不可思议的。

　　您研习和观摩自己的老同事的教学经验越多，您就越有必要进行自我审视、自我分析、自我完善和自我教育。在自我审视和自我分析的基础上，您的头脑中将萌生出自己的教学思想。比如说，探究所做的事情和收到的成效之间的联系，您就会得出一个结论：在今天完美加工的土壤中种下的种子，到了明天也不一定能等到它发芽。今天所做的事情，在许多情况下只有经过若干年才能进行评价。这是教育工作的一个十分重要的规律。这个规律使人们常常想到的是以长远的目光来看待问题。

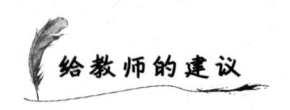

第四十七章
向在单师复式制学校[15]任职的教师进一言

在现在以及未来很长一段时间内,还会存在数目不多的孩子的学校——单班制或双班制的学校,在那里只有一两个教师。

如果您在这样的学校中执教,您想要在自己周围创建并且维持一种丰富的多方面的精神生活气氛,这可不是件容易的事情。而且要知道这里主要的情况是缺乏较高的文化水平(包括普遍的文化水平和教育水平),因此,要改变这个偏远孤立的穷乡僻壤的面貌很可能是力不从心的。如果执意要一步达成,那么往往是教师本人靠喝葡萄酒聊以自慰。可是,在十分荒凉的远离城镇中心的小角落里也能明亮地燃起文化的、思想的、创造力的星星之火——这一切都只能指望您了。而且您的全部努力应当是力图使这个星星之火燃烧得更明亮些。这对于您培养的学生们的教育程度、文化程度和知识水平的提高,也有决定性的作用。

对您来说,为了使这个文化的、思想的、明亮的火花燃烧得很旺盛,永不熄灭,有许多事应当下功夫做好。在这些遥远偏僻的居民点里没有大图书馆,而书籍(最新的)在这里好像空气,恰恰是非有不可的。

所以,您应该使自己学校的小型的图书馆成为大文化中心的大图书馆的预约借阅者。例如,以 В.И. 列宁命名的苏联国家图书馆,以 К.Д. 乌申斯基命名的有关人民教育的国家图书馆。您应阅读周刊《图书博览》,将任何非读不可的、使您感兴趣的书借来读两三个星期。

我熟悉一些遥远偏僻的小村庄，有一个教师在这样的农庄里工作了很多年，极少离开，却创立了一个"人民图书馆"，供集体农庄的居民们借阅。而您也考虑一下这件事吧，在学校近旁建立一处人民文化的发源地吧。

在单班制学校里，孩子们的课堂阅读有特别重要的作用。您应该和社会团体一道关注学校图书馆的收藏，使那儿藏有各种满足儿童阅读一切必不可少的图书。那些列入世界儿童文学黄金宝库的图书都应该进入每个最小的最偏远的学校中。做到这一点并不那么困难，需要的仅仅是对孩子们的热爱和您自己有勤奋精神。我深信，即使在远离中心城市的学校中也可以创造条件，使得读书成为学生们精神文明的主要源泉。

关于电影放映机和幻灯片放映机的事，您应当多操点心，要做好订购新的教学影片和幻灯片的事。

对您这个在遥远的小规模学校任职的教师来说，长久保持和大城镇的名校的联系是十分重要的。我建议您每年到这种学校去拜访两三次，每次和您的同行们在一起待三四天。您应当观摩听课，和教师们切磋交谈。您应该观察每个苦心思考着、创造性地工作着的教师所向往和追求的教学成果和他们理想的教学成绩。在给自己的学生们的学习成绩评分时您应该以这样的成果（学生们的知识、技能和书写）为准绳。如果可能的话，您可邀请您的同行们——拔尖的教师中的某一位来您的小规模的学校里进行现场指导，哪怕只来两天也行。

在春天和初夏，您要带着自己的学生们进行一次远足旅游，要让他们看看城市的生活，参观轻工企业和重工业工厂，每次集体游览都要为充实学校图书馆和影片收藏库做努力。

而夏天不能待在学校里不动，可乘车船前往大城市观光。您应该如此计划这些旅游：使自己在偏远的学校工作的年月中您的足迹能遍及莫斯科、列宁格勒和其他大文化中心。停留在这些城市中的时间应该过得十分充实；逛剧院和音乐大厅，观看我国最出色的演员们的精

彩表现，而且，再一次重复提醒，不要忘记采购图书。

　　我建议您还要去我国周边的一些景点旅游，看看乌拉尔、西伯利亚、阿尔泰、中亚、高加索、俄罗斯的北方——阿尔汉格尔斯克州和诺夫哥罗德州，百闻不如一见，您的见闻越广阔，在您心中可讲述的东西就越多，您用来影响学生们的教学手段就越丰富。

第四十八章
教师该写怎样的计划

这个问题是十分尖锐的——教师们有时因书写不必要的文书忙得透不过气来。但是常常有这样的情况，在将"官僚主义的文牍工作"评价为分文不值的东西时，某些个别的教师得出一个结论，说不必制订任何计划。

可这也是另一种错误看法。有助于教学工作的计划还是应当制订的。

对低年级的教师来说，估算制订为期数年的长远计划是十分重要的。在计划中要列入什么内容呢？我根据自己的经验向各位同行提出几点建议。

第一，孩子们在小学受教育阶段应该阅读的艺术作品书目。当然，只有在学校图书馆藏有必不可少的儿童读物的条件下，这项计划才有实际可行性。

第二，孩子们在学校里将聆听和欣赏的音乐作品（但愿学校中设有音乐教室）。

第三，可以引领、启发孩子们进行座谈的绘画作品。

第四，学生应该熟读和背诵从文艺作品中摘录的原文片段。

第五，最低限度的基础正字法学习的字数——也就是正字法字典，小学的学生应当牢固、永远地记住这些字的写法。

第六，科学普及图书和能够拓展学生视野的小册子的书目。尤其应当划分出一部分专门供给学习困难的孩子们阅读的图书和小册子，

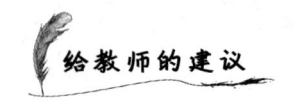

这些孩子思维活动灵敏度较低，应选择比较易读的图书供他们阅读。

第七，思维训练课的选题——前往思想和母语的发源地参观游历的课题。

第八，孩子们在小学各年级练习写作的题目。

第九，教师和孩子们一同制作的可供示范的直观教具清单。

第十，在初级小学将进行的集体游览。我建议这样的远景计划最好由在中年级和高年级担任一些教学科目的高水平教师参与协同制订。不用说，需要考虑到科目的特殊性。例如，生物课高级教师在远景计划中列入观察大自然的活动，目的在于使学生头脑中对某些概念有初步的认识。地理课的高级教师列入非记忆不可的全部地理术语。物理课教师在自己的计划中列入工农业中生产劳动的观摩。

远景规划是十分重要的定向标和参考点，教师每年根据这个定向标翻阅和思考教学大纲的内容，仿佛在自我检查——已经做了什么和需要做什么。根据远景规划的执行情况可以判断学生知识的掌握情况。

每个教师也应当制订选题计划或者授课时间分配的计划。选题计划根据教学大纲制订，规定分配给该选题多少课时，包括数节课的一种计划。可能做的选题规划只限于不大的选题（二至五节课能讲完）。在选题计划中要写明上课时教什么，怎样教。在这种情况下应当警告、防止对讲课内容和故事的冗长的书面叙述。教师平常传授给学生的知识应保存在教师自己的头脑里，不需要一五一十地列在纸上。选题计划是指导教学的预想和论据，而不是详细展开的讲稿。在计划中应写上具有对教材进行创造性加工意义的内容。例如，在检查家庭作业时孩子们将回答的各种问题，在学习新教材时应独立完成的作业种类。按照惯例，习题和作业不列入计划中（在教师那里，这些内容通常写在一些专门的卡片上或笔记本中）。

在书写选题计划的笔记本上，应当划出一个空白的部分——如果发生未能预见到的偏离计划的情况时，就可在计划中进行相应的改变。

有些教师往往认为制订课时计划比制订选题计划要好。他们周密地想好一个题材，做出初步草案，但往往只制订一个课时的计划。每个教师都可以去寻找对自己最方便的做法。最主要的是——以远景计划为目标，不要忘了最终的目的。时不时地要周密思考教学大纲和对它的解释性札记，将它们和远景计划做对比。

担任班主任的教师常常制订培训工作计划，关于这样的计划，以后在专门讨论培训问题的章节再细谈。

给教师的建议

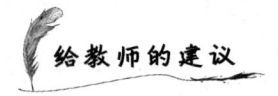

第四十九章
有关教师写教学日记的建议

我建议每个教师都写教学日记。这不是有某种形式要求的正式文件，而是一种私人的笔记和札记。这样的札记在日常的工作中可能用得着。在日记的字里行间都能捕捉到思维和创造的苗头。日记如果能坚持不断地写十年、二十年甚至三十年，这可是一笔巨大的财富。要知道在每个有思想的教育工作者那里都有自己的体系和自己的教育文化。当一个教育高手，一个作为创造者的教师，过完了自己创造性的一生，带着他多年经受的困难和探索中的所有成就进入坟墓的时候，有多少极宝贵的教育智慧的瑰宝一下子就消失了呀！我真想将教师们的日记作为无价之宝保存在教育博物馆和科学研究的学院里。

我自己记日记有三十二年了。在从事教学工作的第一天，当我作为一个小学教师迈进学校的门槛时，我就在沉思默想一件事。那时，我们村子里有一个医士，大家认为他是个怪人，有一次，我看见这个怪人在测量刚进入一年级的孩子的身高和体重时，精确地记下了全部资料。我们进行交谈，我认真地看了他的记录，令我惊奇不已的是，他做这样的登记工作已经有二十七年了。

"您做这样的记录有什么用呢？"我问道。

"这是一件十分有益的事情，"医士回答说，"请您看看，在二十七年内，这些孩子的身高平均增长了 4.5 厘米。如果我能再活三十年该多好……"

当时谁也没考虑儿童超常发育的问题。战争发生时，这个医士负了重伤，他把自己的笔记交付给了我。我在学校工作的第一天起就开始记录孩子们的身高和体重以及他们智力发育的情况。现在，在我拥有的最宝贵的资料中（按我的观点，这是无价之宝），我掌握着五十九年内同一个村落里孩子们发展的情况。

三十二年来，在教学的头两周我都会记下有关孩子们的视野和认识的情况，每年都要让孩子们回答一些同样的问题。

数数从一数到一百……说出你知道的植物、动物和鸟类的名称……说出各种机器的名称，并讲述这些机器分别安装在哪儿，有什么用途……

据我看来，孩子们对这些问题的回答也具有很大的价值。耐人寻味的是，1935年，三十五名一年级学生中只有一名能数到一百，五名能数到二十（那时进入一年级的都是八岁儿童）。1966年，三十六名一年级学生中有二十四名能数到一百，剩下十二名可数到二十、三十、四十（都是七岁的儿童）。随着时间的流逝，在孩子们那里关于各种机器和各种技术操作过程的知识越来越丰富。但是，很遗憾，一年年地过去，孩子们知道的植物、动物和鸟类的知识越来越少。

1935年，所有的三十五名儿童在夏天都看到了朝霞并可以描写太阳的升起过程。1966年，在六月看见朝霞和太阳升起的三十六名一年级学生中只有七名能加以描述。

我在自己的日记中记下学生们的家庭藏书室里有些什么样的书，双亲的状况，父亲和母亲抽出多少时间教育孩子。将这些资料进行比较也具有很大的趣味。

日记中一些重要的章节是有关劳动的孩子们的记述。我认为，观察出他们在课堂上和在家庭里的行为上与智力劳动中的最精确、细微的差别是十分重要的。把记录下来的和观察清楚的结果加以思考分析，对教师工作十分有帮助。例如，考虑到思考过程缓慢的孩子们智力眼光的相对局限性，我得出一系列的结论：这些孩子应当读什么样的科普读物和应当怎样阅读。

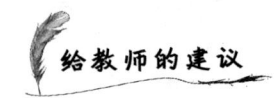

记日记有助于集中思想,使智力集中于某一个问题或者某一件大事中进行思考。我在自己的日记中留出了一些页面,特地把我自己对于知识如何能够巩固的想法记录下来,把这些笔记加以研究、比较和分析,表明知识的巩固取决于很多的前提和条件。记日记教会我思考。

第五十章
关于自己的孩子的培育

应当避免一种反常现象,遗憾的是,这种现象在日常生活中常有出现。这就是,管教他人的孩子的教师却没有时间教育自己的孩子。我很想对做男教师的父亲和做女教师的母亲提一些建议。

请不要忘记在家里你们对于自己的孩子而言不是教师,也不是班主任,而是父母。不要把家庭变成一所小型的学校。要尽可能地安排好一切,使得学校的森严气氛留在你们家庭的大门之外,使得你们和孩子组成一个美好和睦的家。

教育不是某种特设的、人工组织的"措施",教育首先是一种生活方式。教师的手中有着一把强大的,同时不无危险的"管人"的教鞭(权力),要求掌握教鞭(权力)者有很大的智谋和十分谨慎的精神。你们在学校里要明智地谨慎地使用这种工具(教鞭),切忌把这种工具照搬到自己家里来。许多自己习以为常、传统的教育方式和方法应当留在学校围墙内。让自己的孩子远离"教师气"吧!当你们的孩子熟悉教师职业的各种细节内情,他们知道这种职业意味着什么,是面向什么而设置的,知道教师做什么是正确的,什么是不正确的,知道教师有权做什么,无权做什么,这可不是好事,简直坏透了。绝对不可以当着你们孩子的面,毫不顾忌地对个别学生和教育工作者做评论。因为教师的孩子听多了这样的谈话,就会成为自高自大的人,他们心中萌生出在其他同学面前有某种优越性的思想,他们常常会对老师说无礼的话,然后对自己的父亲和母亲也粗话相向。于是,你们作为富有经验的、贤明的教育工作者，却丧失了对自己孩子的管束权力。无论什么时候，绝对不可以用任何方式把自己的孩子从其他学生的圈子里分割出来。

如果有可能，你们就把自己的孩子安排在你们同事执教的班级里，这样，你们将作为父亲或作为母亲更多地接近自己的儿子或女儿。

即使我们的一生都是在培育别人，但必须为了培育子女专门抽出时间，每天要找到空闲时间和自己的孩子交谈，和他一起在大自然中玩耍一会儿。作为父亲，这是特别重要的。

不要把在教学过程中的某个方面以及学生们的行为而产生的激怒、神经过敏和不满意等情绪从学校带到家里来，这对你们的孩子来说是最不好的范例。如果孩子们从幼时起就看到学校常常使得父亲和母亲感到烦恼，他们就会逐渐产生对教育工作的反感。这种情绪的不良后果不仅仅是使你们的孩子长大后不想当教师，这还算不了什么，更复杂的是：一个学生，对教师的劳动感到敌意，日后他就会成为伪善者和只说话不做正事的人。

你们有优良的条件培育自己的孩子爱劳动、爱读书和爱科学的品质，教师的劳动按其本性来说是高尚的范例，让你们的儿子和女儿感到你们的劳动以及你们对其他人的命运的衷心关怀是高尚的表率。

你们要有自己的图书室，你们的孩子刚刚入校成为学生，就要在书橱中拨出一些格子作为他们的图书库，教育他爱读书，尊重文化的瑰宝。

下 篇

儿童世界,是一个特殊的世界。孩子们自己有关于善与恶、好与坏的观念,他们有自己的审美标准,甚至对时间也有自己的衡量标准。童年时代,一天好像一年,一年就好像永恒。为了进入这座神秘的宫殿(我们给这座宫殿取名为童年),你应该转变形象,在某种程度上变为一个孩子。

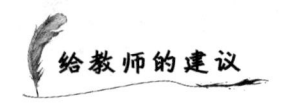

第五十一章
是谁和什么在培育孩子,在培育中什么事情非您这个教师不可,什么事情还要借助其他的教育者

有时候,一些关于教育的某种唯一主要因素的绝对的观点会让年轻的教师迷失方向,因为在教育过程当中,一切都是重要的,都具有自己独特的意义。

对于我们刚开始培养与塑造的孩子,我不妨将其比喻成一块等待雕琢的大理石,有几个雕塑家带着自己的刻刀同一时间来到了它的身边,想要把它塑造成一座雕像,还要让它富有精神,充满灵性,又不能破坏掉原本的天真和灵气,还要让它成为体现人类的理想的化身。那么,这些雕塑家究竟都是谁?究竟有多少人呢?

在一个人的个性的培育过程中,有很多力量参与其中,摆在第一位的就是家庭,而在家庭当中,最细心和最贤明的雕塑家是母亲;居第二位的是教师,他是带着自己的一切精神财富和价值而来的,他具有智慧、知识、能力、广泛的爱好和丰富的生活经验,并且有智力、审美和创新创造等方面的需要,也有自己的人生理想;第三位是会对每个人都产生很大教育影响的群体,例如儿童群体、青少年群体;第四位就是每个接受教育的本人,也就是自我教育;第五位是接受教育的人在智慧、审美、道德价值的世界中的精神生活——我指的首先是图书;第六位是可能在人生计划之外、没有预想到的雕塑家,比如学生时期在大街上偶然结识的少年，又比如来家里做客一个星期但是让孩子对无线电产生热爱进而终生沉湎于此职业，或使得他对太空世界抱有永恒幻想的亲戚或熟人。

如果上述提到的这些好像雕塑家的教育者，他们之间能相互配合默契，一致行动，像是一个有组织的交响乐团，那么，由于教育的利剑和长矛经常碰撞和折断而产生的很多问题，就会迎刃而解。

但是，显而易见，每个雕塑家都有自己的性格、风格和长处（也有自己的短处）。常见的是，一个雕塑家对另外一个雕塑家的技巧和创作秉持着批判挑剔的态度，不仅一心想在这个大理石毛坯上用刻刀精心雕琢加工，而且将另一个雕刻家刚刚创作好的地方一下子粗暴损坏。这时，大理石就不再是一个"石块"，而是变成了一个有思想的生物，它不仅认识了解周围的世界，也认识了解自己本身，不仅用理智来求知，而且用心灵来感受。接着，临到"大理石块"流露出要照镜子的愿望的时刻，说："喂，尊敬的雕塑家们，你们做了些什么呀！"于是，我们的雕塑半成品开始自己拿起刻刀，照着镜子（也就是观察周围的人们，对其中一些人进行赞美，对一些人置之不理，对另一些人感到愤怒），自己开始雕刻起来，甚至对别人已经雕刻好的地方也进行了修改。创作热情在此时燃烧起来：刻刀仿佛利剑，不停地刺击，大理石的石屑飞舞，有的时候一整块一整块的石片从洁白无瑕的、贵重的大理石上剥落下来……

当你看到利剑般的刻刀的这种刺击，听到金属的响声，和类似雕塑家的教育者们进行"对骂"的时候，心里就会想：这种关于主要和次要的教育因素的结论是多么的天真幼稚哪！它给教育事业带来多大的危害呀！如果说，个别吹捧起来的雕塑家般的教育工作者无所不能的自作聪明的怪论对家长的意识观念没有影响，那怎么会有家长决然地说："我把自己的孩子放心地交给了你们，请你们对孩子进行教育吧！你们和学校是专管教育的。"

你们满怀激情地迈进学校的大门，决心把自己的一生都奉献给崇高的教育事业。你们应该记住，你们不仅仅是行走的知识库，而且是一名专家，擅长把人类的智力财富传授给年轻的人们，并且在他们的心中燃起求知探索和渴求知识的火星。你们是培育未来的希望——孩子的雕塑家之一，并且是和其他雕塑家完全不同的、独特的雕塑家。教育会创造真正、真实的人，这就是你们要为之奋斗的职业。社会把你们当作雕塑巧匠，我们国家的未来很大程度上寄托在这些雕塑巧匠身上。你们一定要牢牢记住，你们犯的每一个哪怕很微小的错误，都很可能使一个人的个性变得反常，心灵蒙受痛苦，变得极度烦恼。你们作为人的培育者和创造者，应该以自己的技巧、能力和艺术给其他雕塑家做出榜样。为了让我们在苏维埃学校培育出来的人，成为德育、智育、美育等方面全面发展的完美杰作，这就需要所有能够接触"大理石块"的雕塑家们一起配合行动，需要在真正的人的创造方面保持和谐一致。那么，谁应该是组织大家，让大家形成和谐一致的敏锐的、明智的、有经验的、细心的和勇敢的指挥者呢？这个人就是教师。他责无旁贷。

你们的任务——作为一个教育工作者的任务——可归结如下：你们首先要看到雕塑巧匠们像是一个合唱团，要敏锐地看到每一个成员的表演，指出哪里还表现不足。换言之，你们应该知道，在困难重重的教育过程中，哪一方面取决于哪一位雕塑家。你们也必须看到，在一群好似雕塑家的培育者中的每一个人在大家一致以创造性的努力树立起来的人身上留下了什么。我的青年朋友，你一定要记住，刻刀与洁白无瑕的、贵重的大理石之间极微小的接触都会留下一辈子永不磨灭的痕迹。你应该知道，是谁在什么时候怎样轻轻触碰了你们的创作。为此，只保持有对儿童的热爱是远远不够的，就像和神话传说中的雕刻家皮格马利翁热爱自己亲手雕刻的哈拉齐娅一样，热爱自己的创作是不够的。你应该十分了解自己的创作作品，应该具有对因果关系进行逻辑分析的能力。

做雕塑巧匠明智的指挥，并不是说要你详细周到地给每个成员分配任务和责任，比如说这事由家庭负责，这事由学校负责，这事由少先队组织负责……人的个性是个整体，不能按部分创造，比如有的人雕刻耳朵，有的人雕刻额头，有的人雕刻鼻子，等等。那样的情况在我们这项复杂难做的事业中是不会出现的。你刚进入学校工作的时候，就要经常和家长进行密切的交流——不仅是在各种会上交谈，更多的是私底下一对一交谈。请你们任何时候都不要试图严格地分配任务，说：这是你们家长应该负责的，这是我们学校和教师应该负责的。对智力培育有责任的不单单是学校和教师，家庭和家长也应该做很多的事，让我们的孩子在多方面的教育之下，成为聪慧的、精明的和拥有敏锐的理解力和深刻的感知力的人。一定要记住，我们所创作的"哈拉齐娅"，有时候会有种种不同的力量在同一个地方进行完全相异的轻轻触碰。比如你刚刚教育自己的学生要做诚实的人，要爱护社会主义的财产，但是一个未意料到的"雕塑家"登场了，对这个不速之客，你们或者家长一点也不了解，此人竟教孩子去欺骗和偷窃。培育过程的指挥者的才智和本领在于，及时发现他人对你们的创作作品的每一次触碰。

乌克兰哲学家、教育家格·萨·斯科沃罗达[16]教导我们，了解原因就是了解了一切。[17]我的青年朋友，要认真思考这个教导。教师因为没有了解学生行为的原因而得出不正确的结论的案例，在学校生活中比比皆是。要知道，有时候是这样的情况：本来责任应该在学校，却把家长给请来，让他们相信，是他们对孩子的关心照顾不够，把孩子溺爱娇惯坏了，诸如此类。

有时候对错综复杂的善与恶交织在一起的情况非常难以辨别清楚，但是，辨别是非曲直，这是你们必须要学会的事情，这属于教师的神圣职责。我的青年朋友，你们进入了人民教育的崇高无比的领域，不仅是能够进入造就共产主义新人作坊的很多雕塑巧匠之一，还应该成为其他巧匠的榜样和教师。你们的优势是在教育科学的光芒照耀下衡量、看待自己的培育对象。如果我不相信教育人的科学具有巨大无比的可能性，那么我根本不可能在学校工作，一天都不会，也不可能写下这本书。你们应该成为教育科学知识的明灯，照亮其他创造人的雕塑巧匠的工作。你们作为教师和班主任，有什么方法和能力可以影响学生的家庭和家人呢？学生的自我教育是如何进行的？教师在这一方面要承担的责任是什么？教师应该如何进行自我教育？集体是具有巨大的教育力量的，它的秘密何在？在什么样的条件下集体是存在的，什么情况下集体会失去效能，以至消失？书籍应该怎样教育人？怎样才能让意外出现的教育者对青少年心灵的影响和学校的教育方向保持一致？我感觉到，如果弄明白我所提出的这些问题，对青年教师将大有裨益。

第五十二章
为了使母亲和父亲愿意和学校协同培育他们的孩子事先要做哪些准备

在我看来,在我们生活的这个时代,对共产主义社会的人进行教育时,没有比让母亲和父亲学会如何教育孩子更为重要的任务了。根据多年的工作实践和经验,我们得出了一个结论:如果不关心家长的教育文化修养,那么任何一个教育和教学的任务都不可能完成。家长教育学,也就是做父母的关于将子女如何培养成为一个人的初步范围的知识,这是整个教育的理论和实践的基础。在我们学校的母亲教育学陈列馆里面,尼·伊·皮罗戈夫[18]的话十分醒目:"要让妇女们懂得,她们照料摇篮中的孩子,创造他童年时代的游戏,教他慢慢学会说话,因此成为社会中的主要建筑师。基础是由她们的双手打牢的。"[19]这句话表明了我们整个家长工作的基本思想意图。

我们这里开设有家长的教育学校,设置有学前部,一至三年级学生家长部,四至八年级学生家长部,九至十年级学生家长部。在送孩子入学的前三年,他们的父母就应该在家长教育学校里进行学习。他们需要每两周听一次课,由校长、主管教学和教学工作的副校长、主管课外活动工作的副校长和三年后将要担任一年级工作的教师进行授课。以下就是家长教育学校学前部1964—1967年的工作计划(在这里进行学习的家长,他们的孩子于1967年秋季进入一年级进行学习):

(1)4~7岁儿童身体和心理的发育;

(2)如何预防儿童生病;

（3）儿童的生活制度、饮食和身体锻炼；

（4）4～7岁儿童的智育关键在哪一方面；

（5）母亲和父亲如何为孩子的语言和智力发展操心；

（6）如何预防儿童的神经官能症；

（7）4～7岁儿童的劳动教育；

（8）如何培养儿童尊敬长辈；

（9）大自然在学前儿童培育中的作用；

（10）学前儿童的渴望和兴趣的发展；

（11）学前儿童对现实的认知和情感的发展；

（12）如何培养儿童使其具有人的情感；

（13）4～7岁儿童的美学教育；

（14）4～7岁儿童的创造；

（15）如何防止儿童变得冷酷无情；

（16）如何教育儿童学会控制自己的情绪；

（17）培养儿童关爱动、植物是一种教育的手段；

（18）游戏以及其在学前儿童的智育、德育、情感教育和美育当中的作用；

（19）母亲是儿童的第一个教育者和教师；

（20）家庭是人们相互关系的学校；

（21）父亲和儿子；

（22）母亲和女儿；

（23）儿童对学校教学的心理准备；

（24）儿童道德修养的初步要素；

（25）我们在你们的孩子心目中是个什么样的人，你们在他的心目中应该是什么样的人；

（26）父母在自己子女的培育中容易犯哪些错误，如何避免这些错误的产生；

（27）祖父和祖母也是教育者；

（28）应该给学龄前的儿童教什么和怎么教；

（29）如何让家庭充满慈爱和和睦的氛围；

（30）如何教育儿童对人友善温和；

（31）如何做到相互谦让；

（32）如何抑制自己不恰当的情感冲动；

（33）如何培养孩子从小立志做好人；

（34）如何防止孩子任性；

（35）家长的权力是什么，家长应如何使用这种权力；

（36）如何不用惩罚手段进行教育；

（37）实施惩罚究竟利多弊少，还是利少弊多；

（38）什么可以用来要求儿童，什么不可以用来要求儿童；

（39）教育子女是父母最重要的社会义务。

因为你作为教师，必须准备和讲授这些题目的内容，所以我想对这件并非是手到擒来的事情提出几点建议。你要让家长认识到，培育后一代作为一项需要履行的崇高的社会义务，乃是一种最崇高的、人道的、高尚的、具有创造性的工作，我们有很多优秀的班主任，擅长潜移默化地把创造人这种思想作为一条主线贯穿于每次给家长的讲课和谈话当中，从而唤起父母的自豪感，因为他们正在创造世界上最美好、最崇高的精英。班主任们把家长教育学当作一种劳动、一门科学、一门技艺和一项创造逐渐展示出来。

这些优秀的班主任，从来不会在讲课和谈话中列入对教育子女中犯过错误或处理不当的家长狠狠批评或"整肃"的内容。我的青年朋友们，我的建议也是劝你们不要这样做。有些家庭的生活中还有不好的事情。如果你一开始就"揭人伤疤"，把个人的不幸（不擅长教育首先就是不幸）放在众人的目光之下，那么，来听你的课的家长就会越来越少。你会让他们疏远学校，尤其危险的是，他们会不顾一切，说："我无论如何都没办法成为一个好的父亲，别人家的孩子是优秀的，我的孩子天生不好。"一定不要忘记这一点，你在和家长谈论他

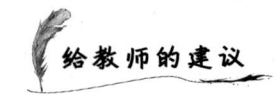

们的孩子的时候，好像是压迫他们照镜子。如果你对一个人说："看，你是多么难看……"那么他会对你的话产生什么样的感受，是显而易见的。

　　这个建议的意思也绝不是说，对教育方面那些尖刻、突出的角，应当进行规避和磨平。恰恰相反，一些人的失败之处可以作为另外一些人的教训。没有什么比学校联合家庭教育更为复杂和更为矛盾的了，这种教育充满成千上万种冲突，需要讲究方法，要理智地、巧妙地、有策略地对待，不慌乱、平心静气地进行解决。但是，一些不好的事情还是要讲，说的时候不要污蔑和贬低人。我们不得不在大庭广众之下讲不好的事情时，一般都不会特别说出犯错或疏忽的家长的名字。

　　为了让家长深刻地反省错误，为了坦率地探讨家庭实际条件下的教育，还有另外一种方式存在，那就是和家长进行单独的谈话，尤其是女教师和母亲的谈话以及男教师和父亲的谈话。家庭千差万别，许多条件和前提决定了家长整体的精神修养和教育修养，在这个方面，没有两个家庭是绝对相同的。每个家庭都有某些难处，这样的难处只有这个家庭才有。因此，和母亲或者和父亲的单独谈话——儿童不在场的谈话，归入我们家长教育学校的一个有机组成部分。有一点我要重点强调：这是儿童不在场的单独谈话。无论在什么样的情况下，都不要让儿童知道教育当中的烦恼和困难、顺利和疏忽之处，这样做有害无益。在良好的家庭中，父母善良和睦、相互敬爱谦让，这是教育者对孩子产生影响的主要力量！家长能以身作则，儿童也不用对家长的教育方法产生置疑，正是幸福安定的家庭，对他们起了教育作用。

　　我们已经成功地做到了这一点，这就是让学前儿童在家庭中接受了一种特殊的家长教育，家庭就是一所特殊的学校。这是任何东西都无法代替的德育、智育、情感教育和美育的学校。任何幼儿园，哪怕是最理想最优秀的幼儿园，都不能取代家庭学校，都不能弥补父母在孩子的精神生活中最敏感脆弱的领域，也就是个性教育方面因为疏忽造成的缺陷。我们十分重视家庭学校中的人的情感培育。在专门就这个问题的讲课中，以及和家长的单独谈话中，我们都是用具体的事例讲述和说明怎样在儿童心中培养一种复杂的精神能力，也就是你要感到自己是生活在人群当中，要学会限制自己不当的欲望和考虑他人的利益。在我们的学前儿童家长教育学校里，我们逐渐突出了这个极其复杂的课题——生活在人群当中的能力。

母亲的教育修养的重要性，是怎么强调都不为过的。我们的教师都坚信，家长教育是共产主义教育学的第一篇章。我们努力使母亲成为精巧的、智慧的、美丽的、受到道德美的崇高概念鼓舞的雕塑家，与此同时，我们的努力，归根结底是要使儿童的心灵细腻敏感，使他们内心深处对真善美永远有感觉。

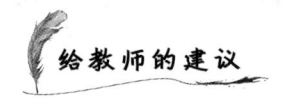

第五十三章
要使教育者的话语进入受教育者的内心，诀窍在于情感的培养，不能依靠体罚手段

我们的追求是，让孩子在家庭学校中养成细致的、温存的、敏感的、富有同情心的心灵。要让儿童认识周围的世界时，不仅运用头脑和理智，而且运用心灵。还要让儿童对下列的事情十分关心：有人折断了树枝，弱小的雏鸟从窝里掉落到草地上在无力地挣扎，在花园里出现了不知道是谁扔掉的毫无价值的小猫。我们花费很多时间来给家长讲，如何在实际生活中创造条件来培养孩子的自治能力，让孩子在别人需要的时候展现出自己的同情心，如对某人怜悯，对某人爱抚，对某人保护，对某人关心，一想到某件事情就焦虑不安，为某件事情悲伤难过。我的青年朋友们，这里说的是作为雕塑巧匠的母亲和父亲最为精细的雕刻刀，是他们最为精巧的动作。我在学校工作了三十多年，丰富的经验让我知道和确定，如果只是在儿童上学之后，才让我这个教师去雕刻母亲和父亲都没有触碰过的地方，开始慢慢地培养情感，这样做已经晚了。如果儿童在家庭中没有接受情感教育，他就不会用心灵来认知世界和领会教师的话语。他所知道和了解的，只是他听到和读到的东西的表层逻辑意义，而深层情感上和心灵上的含义，他是不会明白的。

这是学校教育和家庭教育中最复杂、最困难的问题之一。为什么会出现以下这些情况：儿童开始在学校里生活已经好几天，为什么他对于教师说的真心话还是完全没有反应？为什么教师不得不大声叫喊和拍桌子？为什么才开始学习一个月，儿童就已面对墙角罚站，但是即使这样他也无动于衷？这样的坏现象的根源在于孩子缺乏情感教育。

我的青年朋友们，如果你想让你未来的学生能够留心听取你的每一句话，感受你说的话，就一定要关心儿童家庭内情感关系是不是丰富健康。心灵上的孤僻对于道德来说是有危险性的，就像人的周围缺乏好环境对于思想来说很危险一样。你要使儿童和他人联系的纽带基于相互之间负有义务，相互爱慕、尊重和关心。你未来学生的道德水平，很大程度上取决于他是否愿意向他人敞开心扉，或者封闭地生活在自己的世界里，过着只关心自己和自己狭隘的利益的日子。个人主义的产生就源于儿童缺乏情感教育。

你们需要对未来学生进行家访（学前三年当中可以走访每个儿童的家庭两到三次），去亲自感受一下，是什么给儿童带来了欢乐；单单是长辈们给了他什么东西，还是他用自己微弱的力量为别人做了一些什么事情。如果耗费父母创造的财富是他唯一的快乐来源，那就很糟糕了，你的这个学前培育生将来进入学校也是一个无情无义的人。你可以和家长进行沟通和交流，既和父亲谈心，也和母亲扯家常，一起思考如何给男孩女孩们开辟其他的快乐源泉，比如叫他们在花园里种植草木或者花卉，建造供人玩乐的小葡萄园，叫他们制作鱼缸，建立一个小图书馆和布置一个可以让父母进行休息的安静的角落。你们要知道，你们在这方面多操点心，就可以让孩子的心灵高尚起来，为他上学之后的德育、智育、美育和情感教育夯实基础。

关心儿童学前时期高尚的情感的培养，一定不要对儿童采取体罚措施。没有什么比"强制行使的"单凭意志的手段更有害和更危险了。用小皮带抽打、敲孩子的后脑勺，而不是用温暖善良的话语来解决问题，就相当于是用生锈的斧头代替雕塑家精致、脆弱、柔和、锋利的刻刀。体罚不仅是对人的肉体施加伤害，而且对于人的精神也有很大的危害；皮带不仅会让脊背失去知觉，而且会让儿童的心灵也变

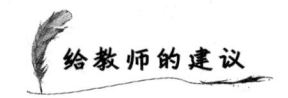

得麻木。在家里习惯了被皮带抽打、被敲后脑勺的孩子,在学校里面对别人温暖善良的话语也会听不见。我知道有一些儿童,鞭笞和毒打已使他们变得冷酷无情和残忍。被打的人,自己也变得想要打人;童年时期就想要打人的人,等到他长大以后就想要杀人——犯罪、杀人、残暴等行为都可深入到童年找到根源。我在家长教育学校的学前部进行讲课已经有十年的时间了。这项十分必要和崇高的事业让我确信,把下面所说的真理灌输给父母的意识和心灵之中是重中之重:在童年时期播撒在儿童心灵中的小种子,日后在儿童长大后会长成一棵参天大树。一切都在于播撒下的是什么种子,播种在什么样的土壤当中。如果在儿童入学前三年我不能让他们的心灵变得善良、温柔,不能够拒绝恶行和谎言,并且厌恶邪恶,我是不配被人们称为人民教师的。

与此同时,如果你想让你的每个学生都成为真正的人,就应教会家长在儿童四五岁的时候就对孩子进行劳动方面的培训。儿童从他开始学会用手拿勺子并且把食物送进自己嘴里的时候起,就应该从事劳动工作。一门睿智的国民教育学教导公众在自己的教育工作中一贯遵行这个古老的智慧结晶。不要害怕地认为这样做也许是强迫儿童过早地参加劳动。如果谁感到害怕,说:"哎呀!这太早了!"那么他有朝一日就会痛心地相信,再教育为时已晚。我们认为自己身上肩负的神圣的职责是,鼓舞家长让他们五六岁的孩子在春天的时候为父亲和母亲种植苹果树、葡萄藤,以及为祖父和祖母栽种苹果树、葡萄藤。当然,如果他们得到了哥哥姐姐的帮助,他们就会出色地完成这项任务,以后,他们一定会细心地照料这些苹果树和葡萄藤,他们期盼着给父母、祖父母带来幸福和快乐——用果树的果实来招待他们。

我们做一个生动形象的比喻,这一切就是按照教师的指点,父母对土壤进行情感方面的开垦。对于儿童来说,入学之前就已经体会到了赠送给母亲自己亲手种植的葡萄这种无与伦比的感情,那么他口念妈妈这个词的含义,与那些只知道花钱的快乐的儿童的感受是截然不同的。我的青年朋友们，你们要知道，只有尝到了创造快乐的儿童，才能够用温暖和善良来进行教育，才不需要用叫喊和体罚来进行教育。

读者看到这里可能会产生疑问：强制一个教师做这么多事行得通吗？教师有这么大的力量来做到这一切吗？他要应付繁重的日常的学生教育工作，还能承担起准备上学的四至六岁儿童的学前教育工作吗？

我对此的回答是：我们不做没有任何实际回报的事情，也就是说，归根结底，这样的事似乎不能丝毫减轻我们困难重重的工作。但实际上对于学前儿童教育的这种关心和投入，是会得到百倍回报的。也正是因为我们未雨绸缪，早先花费了许多心思，前期做了足够的投入，我们现在工作才容易些了。我们不知道在别的学校里有许多困难，但我个人却得到一些信息，原来那些学校根本就没办法组织正常的教学和教育活动。而我们的学校不存在学生没有纪律、不想学习这样的问题。别人在学校里采用的惩罚形式，我们见所未见，闻所未闻。我们取得这样的成绩的根源是，我们和诸家长协调共同工作，这样的协同工作发挥了特别重要的作用。我们不提出任务，要求家庭要绝对地按照我们的要求去完成。我们不会对家长说，你们要这样做，无条件地服从我们的要求。这项事业恰恰是这样完成的：我们（学校和家庭）好似两个在一起并肩工作的雕塑家，有着相同的理想观念，并且朝着同一个方向进行工作，要知道，在培育造就人的工作中，特别重要的是，两个雕塑家不能立场相反。

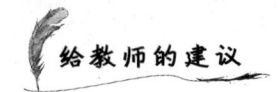

第五十四章
如何使得作为教育者的父母做到言行一致，以及如何防止家教的不良偏向

我们应该让儿童的父母对自己与学校一起进行教育子女这项事业有统一的观点和看法，进而使父母对这项事业的要求和实施的规则统一，首先是父母对本人的要求和约束自己的规则统一。父母作为教育者，要做到行动统一，这意味着让父母学会母爱和父爱的智慧，以及善良和严厉、温柔和强硬的和谐。我们要做到有分寸，不要触碰到个人的、往往是近乎病态的方面，力求防止家长在这个最敏感的精神生活领域中犯下错误。家长的教育手段如果不明智，那么母爱和父爱就会让孩子朝向畸形、变态方面发展。我们举一些具体的例子来说明，比如溺爱、独断专行的爱和包办一切的爱，都会给孩子带来无法估量的伤害。

溺爱是家长和儿童关系中最可悲的现象。这是一种本能的、下意识的、不理智的爱，有时候甚至可以说是像母鸡一样的爱，母亲和父亲对孩子的每一个行为都感到十分高兴，甚至不思考这是什么样的行为，会导致什么样的结果。在溺爱的环境中受培育的孩子不会知道，在人和人之间的交往和生活当中有"可以""不可以""应该"这样一些概念。这些孩子会认为，对他来说一切都是可以的。他变成了任性的、甚至是接近病态的生物，对他来说，生活当中最微小的困难，都成为无法承担的重负。在溺爱的环境中培育大的孩子，他会变成自私自利到极点的人。他不会知道自己对父母有责任和义务，不会想着去吃苦耐劳，因为他目中无人，心里不会感受到围绕在他周围的人——首先是母亲、父亲、祖母、祖父——也有自己的愿望和诉求，也有自己的精神世界。他会认为，他活在这个世界上，就已经给父母带来了莫大的快乐和幸福。

只有在这样的条件下才有可能防止溺爱：当你们同时既找母亲谈话，又找父亲谈话的时候（家慈、家严缺一不可）。这里谈的是对家长的情感教育问题，但是情感又是一种非常细腻的东西。我们取得成果的实践经验是：在对年轻的家长们进行情感教育这项工作时，我们作为教师，会特地选择邀请学前儿童（也就是我们未来的学生）的年轻家长，一方面来家长教育学校进行学习，另一方面还需要参加特殊的实习课程。在低年级（尤其是一、二年级）学生进行公益劳动的时间里，这些年轻家长帮助了我们。他们和我们一起指挥劳动，教育儿童学会控制自己想要去做其他事情的欲望，让他们安心劳动，服从纪律和集体的规定。通过教导儿童，家长作为教育者也在接受学习。

作为教师，我们还要告诉家长应该警惕另一种不理智、出于本能的爱。那就是独断专行的爱。父母这种爱的根源，是因为有些家长自私自利，又缺乏修养。他们把孩子当作自己的所有物，把孩子看作一件物品，例如：这是我的桌子，我想要把它放在哪里，就放在哪里；这是我的女儿，我想说什么，就说什么，我想让她做什么，就让她做什么。我所了解到的有一位父亲就是这样的人：他给十五岁的女儿（她现在是八年级的学生）买了一双当下流行的鞋子和一条十分漂亮的连衣裙。他把皮鞋放在了这个姑娘平时学习的书桌上，把连衣裙挂在旁边的架子上，然后对女儿说：如果在期末的时候每一门功课都不低于四分，你才可以穿上皮鞋和连衣裙，但是只要有一门功课没有达到四分，就不可能得到鞋子和衣服。

我的青年朋友们，在我们的社会中的确存在一些人醉心于管制他人，并从中获得乐趣。你要知道，我们要和这种人、这种现象去做斗争是很困难的，这个问题十分复杂。但是，我们作为教师，首先就要

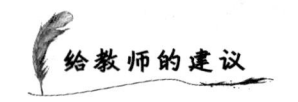

和这样的现象做斗争，这是不可避免的。

我们不允许家庭中发生（哪怕只在一个家庭中发生也不行）斤斤计较的找碴儿、琐碎的责备、歇斯底里般的抱怨和指责等诸如此类的情况，因为生活在这样的环境和氛围中的小孩子，也会变得十分冷酷无情。我认为，这是一种对青少年的心灵最可怕的打击，会给他们留下不可磨灭的阴影。你们在进行家长教育的讲课和谈话中务必要说明这一点，琐碎的挑剔会把一个善良的人变得胡作非为，而胡作非为会把良好的内心活动驱散得一干二净，而在很多正常家庭中，良好的内心活动是善意、理性的自我克制和谦让的泉源。良好的内心活动是一种心灵的动作——爱抚。童年时期没有受到过爱抚的人，在少年和青年初期就会变成粗暴、无情无义的人。

你也许见过有些家长会进行忐忑不安的沉思，自己的孩子小的时候善良、容易说通、听话，但是随着年龄的增长，变得粗暴、任性了。为什么会发生这样的变化呢？如何给家长解释并提出相关的建议呢？我已经多次证实过并确信，产生这种现象的原因就是家长不善于使用作为家长的权力。教师在这样的情况下同时既找母亲谈话，又找父亲谈话是十分重要的，因为要让二人明白家长的权力是什么，其实家长的权力就是母亲和父亲各方面的结合，包括智慧的结合，意志、情感、愿望的统一。深爱自己创造的生命的两个成年人，如果不把智慧结合起来，家长的权力就会变成专断和专横的代名词。只要孩子察觉到父亲和母亲对"可以""不可以""应该"等这些概念有不一样的看法，那么对于孩子来说，最合理的事情在他看来也是暴力、强制和对他自由的践踏。这时候父母会感到十分惊讶：为什么没有打他一巴掌、敲他的后脑勺，不用皮带和棍棒，就没有办法教会孩子如何正确地生活？这是因为孩子把一些合理的、必须的要求也当作对他的意志的压迫和恶意的力量来认识和体会了。

还要注意防止家长对孩子表现出的不理智的爱——包办一切的爱，也就是只保障孩子物质需求的爱。有的父母是真的认为，只要满足孩子的一切物质需要，就是履行了自己作为父母的义务。孩子吃好穿暖，身体健康，有全套的教科书和直观的教具，还需要什么呢？在这样的家长的观念里，认为父母的爱是可以用物质消耗来进行衡量的。在实际情况中，学校会和少数患有道德和情感障碍的父亲打交道，他们本质上并不懂得什么是父母的爱。在母亲当中，如果要她们用日常生活的精神交往的纽带将孩子们联系在一块儿，那么，做到这一点的几乎一个也没有。道德情感上的冷漠，对自己孩子的冷酷无情，并不一定是父亲教育水平低下的结果。这是一种观念的结果，这种观念把教育儿童看作某种完全孤立的用一道石墙和社会义务隔绝起来的一件事。

为了预防这种恶习的发生，教师就要向家长，尤其是父亲，提出相关的教育方面的建议，灌输关于教育子女是父母的社会义务的思想，他们应该对孩子的未来负责的思想。

如果在家庭当中，父亲把自己对子女的义务仅仅看作是保证孩子的物质基础，而母亲又没有成为儿童精神生活的中心，那么，在这样的环境下成长的孩子，会变得精神空虚、贫乏。他生活在人群当中却并不了解人群，这是这种家庭会产生的最可怕的现象。儿童的心灵没有得到人与人之间那种细腻情感的抚慰，其中最重要的是爱抚、体贴、同情和仁慈，他们就很可能会成为情感上十分无知、茫然的人。学校如果遇到这种儿童，它的教育义务就显得十分重要，他们应该在教育部门接受情感教育的针对性的训练。这是理论教育学和实践教育学相结合的一整套问题。令人感到非常遗憾的是，教育理论实质上还没有这一章节：谁也没有专门研究过应该怎样培养情感，特别是如何教育这种儿童，他们因为家庭环境的影响，在道德和情感上空虚、贫乏，没有个性。

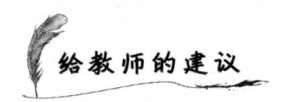

第五十五章
情感培育的学校应该如何办好

这一章要讲的全部内容，都是教师和家长的协同工作。我们所要谈的道德情感教育，不仅是那些在家庭中没有得到家长真诚关怀、亲切对待的儿童的教育，还是所有儿童的道德情感教育。

教会孩子用心灵观察、理解和感觉周围的人们，这大概是教育花园中最娇嫩芬芳的一朵花，我们称它为情感教育。我们对儿童的爱，应能唤起他敏感的心灵去感知关怀周围的世界，关注人们所创造的和服务于人们的一切。当然，这首先是关怀人本身。我始终坚信，在儿童的心灵中培养人的高尚情操，要从他对他人的态度具备人道主义情感开始，让他带着这种纯洁、高尚、充满灵性的感情尊重人，首先是尊重父母。

儿童一迈入学校的大门，就成了学生。在儿童学校生活最初的几年，学校应该和家长——我再次强调一遍，和两位家长，既和父亲又和母亲联系，这件事具有特别重大的意义。教师和校长一起和父亲和母亲进行单独的交流谈话、深刻思考和提出建议，这是我们教育工作者应该做的事情。我们一起研究儿童应该做些什么，从事什么样积极向上的活动，才能够让他从内心深处觉得自己生活在人群之中。

我们和家长同心协力，努力让儿童在学生时代，尤其是在低年级的学习时期，接受亲切、热忱、诚恳待人的训练。在这种训练中，最具有价值的课程就是创造美和关心人所享受的美。所有能够让儿童深切地感受到美的享受、快乐和满足的东西，都具有神奇、强大的教育力量。日后儿童将为家庭、为父母和其他人创造美。

秋天的时候,我们要过玫瑰节。这是家庭的节日,也是学校的节日,当然首先还是家庭的节日。儿童不会集体聚集在一起,没有那种隆重的气氛,所以在这种气氛当中,令人遗憾的是儿童很少展露真挚的情感,而非儿童本性的人为成分倒是很多。我们的儿童节日主要是在家里过,但做儿童过节的准备工作的是学校。

秋季玫瑰节这天,每个儿童都需要在家里房屋旁的园地栽种几株玫瑰。我们把玫瑰花秧分给儿童,让他们拿回家栽种好,精心照料。这就是儿童创造出美,给父亲、母亲、祖父、祖母带来快乐的过程。

儿童栽种了玫瑰之后,也必须时常提醒他一些注意事项,比如要松土,要施肥,要保护玫瑰在寒冷的天气中不被冻坏。他没有这个习惯来操心这些事和做这种日常劳动。要让他觉得劳动是一种乐趣,还是一件快乐的事情。我们告诉他们,栽种玫瑰的结果是生长出芬芳美丽的花朵,但是他没有这个概念,在他的观念里面,这是十分遥远无法想象的事情。儿童还不善于耐心等待并奋力争取达到目的,因此,我们要教育、引导他这么做,而且是以劳动的方式来教导。

随着时间的推移,玫瑰长出了第一个花蕾,接着又有了第二个、第三个。花蕾开放了,鲜红的、粉红的、蓝色的、淡蓝色的花瓣在阳光下摇曳多姿。这时候,儿童眼中会闪烁着什么也不能与之相比的高兴的光芒。这种快乐,不是孩子从家长手中得到一些礼物所感受到的那种快乐,不是休息时间那种散漫的快乐,不是想象旅行会如何让人高兴的快乐。这是儿童为亲爱的人们——母亲、父亲、祖母、祖父做好事而产生的快乐。儿童的心灵会因为这样的好事而感动、激动、愉快,是因为这种好事本身就是一种美。

看到儿童摘下一朵玫瑰花送给母亲,这一瞬间孩子眼中迸发出来的快乐的光芒,让我感觉是再幸福不过的事情。儿童的眼睛在这一瞬间充满着纯洁的人性的光芒,这是因为内心的欢愉而发亮。

这是培养情感所需要的和最重要的功课之一。为他人创造美而体

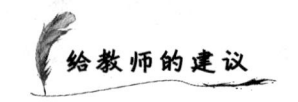

验到初步快乐的儿童,常常获得对美的新的想象。他把鲜花盛开的苹果枝条、成熟了的一串串葡萄、沉静的菊花,看作是劳动、关切、担忧的体现。他的手就不会随便去折断枝条,摘掉花朵。

当然,我的青年朋友们,我不是在对美的某种抽象说辞中把美加以理想化,美化美的"本身"。只有当美充满崇高理想和共产主义人性——对劳动人民热爱和对侵略者、社会上的不公正现象以及压迫人现象的憎恨、不可调和、势不两立的时候,美才能成为强大的、起教育作用的力量。

儿童在学校生活的第一年马上就要过去了,他们要升入二年级时,我们会和他们一起建立一座感恩园。这是为那些在这片土地上工作了四十年、五十年、六十年、七十年,甚至有可能工作了八十年、九十年的老人开辟的果园。我们按惯例是选择一块荒芜贫瘠的地方做感恩园,并把这块土地变得非常肥沃,种植葡萄、苹果树、梨树、李子树。显而易见,这并不是一项轻松的劳动,有的时候需要运送几十吨肥沃的淤泥,才能够焕发这片土地的生机。但是,这项劳动充满着崇高的目的:我们要给人们带来快乐,这种劳动的快乐是无与伦比的。

感恩园的第一批水果成熟了,儿童把老爷爷们这些受人尊敬的同村人请到果园里面来。尊敬老人,是尊敬人的最明显的一种表现。对老年人不尊敬甚至抱有冷漠的态度,是对社会的一种激烈报复行为,具体表现为冷酷无情、邪恶、精神空虚和犯罪。

我亲爱的青年朋友,指导学生沿着这条道德发展之路走下去吧,这里的劳动充满了崇高的精神。当某一瞬间,你目睹学生在感恩园摘下成熟的果实,送给在这片大地上辛勤劳动了大半个世纪的人的时候,这一瞬间会在儿童心中留下不可磨灭的印象,因为此时此刻他好像登上了自己道德发展的第一座高峰。

儿童体会到行善带来的不求回报、大公无私的快乐,就收获了宝贵的精神财富。他的内心就会感受到,在一起生活的同学、朋友或者是亲爱的人在什么时候和什么地方需要帮助。儿童感到需要做好事，感到需要别人（马克思说这种需要是自由的人最伟大的精神财富[20]），他就会成为对周围世界，对人们，对人与人之间的各种行为、事件和相互关系有洞察力、目光非常尖锐、领会力很强和富有同情心的人。

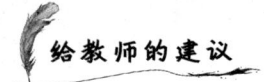

第五十六章
要使儿童愿意好好学习,应尊重他的意愿和爱好,不能偏重分数

我始终坚信,促使儿童自觉而勤奋地从事脑力劳动的最有力和最强大的激励力量是他的脑力劳动的人道化,是他要给宝贵的亲人——父母带去快乐的愿望的高尚化。诚挚的、富有同情心的儿童会在初看起来似乎没有不良行为的地方也感觉有表现得不好之感。有一个四年级的学生叫科利亚,有一天他对我说:"我应该好好学习,因为妈妈有心脏病。"这个孩子觉得,如果他的成绩不好,出现了不及格的分数,他母亲的心脏就会不舒服。他想要让母亲放心、舒心。他知道,自己可以通过劳动这种方式让母亲放心,让她不再感到不安。

如果你们想要让儿童安下心来好好学习,并且因为学习好而使他的父母亲感到宽慰和快乐,那就要珍惜、爱抚和发展他作为一名劳动者的自豪感与成就感。这也就是说,儿童应该看到和体验自己的学习成绩好而带来的一系列优势。不可以让儿童因为落后和有什么做不到而感到无穷无尽的痛苦。儿童的乐观主义、对自己力量的自信心,这是把学校和家庭连接在一起的一根十分强劲的绳索,是把母亲和父亲吸引到学校来的一块磁铁。假如儿童对世界的乐观主义认识遭受到了毁灭,就如同在学校和家庭之间筑起了一道高墙。

想要让乐观主义的火苗不熄灭,十分重要的一点是,要让母亲和父亲直接参与他的学习,形象地说,就是站在儿童身边,和他一起为他的成绩而高兴,真心地理解他的成功和伤悲。母亲教育学,不仅是培育，而且是教学。在孩子入校受教育之前的两年内，我们学校就开始和家长一起进行有目的的和计划十分周密的共同工作，好让儿童能够学到读写和算术等方面的基础知识。未来的学生每周要到学校去一次（在入校进行学习之前的半年内，则每周去两次），将在低年级教他们的教师会和他们一起学习。儿童会学字母，学读写和做一些简单的算术题。如果在家里不继续学习，光靠每周在学校学习的一个小时肯定是学不到什么的。在家长学校上课的时候，我们给父亲和母亲、祖父和祖母讲解应该如何教授儿童认字和学习算术，并且会告诉他们一些家庭教学的有趣方法。这种趣味方法的基础是：培养儿童对知识和书籍的生动活泼的兴趣，让游戏和有目标的脑力劳动有机地结合在一起，家长和儿童能经常进行思想交流。为了帮助学前班的孩子认字和学习算术，高年级的学生们还制作出了一些专用的、非常直观的教具。我们的儿童刚上一年级就会读写和算术，这在很大程度上减轻了下一阶段的学习任务和压力，让学生的脑力劳动变得轻松有趣。好处还不仅仅是这样，为上学做的计划和准备可以让孩子和父母精神上接近和相通。母亲和父亲发自内心关心孩子的成功和失误，从而理解了一门细致的学问，那就是尊重孩子做一个好孩子的意愿。与此同时，学前教育还可以防止家长产生不正确的想法，那就是认为"狠狠地压一下"，给孩子施加一些压力，儿童的学习就会取得好成绩，得五分或者四分。我们十分想让父母明白的一点是：学习成绩的评分，并不代表道德品质的评分。如果罔顾这一点，就会给孩子造成很大的伤害，有时候甚至会让孩子的心灵受到摧残。把各科目的分数和道德品质（德行）画上等号，是不加思考地追求表面上看起来不错的指标——数据的结果。我们坚持认为，不可以把一切简化为一个最直接的结论：分数好，孩子就好；分数不合要求，就等于孩子没有达到水平。这种奇怪的、教育上十分无知的观点，是因为看不见人是很多种特点、品质、能力和喜好的和谐统一体。

令人非常遗憾的是，这种观点已经渗入了很多家庭和社会生活中。我看到和读到很多文章，其中的中心思想是：三分——这就是微弱的、毫无用处的知识量，这让我感到十分气愤。尊敬的教师同志们，我们应该坚定地告诉自己，三分是知识完全合格的鉴定。顺便提一下，如果所有的教师都对这件事持有正确的看法，那么蒙混过关的现象几乎没有——不及格的知识根本不会被评定为三分（很遗憾的是，很多场合还是这样）。家长也不会无理地要求孩子做完全做不到的事情，要清楚明白的一点是，不是所有的孩子都具有同等的能力。一个儿童的成绩能够轻易地得到五分或者四分，而另外一个儿童很努力地得到了三分，就已经是很不错的成绩了。现在，我们正站在实现普及中等教育的门槛上，了解这一点非常重要。

第五十七章
如何随着儿童的成长和发展而加深对家长的教育工作以及认识劳动教育的重要性

我们在对家长进行教育的全部工作中，贯彻了一系列的教育思想。我们认为，儿童的家庭精神生活和学校的教学应该有机地统一，这一思想具有尤为重大的意义。教育集体都极力让家长相信，家庭中应该创造尊重科学、文化和书籍的氛围。我们会和家庭一起举办图书节日，这个活动的目的就在于让父母为家庭藏书室添置文艺书籍。我们在家长教育学校的各个年级讲课的时候，在和家长进行单独谈话的时候，都要谈论到书籍在家庭和家庭集体的精神生活中的作用，我们力求培养儿童多方面的精神兴趣和需求，这其中最重要的是对书籍的需求。我们已经让很多家庭把傍晚前的一个小时作为阅读时间，儿童和少年这个时候可以阅读自己家庭图书室的书籍或者从学校图书馆借来的书籍。

与此相关，我们也十分重视另一个非常重要的教育思想，那就是儿童、少年、青少年的自我教育。这种教育离开了家庭和图书，就不可能进行。我们努力让正在成长中的儿童学会利用业余时间，做一些发展精神需要的活动，开动脑筋来填充这一段时间。

我们常常和家长说，从儿童刚刚懂事的时候，就要在儿童的心灵中培养公民的品质，并不断巩固、加深。公民意识和公民情感发源于儿童时代；播种在儿童心灵中的一粒小小的种子，会慢慢长出茁壮的幼芽，逐渐扎根在他心中。我们认为一些建议有很大的意义，这就是如何把这粒公民的种子埋在孩子的心灵中,公民意识又是如何在孩子的心中逐渐生长。特别重要的是,我们教育家长,要在家庭集体中,也就意味着在儿童的精神生活中,体现出公共利益。我们对家长说,你们要往这个方向培养儿童的意识:让公共福利、关心他人的福利成为一件未来公民个人切身的事情,使他的思想情感世界变得更加宽广,不局限在物质财富和精神财富的消费上。这里有必要提醒一下,一个人的道德品质,很大程度上取决于他在儿童时代感受的快乐的源泉是什么。在生活中,我们有很多的机会,让他关心很多初看起来与他无关的事情。我们在帮助家长让他们能够看到和从内心感受到这种机会的时候,告诉他们,培育是和创造一样的事情。比如,你看到庭院前的街道上有一棵枯萎了的小树,也不知道是谁在什么时候栽种的。如果没有人去关心它,它就会这么悄无声息地死掉。记得提醒你的孩子,那个二年级的学生,注意这个他到现在为止尚未看到,如果他心中不唤起公民情感,那么就会永远看不到的东西。可以让他来护理这棵小树,定期给它浇水,观察它,不要让它遭受害虫的骚扰。可以帮助他再栽种三棵小树,能够让他第一次体验到为人们做了一件好事而产生的自豪感和成就感。随着儿童逐渐长大,他做的好事也就越来越有意义,这些事情恰恰是构成公民情感、担忧、操心的现实基础。

我们在对家长进行教育的工作中,还十分重视青少年的社会成熟性问题。这也是个十分细致而且难以捉摸的领域,要做好这项工作,学校和家庭的力量的统一具有特别重大的意义。如果只是学校出力而没有家庭辅助,是什么事情也完不成的。如果研究社会成熟性完全脱离了母亲教育学,那也是白白浪费时间。青少年的社会成熟性最重要的一项标志,是对家庭收支情况的劳动贡献。在我们看来,让青少年在毕业之前只做一名物质财富的消费者,这是完全不能容许发生的事情。由于我们和家长一起关心中、高年级学生的社会成熟性,从而使得每个青少年都能够积极参加社会生产活动,脚踏实地、亲临现场从事劳动，这样做不是单纯为了学校通常所说的培养劳动的习惯和本领，更多的是出于物质方面的考虑——为了创造物质财富。正是因为提出了这个十分切合实际生活需要的目的，就把劳动从一种具有义务色彩的活动，变成了生活本身要做的事情。在劳动中，学校教育的感觉越来越少，更准确地说，是学究式教育的感觉越来越少，劳动的真正教育意义也就越深刻。由于学校和家庭的理想的一致，对青少年的劳动生活的要求一致，在我们学校里，形成了一个传统，那就是：

12～14岁，少年需要赚取购买冬季衣服、鞋子所需要的费用；

14～17岁，青少年需要赚取全年衣服、鞋子所需要的费用；

教材和教辅这些东西的费用，一般是让学生从十岁开始通过劳动赚取金钱来抵补。

一个人是如何劳动的，他做什么和对做这件事抱以什么样的目的，就决定了他是如何思想的。在学生时代劳动是十分重要的，如果它成了教育的可有可无的附属品，那么任何未来自觉的计划、任何严肃的职业方向规划，就根本谈不上了。如果青少年的劳动不被看作是一件非常认真的、成年人做的事情，我们根本就不会和家长来讨论孩子的这些问题，比如思维的成熟性、对待学业的独立性、公民的责任心、青少年建立自己家庭的精神准备等。

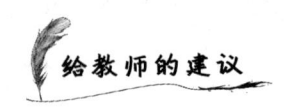

第五十八章
如何和家庭一起指导儿童进行力所能及的劳动，批驳儿童劳动无用论

我必须再强调一下，把儿童、少年、青年的劳动变成家庭中不可或缺的部分，纳入家庭经济物质生活，让母亲和父亲认为它是子女需要履行的神圣义务，这样做具有非常重大的意义。如果不这么做的话，不管学校的教育方式有多么巧妙，也绝对不会有什么好的结果。如果家庭不需要儿童参与劳动，如果家长本人就抱着这样的看法——孩子劳动无用，他们竭尽全力让孩子们生活得很轻松，让孩子们从劳动中解脱出来，那么，学校组织的周实习课、双周实习课、月实习课，对于儿童来说都不会是劳动，他们会认为是游戏，仅仅只是游戏而已——说实话，是令人讨厌的、繁重的游戏，他们只想尽快从中解脱出来。劳动只有成为经济上的需要的时候，才会具有教育力量，如果实现了这一步，那么，其余的一切事都解决了，就像俗话说的那样，迎刃而解。比如，让学习也成为一种劳动，再比如，父亲生病了不能再工作这件事，也会让青少年像成人一样学会认真思考。

在农村，学校组织和教育学生进行劳动是一件很简单容易的事情。我再重复说一遍，这里说的是儿童劳动。只有当一个人不把劳动当作是抽象的教育上的训练，而是感觉少了它就缺衣少食的时候，他才能够成为真正意义上的劳动者，成为真正意义上的人。我们和家长一起关心此事，旨在寻找让孩子干力所能及且有效率、有意义的劳动。七八岁的儿童可以和母亲、姐姐和哥哥在养蚕的劳动小组里进行劳动，比如说准备好（采摘好）桑叶之后，送到各个蚕架子旁，分发给蚕宝宝吃，然后清扫垃圾。九至十岁的儿童除了可以参加养蚕劳动小组的劳动之外，还可以做另外一些劳动，比如挑选优质的玉米果穗留作种子，培育蔬菜作物的种子，收集菜籽，收捡各处的农家肥并把它们运到蔬菜苗地里施肥。十一二岁的儿童，可以在太阳底下晾晒干草，收摘成熟的蔬菜和水果，放牧牛羊。

少年们可以照料畜牧场的牛，储备各种饲料作物，挑选优良的作物种子。有些十二至十四岁的男孩子可以驾驶菜地上的拖拉机。青少年可以驾驶各种农业机械给农作物松土、耕地播种、收割庄稼等，各种劳动都可以参与。

亲爱的青年朋友们，或许你们会觉得，那么早就让儿童参加真正的生产劳动不合常规。我还知道，有些教师对我们的劳动教育制度抱有疑虑：儿童会有充足的休息时间吗？他们会不会负担过重？我们是没有这些疑虑的。因为这种劳动教育制度并非是我们首创。这是国民教育中悠久的历史传统：儿童帮助家长进行劳动，家长在劳动中没有儿童协助那也是应付不了的；只要儿童学会了吃饭，学会了用手把一勺子食物从碗碟当中送到嘴巴里，这一个行为说明他已经在劳动了。儿童参加劳动，不是为了在劳动中获得锻炼，最本质的原因是，作为生活在这个世界中的人，儿童周围的任何一个人，如果不劳动就难以生活下去。

国民教育学十分了解，什么事是儿童力所能及的，什么事是儿童力所不能及的。因为在劳动过程中可以潜移默化地感受到生活的智慧和父母的爱，在国民教育学中，这二者被有机地结合起来了。国民教育学中对待劳动给孩子身体带来的劳累进而疲惫之类并不避讳，因为，劳动是不可能不流汗的，手上是不可能不长老茧的。

知道劳动是有神奇的力量的国民教育学，给我们开辟了教育智慧的新道路、新源泉，它是书本中的教育理论所不会涉及、不会明白的。我们坚信，只有通过有汗水、有老茧和有疲惫的劳动，人的心灵

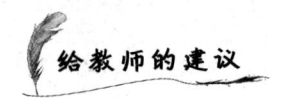

才会变得敏感和温柔。只有通过劳动这种方式,人们才能够具备用心灵去看待周围世界的能力。参与过劳动的儿童和少年对人们以及对世界的看法,和没有真正进行过劳动的人是截然不同的。

第五十九章
用实例说明如何通过奉献性劳动使人的心灵高尚和培养其人性

我记得有一个小女孩,她的名字叫卓娅。她的母亲十分宠爱她,包容和迁就了她的一切坏脾气、怪脾气。后来她的母亲生病了,患的是一种身体长期虚弱的病,时好时坏。卓娅上三年级的时候,她打算去第聂伯河进行一次有趣的旅行,为期五天。卓娅的母亲来到了学校,和教师商量该如何给孩子做好旅行准备。卓娅的母亲感觉身体很不舒服,但是她强撑着尽自己的力量来打点这些事情。我好不容易说服了她,不让卓娅去旅行,以她现在这样的身体状况,卓娅难道能够抛弃病弱的母亲不管不顾吗?我把这个小姑娘从课堂上叫过来告诉了她这件事,说她不能够去参加旅行了。卓娅听后马上大哭起来。

我问她:"难道你没有看见你妈妈的身体状况吗?要知道,她患有重病。她是用了多大力气才装作没病的样子——难道你不会觉得不安焦虑吗?"

小姑娘用莫名其妙的眼光瞅了我一眼。

"我怎么会知道这件事情啊?"卓娅不上心地说,"妈妈并没有说她生没生病。"

很显然,这个小姑娘不能和同学们一起去旅行,心里一定是不高兴的。她的理智和心灵两方在剧烈地拉扯,理智告诉她,母亲身体不好不能丢下母亲不管,可是心灵却无动于衷。这就是不幸。

这让我不得不用一整年的时间来教导这个孩子,让她的心灵醒

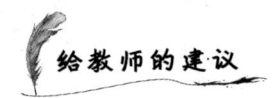

悟，变得高尚。我是如何做的呢？在教育上，我首先关心的是，要让卓娅体会到为母亲和为班级同学辛苦劳动的自豪感。直到在她的眼中看见了这种油然而生的自豪感之后，我才能够说，现在，这个人身上的人性诞生了。

卓娅现在已经长大了，是个成年人了，也是两个孩子的母亲了。她的大儿子现在是学前儿童，我们已经和母亲一起在对他进行学前教育。

学校致力于培养共产主义的新人。在我们建立和生活的社会当中，人与人之间应该是朋友、兄弟和同志的关系。只有当一个人能够并愿意为他人的幸福奉献出一点心意的时候，这种崇高的品质才能被培养成功。奉献出精神的完美——只有这样做才会获得精神的完美。人与人之间的关系在劳动当中表现得最为清楚，这个时候，一个人正在为另一个人创造什么东西。劳动是一个无穷尽的概念，因为它是人类和人性的概念。劳动有很多种表现形式，不仅仅是表现在种庄稼和栽树木的地方。一个人和另外一个人交流的时候，能够看见他眼里的情绪，明白他说话的言外之意，从而接收到他求助和呼吁的信号，这才是最细致、最复杂的劳动表现。这样的劳动是人类精神活动的最高阶段。但是为了一步步达到顶峰，就必须脚踏实地地经历最初的阶段——那就是为家庭的物质福利而劳动，为了人们穿衣、吃饭以及生活在设施完备的住宅里必不可少的物质财富进行劳动。

第六十章
如何和父母一起培训未来的母亲和父亲——培养孩子正确的爱情和婚姻观

培训未来的母亲和父亲,这件事一定需要学校和家长一起进行。学校培养的人,不仅是公民和劳动者,也是未来的母亲和父亲,也就是他们自己子女的教育者。更令我们教师集体费心思的一件事是,不能让受教育者对婚姻、爱情和生儿育女抱有轻率、不严肃的态度。非常遗憾的是,这种态度在青年中很常见。我们和家长很操心这个问题。在家长教育学校的课堂上,我们告诉父亲和母亲,在他们的子女成长接近性成熟的时期,在他们面前会出现什么问题。在关于如何让性的本能变得高尚的问题上,我们力求与父亲和母亲达成一致的看法和信念。等到儿童慢慢成长,长成男女青年的时候,我们会和他们进行交流——男教师、父亲一起与男青年进行交流,女教师、母亲一起与女青年进行交流。多年的学校工作经验让我相信,这是一件非常有必要的事情。在这种情况下进行可以说是对青少年心灵的最温柔、最细腻、最小心而必要的接触。我们教导青年小伙子和女青年们如何生活,教导他们成为真正的人。这项重大的使命只能够交给最富有同情心和最富有人性的教师来承担。

我们告诉青少年和家长们,没有什么所谓专门的爱情科学,只有关于人性的科学,谁掌握了这门科学,他就可以朝向高尚的精神心理和道德审美方面建立人与人的崇高关系前进,才能创造新的人。爱情是对人性最严格的考验。但是,当一个人在儿童时期和少年时期愿意

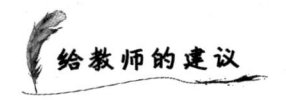

把自己的精神力量和心灵奉献给别人的时候，就经受住了这门课程的初步考验。

亲爱的青年朋友们，我的建议是，你们在培养人从事最聪慧的创造，也就是创造新人的时候，要从紧密联系和相互依从的角度培养他的智慧、意志和情感。在他的精神生活的领域中，智慧和意志应该成为情感尤其是性欲的格外警觉的卫士。一定不要相信有一些作家和评论家的观点，说不能给情感下命令，认为人在自己的情感上面是没有权力的。他们是想以自己的这些观点作为遮羞布，来掩盖性的放荡和所谓的"爱情自由"，这样的行为是列宁极为反对的。

亲爱的青年朋友们，你们一定要把人类伟大的真理传授给这些站在生活门槛上的青年们：爱情的首要条件是你要为你所爱的人的命运承担起责任。只想从爱情中获得快乐的人，是好色之徒和恶徒。爱是什么？爱首先意味着付出，意味着把自己的精神和心灵力量奉献给所爱的人，为所爱的人创造幸福。

让你们的学生一辈子牢记，男女婚前关系的性质如何，从在这段关系中精神心理成分和道德美学成分占的优势比例如何，这种种都决定了他们一生的道德纯净程度。

不要害怕给男女青年讲清楚，什么是家庭生活，家庭生活中充斥了精神方面和物质方面的东西，这两方面的东西是交织缠绕在一起的。我们告诫男女青年，不要让感情遮掩住对未来家庭生活的物质福利的理智和清醒的考虑。老话说得好："和相爱的人在一起，住在窝棚中也快乐。"这样的话放在今天就不适用了。如果我们的生活中连最需要的东西都缺失了，那还有什么幸福可言呢？那就不是在天堂，而是生活在痛苦的地狱当中。我们会把这些告诉给男女青年，那就是要先学习一门技能，掌握专业的知识，有固定的工资收入来源，能够保障自己独立的生活之后，再考虑成立家庭的问题，也就是先立业再成家。

言语在教育过程当中是有莫大的力量的。但是，这些有关如何生活、如何做人的金玉良言要怎样才能让青少年们接受，真正让他们听进去并在心灵深处认可，还需要很多方面的条件。这些重要的条件需要再强调和重复一下，只有热爱劳动，并且在自己的劳动中含有给人们带来幸福的愿望的人，以及已经品尝过给人们创造幸福的快乐的人，才会对教育的言语会心地敏感。教育箴言要到达青年们心灵那些隐蔽的角落，需要具备先决条件：一个人只有在少年时期，也就是在进入青年时期的早期阶段以前，就已经从事劳动并且在合乎道德的劳动中积累了很多的经验，才会在心灵上对教育言语易于接受。教师是如何对青年的心灵进行教育的？开始阶段，先唤醒他们的心灵，让心灵因为帮助人们创造福利而跳动，感受到快乐的情绪，然后，转而利用言语的力量，使用一些激动人心、鼓舞人的话语来开导他们——这就是教师对青年的心灵发挥教育影响的整个逻辑过程。在施加教育影响的过程中，如果积极的精神活动和言语有机地配合，那就会事半功倍。尤其是当谈及未来的丈夫和妻子、未来的父亲和母亲的教育问题的时候，二者之间的相互配合显得尤为重要。在人类的生活范畴中，教师的言语和接受教育的人的积极精神活动的有机配合，源自世界上最纯净无瑕的一条溪流，这条溪流的名字就叫作尊重妇女。因此学校和家长之间要能够相互协作。如果溪流提供泉水的源头没有了，这条溪流马上会随之干涸。

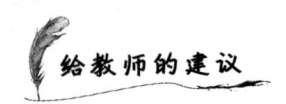

第六十一章
用实例说明如何培养对妇女——姑娘、母亲的尊重

亲爱的青年朋友们，爱国主义的神圣的情感源自母亲，你们要有能力让这一真理潜移默化地到达自己学生们的心灵和头脑当中。你们要有能力教会自己的学生学会观察生活，发现生活当中的点点滴滴。真正的生活当中包含数不清的非常复杂的人际关系，它们都好像在向青年们发出呼吁甚至是高声的呐喊：不要轻易地错过机遇，快去了解你们眼前所看到的情况。

一月份，天气很冷的一天，四处可以看见堆得很高的雪，我校八年级的学生穿越暴风雪好不容易到了学校。他们抖落身上的雪，在学校暖和的走廊扎着堆取暖。有人想起了：雪已经持续下了两天了，我们教学楼旁边的小房子不是还住着一个老太太吗？她现在如何了？我们去她家里看看吧！难道我们可以心安理得地坐在温暖的教室，而忘掉那些住在被雪盖住了的房子里的人吗？如果没有人想起来，可能连给老太太送水的人都没有。

我们一群人翻过雪堆，好不容易来到了老太太的小房子前，打开门，发现她正发着烧。我们一时也不知道如何是好，就给医院打了电话。

因为需要把老太太送到医院里接受治疗，集体农庄派了一辆专车，但是雪太厚了，车子完全开不动，连院子都出不去。老太太很难受地在呻吟着，高烧让她不得安宁地翻来覆去折腾。这些年轻人十分着急，眼睛都好像要冒火了，这是我没有看见过的情景。他们表现出的勇气和决心以及帮助他人的热心，让我惊讶和感动。时间不等人，我们加急做了一副担架，给病人裹上大衣，六个人抬着担架一起走。于是十二个人在前面清理大雪开路，六个人在后面抬着担架，每走 200 米就轮换一次。我们有计划地前进着：一些人抬到前面的一个雪堆，然后换另一批人再抬到下一个雪堆，相互轮换。虽然外面天气寒冷，零下 20 摄氏度，还下着大雪，纷飞的雪落在眼眉处，我们却浑身是汗，一点儿都不觉得冷，也不感觉到累。历经五个小时的艰苦奋斗，直到黄昏时分，我们才终于抵达了医院，把病人放在了病床上。

这是值得纪念的一天，这一天，一群男子汉诞生了。十四岁的少年们成长了，成长到勇敢精神的第一级来了。他们永远不会忘记这一天。经过这件事之后，现在他们已经敞开心扉，贪婪地汲取着我说的关于妇女、母亲和姑娘，以及关于美和勇敢的言语。在这个我们称之为"思想屋"的房间当中，我和他们接连好几个寂静的夜晚在这里聚会，进行思想碰撞。我感到，是崇高的行为使灵魂翻了个边，由黑变白，在言语的伴随下，义举耕耘了心田，侠行纯净了心扉，而言语在这样的场合具有强大的教育力量，不过在另一些场合则是苍白的声音，尽管话语一样，内容也一样，有时候它是空话……要使和妇女有关的箴言能让青年们的心怦怦跳动，那么你们就要让少年们成长到勇敢精神的第一级来，让他们为了妇女，做出崇高的行为。

我是这样给少年们说拥有母亲身份的妇女的：作为儿女永远都不要忘记，母亲是你生命的创造者。她给了你生命，抚养你长大；让你见识到世界和母语的美好，对你的心灵灌输了善恶和荣辱的初始概念。儿女们要明白，母亲是伟大的，她对孩子和孩子的命运都倾注了全部的心血、关怀和担忧。如果孩子们心地善良，一心做好事，那就是她的幸福，如果孩子们误入歧途，邪恶犯罪，那她会痛苦无比。每

给教师的建议

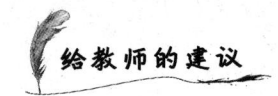

一个妇女都是母亲或者是未来的母亲。她用自己的方式体验和履行了她对整个人类种族的繁衍承担的责任。妇女身上闪烁着的女性光辉让她们变得更加美好和贤德。从妇女成为母亲的那一刻起，她的情感就变得崇高了，这是除了她本人以外任何其他人都难以理解的意义。

第六十二章
作为教育者的教师应该具有什么样的素质，教师个性对学生的深刻影响

只要学校还存在，教育家 К.Д. 乌申斯基说的这一段话就是永恒的真理："在教育当中，一切应以教育者的个性为基础，因为教育力量仅仅是从教育者的个性这个活的源泉不断倾泻出来的。无论是规章制度和纲领，还是人所设置的机构，不管它的机制多么巧妙和独出心裁，都不能取代在教育事业中的个性……如果没有教育者个人对受教育者的直接影响，就不可能会有深入人性的真正教育。只有个性才能够影响个性的发展和定型，只有性格才能养成性格。"

生活让人们相信，受教育者是教育者的一面镜子。教育的艺术和水平在于，教育者要善于在受教育者的形象中看到自己，在这个我们自己从小培养起来的有思想、有感觉、有体验的人身上看到自己。卢那察尔斯基[21]的这句名言"有教养的人，是他的身上人的形象占领统治地位的人"，让我们思考教师的真正作用是什么。一个人真正的教养，不仅仅是他有渊博的知识，还有他这个人多方面整体的良好形象。教师个性的教育力量，依附于在他那里教师和受教育者的有机结合到了什么程度。如果按照我们经常说的，学校是传授知识的地方，那么，知识的教育力量首先包含在教师的个性之中。

亲爱的青年朋友们，你们要清楚地明白，把自己留存在我们的学生那儿，这意味着不是机械简单地把自己头脑中的知识转移到我们

所教授的学生的头脑中去。时时刻刻都要记住,我们在帮助他人认识周围世界的时候,我们自己也是周围世界极其重要的组成部分,会展现在他人的智慧和心灵面前。他人认识世界的时候,不可能不认识我们。我们传授给他们的知识,不是某种脱离人的个性、独立存在的东西,这些知识是与人感觉和体验到的世界融为一体、不可分割的。这样的融合中隐藏着一个"秘密",那就是在教育和教学工作中,(我个人认为)这种融合,是人的形成过程(也就是使知识成为信念的过程)当中最不可控、最难以捉摸的因素之一。关键的问题是,我们的学生如何对待在学校获取的知识,在很大程度上取决于学生是如何对待教师(知识的明灯)的。一个热爱自己学科的教师,他的学生也一定对知识、科学和书籍充满了热爱。教师自身特有的话语中,不但包含了学科知识的内容和其蕴含的意义,而且蕴藏着教师的思想的情感色彩。以教师姿态出现在学生面前的这个人,只有真正地热爱科学,才能够激发学生的热情和感动。

怎么样才算得上是热爱一门学科呢?这种热爱源自哪里?如何培养对科学的热爱呢?我坚信,这首先要求教师学富五车,智力财富无穷无尽。如果一位教师觉得仅仅把自己 1% 的知识用于在课堂上教授学生就够了,那么,他才称得上真正热爱自己学科的人。教师的知识越丰富,就越鲜明地显露出他个人对知识、科学、脑力劳动和智力生活等方面的积极态度。这种智力财富,也就是教师对自己的学科、对科学、对学校和教育学等十分热爱的明证。

热爱自己学科的教师,身上具有一种非常宝贵的品质。他不仅向学生传授真材实料的知识,而且唤起他们对全部知识的深入思考。所有努力教授知识和教导学生热爱本学科的教师,都力求达到这一点。在教师们看来,自己的个性对学生的影响,其实就是一个人把自己的智慧、脑力的清晰明了、难以根绝的渴望和求知欲留存给了另外一个人。教师在上课的时候给必须要掌握的知识和超出教学大纲范围的知识之间架起了一座小桥,并引领学生走上这座小桥——也只有在这样的情况下,教育者的个性对受教育者的个性和集体的教育影响才能够到达一定的高度。我把课程上传授给学生的基础知识比作是一粒希望的种子,能够生长出茁壮的思想嫩苗,不断带来思想的丰收——其表现是渴望汲取知识,成为更聪明、精神更丰富的人。如果没有这样的收获,学习就会变成读死书,上课也只是对死记硬背知识的检查,学生不会有自由的发展空间,只会变成会背诵知识、顺从听话的机器。在我看来,只有当学生产生了那种强烈的愿望,也就是想要获得比在课堂上更多的知识,而且这种愿望成为推动他主动去学习和掌握知识的一个主要的刺激因素的时候,教师才可以说是知识的明灯,才可以说是教育者。

我努力要做到这一点:知识好比种子,学生们好比翻耕得很好的土壤,我在上课的时候把种子播撒在土壤中,于是丰富的智力生活开始了,学生们畅快地享受这种生活,遨游在知识的海洋中。如果仅仅是把学习局限在课堂、课本以及从某页到某页的家庭作业中,那么我就不可能成为一个教育者,知识也就根本不会具有教育的作用。只有在课后,学生们身上仿佛燃烧起数不清的求知欲的思想火花的时候,知识的种子才能够在土壤里生根发芽,长出茁壮的思想嫩苗。

求知的欲望是如何体现和满足的?首先是要合乎理性地多读书,在书中的世界里拓宽个人的知识面和充实精神(关于这个问题,我之后会讲到)。第二个非常重要的思想火花,就是思想小组,正是因为有这样的小组,所以教师才成为教育者,学生成为受教育者。我始终相信,如果思想小组这个可以被称为精神生活发源地的火花不存在的话,那么上课也就成了将教师头脑里的知识枯燥乏味、沮丧忧郁地灌输到学生的头脑当中。不论是教师还是学生,我们都是科学知识海洋中的遨游者。我们一直在做的事情就是准备有关科学最新成就的报告,评价科学杂志上的论文。

给教师的建议

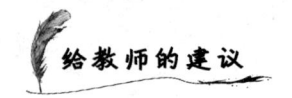

亲爱的青年朋友，我想要告诉你的是，你的知识、求知欲望以及广泛的阅读爱好，正是你的个性的教育力量强大的源泉。你要和你的学生们一起接近这股源泉。你要做自己教学科目的主人，而不是被教学大纲和教科书牵着鼻子走，它们只是你应该掌握的最基本的知识，就像已经掌握了修辞学奥妙的人看待字母表一样。要活到老学到老，兢兢业业地不断充实自己的科学知识，针对你所教授的基础知识的那门学科，你收藏的相关方面的书籍应该非常之多，多到什么样的地步呢？就是你可以在四五年内给你的学生每人每个月（有的人也可能是每一周）提供一本新书阅读。要善于发现和培养自己的高水平学生。要培养和你们志同道合的青年人，比如在爱好、兴趣、志向和才能等方面和你们相近的学生。你要让每个班级都有热爱你这门学科和你的这一知识领域的学生。让每一个教师都有自己的得意门生：语文教师有自己的高徒，历史教师有自己的高徒，地理、生物、数学等这些学科的教师都有属于自己的高徒。

如果你的学生们能够越来越深爱你所教授的那门学科，那么这也说明你这个教师很优秀，在你的身上，教育者的个性和育人者的个性这二者有机结合得更加紧密了。如果没有教师的个性对学生的个性的直接影响，如何培养学生的能力、志向和天赋这个问题是不可能被解决的。能力要靠多种能力来培养，志向也要靠多种志向来培养，同理而言，天赋也只能靠多方面的天赋来培养。

说一点稍微跑题的话题。一个好的教师是从在教室里课桌旁当学生的时期就开始培养的；能够点燃学生喜欢教师这个职业火花的人，只能是那些喜欢儿童并且具有极大的教育智慧的人。这里说到的教育智慧，是指善于不断激发青年心灵中想要做一个善良正直的好人的愿望，想要今天比昨天更优秀的愿望，以及对自己应该有的自尊感。

在我想象中的理想学校，是每一个教师都有上面我们提到的那种意义的学生（高才生或得意门生）的学校。有的人可能就会有疑问了：

如果每个教师都想给自己的学生创造出一个某种程度上独立的智力世界，会不会削弱基层集体和全校集体呢？我的回答是，恰恰相反，这里不仅没有任何危险，而且，只有每个教师都有属于自己的学生，也就是在那些人那里会留下自己的印迹，才可能有显示教育力量的真正的集体。

第六十三章
作为教育工具的集体建立在多种一致的基础上，它依靠共同劳动等活动来维持

集体——儿童、少年、青年的集体，是十分复杂的统一体。打个比方说，就像是千万条小溪流汇聚成的滔滔江河。集体是逐渐地一步一步地建立起来的。在集体这个话题上我拥有丰富的经验，我观察了三十二年一年级学生的生活，教授过从一年级到四年级很多届儿童。我想，我有资格说，在儿童刚刚跨进学校大门以及之后的一段时期，班级里还没有，也不可能有我们谈到集体时集体概念所指的集体。集体是逐渐生成的。集体依靠什么来维持？我个人感到有一种说法似乎太质朴：集体赖以维持的主要东西，是组织上从属的要求和制度。不能全盘否定上述的说法，严格要求、具有责任心、服从和领导，都是集体赖以维持的很重要的基石，但是如果只有这些，而没有其他同等重要的基石，那就没有也不可能有集体。有的教师希望这样就能建立集体，就是在学生当中选出一个领导者，进行职责的分配，并提出要求，集体就建立起来了。但是希望归希望，在实践中这样操作是不可能有结果的。通常来说，学校集体是非常复杂的精神共同体，在这样的集体中，把其赖以维持的某一个因素绝对化是不行的。万能通用和绝对可行的说法和结论都是错误的——这样做只会是好的，那样做只会是坏的。集体并不是一种不知道从哪里来的东西。集体是教师的创造。集体，就像是一滴水，反映的是教师的教育理想和世界观。

在我看来，用比较形象生动的语言来说，集体是在思想的一致

性、智力的一致性、情感的一致性和组织的一致性这几块基石上面逐渐建立起来的。

而集体的创造、形成和这些基础的奠定，都和教师息息相关，由教师决定。有些情况下，在儿童过学生生活第一年的时候，集体的成分就已经出现了，在另外一些情况下，集体成分的出现就会晚一些。这几块基石是有相互辅助和依存的关系的，一块基石的稳定和牢固，需要其他基石也是稳定和牢固的。举个简单的例子，组织一致性（严格要求、服从、领导和从属制度）这块基石，需要思想、智力和情感这三者的一致性统一协调。所以，在建立集体的时候，不要心浮气躁，急着建立某种组织的依附机构——领导和被领导。千万不要指望，在建立集体的时候，只要你在班级里选出了学生的领导机构，进行了职责分工，一切就会顺其自然，自动走上正确的轨道。

集体是从什么时候开始建立的呢？我认为，集体的建立首先是有思想的统一，它是组织上的统一这块基石的基础。

我总是把一个集体的形成同一种现象联系在一起，这就是在儿童中有了很多统一的、共同的观念和观点，共同的对善与恶的看法，换句话说，对于"什么是好的、什么是坏的"大家有了一致的概念。如何夯实集体最初的基础，重要的做法就是要让儿童渴望做好事，为了扬善而奋斗，通过自己集体的活动使事情确定得到善良的结果。与此同时，教育儿童不要容忍邪恶，不和它妥协讲和，要仇视恶行，要用儿童能达到的最大的坚强精神和意志力与邪恶做斗争。如果你能教会孩子分辨善与恶，让他们从精神上和心灵上都认为善良是最美好的，邪恶是不能容忍的，那么你就成了儿童的教育者（导师）。我力图让每个儿童都知道和感觉到，只有当他身处集体当中时，才能够成为一个真正的为扬善而斗争的勇士，集体斗争会给儿童带来无与伦比的快乐，通过帮助其他人能感受到自己的力量和自己的美丽。在协同斗争的同志关系中，一个人会接触和认识到别的人，在他那里会产生一种很重要的精神上的需要——需要别人，需要别人给予的帮助、给予的

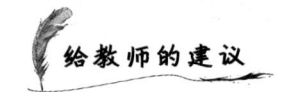

支援。一个人如果想要管理其他人，他首先要学会的是管理好自己，让自己做事听从自己良心的指挥，争取成为一个很容易受到良心呼唤的人，必须对善恶的反应十分敏锐。只有在一种时候，人才会有这种敏锐感，这个时候，一个人哪怕还很小，但已经是一个人了（这一点什么时候都不要忘记），已经具有了为善良和好事进行斗争的道德经验，并且体会和品尝到了这种斗争所带来的快乐，在初期这种快乐只是来自共同完成某种美好的事情，如果这一点都做不到，那么其他什么事情都做不成。

随着学生年龄的增长，他支持好事、反对坏事的斗争就变得越来越有意义。我校所有的教师都认为，每个人在儿童时期和少年时期都受到这种集体斗争的教育，对于他们的成长十分重要。这首先是在用自己的双手劳动、创造和建立福利。在进行集体教育的时候，纸上谈兵和空口白话是最令人不能容忍的事情。嘴上夸夸其谈，说对坏事不能容忍……但是又没有什么实际行动，这种行为最不可取。要知道，我们生活当中的邪恶东西，首先就是懒惰、懈怠、对社会主义的财产漠不关心、自私自利、市侩小气等。作为教育者，我们一直在努力，旨在使集体成员们在儿童时期、少年时期和青年时期早期就能统一思想和体验，一致决心要为人们创造物质财富和精神财富。要想在寸草不生的荒芜土地培育出一片茂密的小树林，让不毛之地变成肥沃的高产田地，只有集体才有这么大的力量能够做到，它的巨大的教育作用正是体现在这里。正是集体劳动，让大家的心连在一起，用统一的信念和情感将人们联合起来。正是在集体的这种劳动中，奠定了诸如思想和情感一致性的这样一些集体的基石。积少成多，集腋成裘，每个人微小的力量汇聚在一起的时候，学生们就能感受和意识到集体力量的强大，以及只有在集体中，才能够真正认识到人的美。

我的青年朋友们，你们要善于通过劳动这种方式把自己的学生联合起来，因为在劳动中，一种思想应该鲜明地表现出来——为人民服务，为人民的福利奉献力量。从事这种劳动的机会，在我们的周围比比皆是，每走一步都可发现。例如，你们的学生面前就有一块空地，他们每天经过，对路旁边这一块已经变成垃圾场的小空地习以为常、熟视无睹。你要做的就是让他们看见这块空地，产生想要在这块空地上培育出一片小树林的想法，等这些树木成长起来，在炎炎夏日可以为疲惫的行路人提供一个休息的地方。请一定要牢牢记住，为人民的幸福而从事集体劳动，就是真正的思想教育的开始。在这种劳动当中，集体的思想基石和情感基石就会汇集到一起，并结合起来。在这个过程当中，一定不能纵容学生做事养成半途而废、前功尽弃的坏习惯，这会让人变坏的。还有不要让学生只会不断地抱怨，说这也不好，那也不好；别人那里好，我们这里不好，而不会付出实际行动，去认认真真做一些好事。讲大话、空话是做不好教育的。集体是在实践活动当中，在斗争和劳动当中产生，并且关系逐渐稳固起来的。

智力的一致性是集体的多块基石中的一块。但是这不是说，在认识领域中，所有的人都应当有相同的具体兴趣。恰恰相反，成功的秘诀在于，让集体的诸成员有不同的兴趣爱好，阅读不同的书籍。这里说的智力的统一，是指大家对于知识的渴望，对科学思想、书籍的尊重精神，对聪明和有教养的人的敬重精神是一样的。我就是这样想象集体的真正智力的一致性的，举一个简单的例子，比如七年级或者八年级有三十五名学生，其中八个人迷上了数学，很喜欢数学教师；对七个人来说，物理学成了指导性的火花；对八个人来说，文学是指路的灯塔；对九个人来说，生物学、土壤学、植物栽培学等是方向性的目标。大家的兴趣爱好都不一致。这就是真正智力的一致性。每个人都有自己的爱好，在每个人那里都有自己的"干劲"，每个人都用自己的兴趣爱好使集体变得丰富和充实起来。有了这些多种多样的爱好，集体的智力生活就会变得丰富多彩。少年们在上课之前聚集在一起，或者是在下课后回家的路上，一起讨论和憧憬着科技的未来；更加有趣的是，他们讨论的话题不局限在教学大纲上，不局限在教科书上，课堂上面没有学过的东西他们也会进行探讨，这让他们感到很兴奋,让他们的头脑十分活跃。集体倚靠不断丰富知识的渴望而存在下去,这是非常关键的。这种求知的渴望强不强烈,完全取决于历史、地理、数学、生物和文学教师在多大程度上成为教育者(导师),他们在多大程度上用自己学科的智力财富去开拓学生的头脑和心灵。这种对集体的教育,首先是教师为了学生的心灵而展开的一种十分具有智慧而且很有分寸的拼搏。这实质上就是要在学校建立很多个智力生活的基地或者中心,让聪慧而且热爱自己学科的教师来进行领导。每一个中心都有自己的组织形式,比如说,在我们的学校里,就是各个学科小组,不过,并不拘泥于这一种形式,还可以有其他的很多种组织形式。

第六十四章
如何让集体成为一个促使个性全面发展的工具

人是一个不可分割的整体（道德的、智力的、情感的、审美的和创造的）。如果只是在一个集体中，要找出和发现这个整体的展开、表现和发展的形式，是没有办法做到的，这是因为在集体中成员相互关系的组织可能性是受到局限的。比如说，一个基层的班集体，不是一个学生完成个性全面发展任务的唯一的联合组织。一个学生喜欢研究数学，另一个学生喜欢生物学，第三个学生喜欢文学，第四个学生爱好技术创新与创造。除此之外，每一个学生都可能会有一个或者多个兴趣爱好，比如音乐、绘画、木刻，等等。在某些学生那里，随着接近成年，正在发展的志向和兴趣所要求从事的活动，和其他人的活动完全不一样。所有的这些复杂多面的兴趣、爱好和活动，基层集体工作的组织形式是没办法来容纳的。之前已经提到过，如果教师已经成为教育者（导师），那么他不可避免地成为一个集体的核心，在该集体中，个人兴趣的一致性将一些少年、青年联合起来。各个学科小组，是保证学生的个性全面发展最急需的组织形式之一。这个小组可以由六、七年级的学生组成，但是在有的学校当中，在智力生活蓬勃发展的地方，小组也可以吸纳四、五年级的学生。这种小组一般应该是同龄人的集体，但是也并不排除七、八年级或者八、九年级的学生在同一个学科小组里活动的可能性。

除了对书籍的兴趣之外，学生还有很多其他方面的兴趣爱好，比如进行劳动的兴趣、从事创作的兴趣。劳动以及和劳动有联系的创作——发展和培养个人志向、才能和天赋的非常重要的领域。我们的学校也专门为此设立了劳动创作小组，比如技术小组、农业小组。这些小组按照年龄原则分别建立，比如有三、四年级的少年机务员小组，五、六年级的少年机务员小组，六、七年级的少年无线电技师小组，一、二年级的少年园艺家小组，三、四年级的少年园艺家小组，五至七年级的少年育种家小组，还有八至十年级的少年机务员小组，等等。每个小组的人数，少则八至十人，多则十五至二十人。这是一些十分稳定的组织。学校中有些小组已经有了非常悠久的历史，差不多成立二十多年了，一批学生在某个小组活动了两三年之后，随着年龄的增长，就转到年龄较大更合适的学生小组中去，然后另外一个年纪小的学生又接替他们，到原先的小组里去了。劳动创作是把学生连接在一个集体当中的强大因素，就像智力一致性的作用一样。

不管是学科小组还是劳动创作小组，都要有一定的物质基础（实践基地）。学科小组有思想活动室或者图书室，在这里，学生们会度过精神生活最丰富、最充实的时刻，与书打交道的时刻，也就是马克思称之为智力活动的时刻[②]。劳动创作小组有工作室、实验室和活动室，少年们会在这些地方完成活动任务，比如说设计、组装东西。教师是学科小组的领导人；劳动创作小组的领导人既有教师，也有高年级的学生。这是保证课余活动原则的重要因素之一。

除了上述提到的小组之外，还有另外一种类型的小组，那就是课外艺术活动小组、文学创作小组、音乐小组、戏剧小组和文艺作品阅读小组等。在这里，学生可以发展各种兴趣，这些兴趣不仅仅从美学方面，而且还从道德、情感和智力等多个方面丰富了个人的精神生活。我们所有教师都坚信，这些小组的活动对学生的心灵和理智都产生了一种敏锐而温柔的触动，如果没有这些触动，就不可能有基层集体作为精神统一体的生活。如果某个学生没有表现出积极参加某个集体，我们倒是为他非常担心。

这种集体被我们称之为艺术文化集体。我们认为，这个名称充分反映了这种集体所进行的活动的本质。艺术文化小组甚至可以吸纳年纪最小的学生。我们学校有两个童话小组，各自有十五至二十名一年级的学生。这种小组的领导人是高年级的学生。儿童来到教室，由高年级的学生给他们朗读或讲述非常有趣的童话故事。有时候，小家伙们还会一起排练一些民间的童话故事，在这个小组里编一些新的童话，是儿童们非常感兴趣的一种活动方式。

在艺术文化集体中，我们认为儿童木偶剧有非常重要的价值。参加这个集体的，有四十多个低年级的学生，他们被分为了三个小组。这个集体的领导人是高年级的学生，他是一位共青团员。

给教师的建议

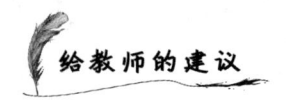

第六十五章
如何培养服从能力和领导能力，如何培养严格要求的精神：要服从别人先得服从自己的心灵

如果学生在很多的集体（我这里提到的集体远远不是所有的）当中得到了锻炼和全面的发展，就会产生一种结果，那就是每个高年级的学生都会成为领导者和教育者，很多的少年先锋队员都会具有丰富的领导经验。在这种情况下，领导能力是从活动中派生显露出来。领导班子似乎是在活动当中产生的。一个人在活动当中表现突出，说明他有这方面的才能，才会被选为领导者。儿童也愿意接受这种领导者的命令，因为在这种情况下他们在意义相同地服从一种今天比昨天更好的愿望。如果没有统一的目的鼓舞集体进行积极活动，学校里就不可能会有正面作用的服从和领导。在这种情况下非常重要的一点是，你们用高度严格要求的精神对集体进行教育的时候，这种活动应该具有鲜明的社会意义和公益作用。

服从是什么意思？这意味着你首先得以身作则，给自己下达命令。这种依靠意志力的行为，需要有高度的自觉性。一个人在青少年时期，尤其是儿童时期，只有当他了解一种活动背后的真正意义，而且懂得活动的情感深处的内涵，他才能够理解活动的崇高目的（而社会的、公益的目的永远都是最崇高的）。只有产生情感上的自我服从的行动时，才有意志上的服从行动。换一句简单的话来说，儿童和少年只有顺从自己心灵的时候，才会自觉地服从自己同学或者领导者的话语。十分重要的是，在这个细致的工作中，要求领导者的意志建立在崇高的道德情感的基础上。换言之，领导者号召集体从事的活动本质上就是要让自己为公众和社会服务。在这里，我们可以看到构成集体的各种坚固的基石——思想、情感、智力和组织一致性，它们之间有着非常密切的关系，环环相扣，密不可分。如果学生在将要进行的活动中看出使他的心灵激动、精神高尚起来的内容，那么他就不可能允许自己存在不服从领导者的意志（命令和要求）的想法。所以，我在这里向青年教师们提出建议：

要通过劳动获得道德和思想的丰满，引导学生们懂得服从。让领导者的要求或者命令，对于学生而言，能和他们自己的意愿和心声融合在一起，让明天的公民从事具有重大社会意义的劳动的时候，在今天自己的劳动当中就已经感到公民意识。让他用同龄人和年长同学的眼光看待自己。让集体在自己的规则、规范和要求当中表现出社会的理想——我国全体劳动者的社会主义大集体的理想。

一旦我的学生集体被分割成一定的联合组织（小组或者是分队），能够独立地从事崇高的公益劳动时，作为教师，我的想法就是尽量让这种劳动有明确的思想核心，让每个儿童都能够充分了解，而且感知到自己的活动的崇高性质。

第六十六章
培养少年列宁主义者之法：让其认识祖国，和兄弟民族少年交往，怀念烈士。教师在少先队组织生活当中的作用

儿童是什么时候开始政治生活的新阶段的呢？应该是从他们参加少先队组织的时候。多年的经验让我相信，基层集体的教师、培育工作者最主要的任务，就是用崇高的公民理想使少先队的生活充满灵性。少先队是儿童和少年的公民生活和社会政治生活最主要和最重要的组织形式。少先队集体生活旨在令儿童和少年们具有灵性，精神充实，团结一心，这样的生活比一个人的志向、能力、兴趣和对劳动与创造的热情要有意义得多，什么方式的生活也无法与之相比。

我校教师集体一致认为，少先队是一个非常重要的组织，是公民意识的学校，是苏联爱国者社会政治关系的学校。在我们看来，少先队和共青团都负有重大的教育任务，它们要使年轻的心灵充满崇高的精神，往年轻的心灵中灌输一种思想，那就是每个苏联人最宝贵和最神圣的东西，是我们伟大的祖国、社会主义制度、革命成果，为了建设共产主义而进行的不懈的斗争。要帮助少年列宁主义者建立好自己的组织生活，就要让上述提到的这些最珍贵的东西在他们的心中得以确立，使他们深信不疑。

在实际操作当中要怎么做到上面说的这一点呢？首先要使少年儿童的日常活动中充满丰富的社会政治内容和思想内容。祖国、乡土、革命成果、共产党和神圣的伟大的卫国战争等作为最宝贵的、和个人息息相关的、能够让一个人心潮澎湃的事物,都应当全部进入少年人的心中。而要使这有可能,唯有让这些中心思想存活在各种事情、各种行动、种种相互关系和社会活动之中。

我们学校优秀的教师一直十分注意这一点,不会让少年列宁主义者因为其他事情而烦忧,而过滤掉他们意识和情感当中伟大、神圣和崇高的东西。学生在少先队组织生活的整个时期(五年),我们都对少年列宁主义者们循循善诱,传递给他们这些思想:前人留下的传承给我们宝贵的物质财富和精神财富都来之不易,是他们用沉重的代价换来的,每一寸苏维埃的土地都曾被我们的祖辈用鲜血灌溉;如果没有祖国的存在,我们每一个人都算不了什么;唯有祖国强大的双手才具有如此神奇的力量,这股神力使我们每一个人奋起,使我们在道德方面不断提高。如果没有以往的两千万英雄在争取祖国自由和独立、在反法西斯战争中流血牺牲,我们就不能享受安宁幸福的童年生活和少年生活;我们所肩负的神圣的义务,就是要为了伟大的苏维埃祖国的尊严和繁荣昌盛进行不懈的斗争,我们要充分理解和珍视我们的祖国,把它当作最神圣崇高的东西,这是没有任何东西可以比拟的。

我们认为,以列宁命名的少先队先锋组织最重要的任务之一,就是认识祖国,从理智上和心灵上都认识祖国,要让每一个未来的公民在认识这个最宝贵和最神圣的事物的时候,都会为了她的伟大、富有和强盛而极其惊讶和充满崇高的情感。要让每一个少年的心中都不断地增强一种责任感,那就是我要为了祖国更加繁荣昌盛做点什么。我们力图将理智上和心灵上对祖国的感知和积极的行动融合在一起。

我们的每个少先队中队都会举办漫游祖国的演讲活动。这实际是关于我国丰富的自然资源和众多民族的一些非常有趣、令人激动的口头介绍。少年列宁主义者面前摆着一张国家地图。每一次的演讲都专门介绍我们国家的一个角落的事情和风土人情,等等。儿童们从自己故乡的村庄开始,然后向着东部越来越远的地方进行思想的旅行。我

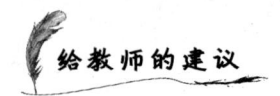

们会给他们放映有关苏联人民生活和劳动的影片和幻灯片，通过这种方式，各族人民团结友爱的神奇世界在他们的眼前徐徐展开，他们从这里获取信息和知识。这种在祖国各地旅行的演讲活动会持续很久，大概有好几年的时间，一直到儿童慢慢长大成为少年准备加入共青团的时候，这项活动仍然会继续进行下去。这样做就会加强少年儿童对我们祖国伟大和强盛的印象。

这种思想上沿着祖国各地旅行的演讲活动是有很多好处的，不仅可以帮助学生从理智和心灵上认识祖国现在的情况，还可以回顾过去，回顾历史。我们会给儿童讲述各族人民反抗社会压迫和外国侵略者的斗争。统一大家庭的情感、各族人民友好的情感，这是一种非常复杂和深厚的情感；各族人民同心协力，为了反抗剥削和外国的侵略、奴役进行了顽强的斗争，如果对各民族在斗争中的伟大、美好团结和兄弟情谊缺乏设身处地的个人信念，就不可能会有上面那种最复杂和最深厚的情感产生。

如何培养这种情感呢？需要通过因诸主题思想而升华的活动来培养。我们的少先队员一直在和我们国家各兄弟民族的儿童交朋友。我们乌克兰的儿童和俄罗斯、白俄罗斯的少年列宁主义者有非常深厚的友谊。我们乌克兰的儿童和住在第聂伯河沿岸的斯摩棱斯克和白俄罗斯的少先队员成为很好的朋友，相互交往已经有十五年多的时间了。每一年在同一天的同一个时间，乌克兰、白俄罗斯和俄罗斯的儿童，都会在第聂伯河岸种下象征友谊的树木。少年列宁主义者在树旁许下誓言，只要我们三所学校一直存在，我们就会每年在第聂伯河岸种下友谊树。

我们会把那一天称为友谊日，在那天，儿童会感受到激动人心的友好兄弟情。这种感情会因为同兄弟民族的儿童亲自见面而变得更加亲密和深厚。近十年来，我们乌克兰的少年先锋大队每年都会派自己的代表进行激动人心的旅行，比如我们到白俄罗斯兄弟那儿——戈麦尔州科尔缅寄宿学校的少先队那里进行交流和学习，同时，白俄罗斯的兄弟也会每年到我们这里来一次，相互之间进行交往。儿童因为这种见面和交流感到非常开心，他们能够感受到相互之间的那种友谊，这种友谊的深厚程度甚至有时候没办法用言语来表达。每个人都有自己远方的朋友。时间过得很快，几天的见面时间转瞬即逝，分别的时候，孩子们眼中都饱含着泪水。

我们教师集体都深刻地坚信：各族人民友好的感情是最细腻、最尊贵、最崇高的人的心灵的运动，在这种心灵的运动当中，社会和个人之间的隔阂被打破，二者有机地融合在一起了。我们认为非常重要的是，要让男女青少年把这种情感全部投入到劳动当中去；每个少先队员在友谊日的时候都要种植一棵小橡树，用来纪念自己和同龄人的常青友谊；随着时间的逝去，树木不断长大长高，为了这棵树的长高而时常照料同样使得个人的心灵也会变得纯净和高尚起来，这样照料一棵树，犹如儿子关心照料母亲一样。

每一个少先先锋队中队都有一个特别值得纪念的、神圣的地方，那就是国内战争或伟大卫国战争年代进行过战斗的地方，这个地方很有教育意义。在这个地方，少先先锋队中队要为烈士们建造活的纪念碑——儿童们在这个地方种下一些橡树的果实，这些果实是从已经有二百岁的橡树上采摘来的。少先队员们受到一种想法的鼓舞——他们亲手所建造的活的纪念碑，会坚挺到五百年以上，不仅能够让人们缅怀英雄，纪念英雄，还可以给行路疲倦的人们带来阴凉和快乐。

年轻的少先队员们寻找历史遗迹的时候发现了一块埋在土里的大石头，就在第聂伯河岸不远的地方。从法西斯占领者手中解放乌克兰战斗的目击者讲述，有两名苏联战士最先从左岸强行渡过第聂伯河，前进到右岸，在这一块石头旁边防守了一个多昼夜。少先队员们还找到了很多被子弹打下来的细碎的石片。他们在那块石头旁边也栽种了两棵树，以纪念那两位为守卫国家献出了自己生命的英雄。经过长期的搜寻和查找，终于找到了那两位烈士英雄的亲属，他们跋山涉水地从遥远的西伯利亚来到我们学校做客。少先队员们加入共青团的

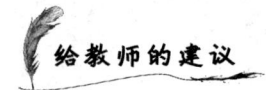

时候，把活的纪念碑，好像接力棒一样，交给随后的一代少年列宁主义者。

　　缅怀和纪念为苏维埃祖国的自由和独立而牺牲的英雄和烈士，已经成为少先队大队和每个中队生活中的最重要的思想。少年列宁主义者们用几年的时间建造了一座永垂不朽的纪念室，纪念室的墙上悬挂着很多在伟大的卫国战争中牺牲的烈士照片。对于海陆空战斗的参战者的讲述，少先队员们都当作民族的荣誉，一点一滴地记录下来。"谁都不会被遗忘，什么也不会被忘记"——这句话已经成为我们学生的座右铭。

第六十七章
如何让共产主义思想进入少年列宁主义者的头脑和内心，兼论通过劳动来鼓舞和激励儿童和少年们

有句古老的拉丁谚语说：话语可以开导人，榜样能够吸引人。我校教师集体都认为最重要的教育目的之一就是在各种明显的形象和各种榜样中将共产主义思想展示在孩子们的意识和心灵面前，而且这些形象和榜样都是体现人的最高美德的，这种美德的具体表现是：为了争取人民的幸福而斗争，在这种斗争当中表现出了勇于自我牺牲的精神，忠诚信仰，在克服困难中毫不动摇，对共产主义意识形态的敌人坚决抵制。我们一直在努力做的就是使每个学生的心灵在儿童和少年时期就被真正为共产主义而奋斗的人们鼓舞。儿童们刚刚戴上了红领巾，进行了庄严的宣誓。作为一名教师，我的责任是需要每周给他们举办一次共产主义阅读课。我校每个教育者都深信这是一项非常重要的任务。教师要牢牢把握住，因为这时候教师和学生进行亲密思想交流到什么程度，少年列宁主义者就会向你充满信赖地敞开心扉到什么程度，如果没有和孩子们在一起的这些瞬间，那么你根本无法真正了解他们内心的真实想法，相应地，作为雕塑师的你也根本无法用自己的刻刀在你所塑造的那个人身上雕刻出精致的线条出来。

共产主义阅读课很有意思，既是读书，也是生动活泼、引人入胜的故事会。多年来已经形成了一套读书和讲故事两项活动的固定的

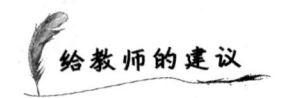

选题模式。我们会阅读和讲述那些杰出的共产主义战士们的故事，比如关于捷尔任斯基、斯维尔德洛夫、拉佐、台尔曼、季米特洛夫、卡莫、伏契克、尼古拉·奥斯特洛夫斯基、尼科斯·别洛扬尼斯等人的伟大故事，还会朗诵和讲述有关伟大的导师弗拉基米尔·伊里奇·列宁的生平，以及他为了全人类的幸福而进行斗争的伟大事迹。

在这些共产主义者的形象中，其身上具有的坚定信仰、忠贞不屈、对敌人和思想上的对立派坚决抵制的精神尤其能够使孩子们深受鼓舞和深感折服。每次我都和少年列宁主义者们朗读和讲述共产党员，也就是列宁主义者卡莫怎样英勇不屈地在警察的监狱当中经受刑讯，即使是在最严酷、可怕的严刑拷打之下他都没有发出过一声呻吟，没有说出过一句求饶的话语，这个时候我看见孩子们的眼睛里闪烁着钦佩和神往的光芒。这样的朗读课越多，儿童、少年就会对共产主义的真理越加认同。

亲爱的青少年朋友，你们心中对共产主义思想的伟大力量和真理怀有的惊叹和钦佩的感情是无价之宝，你们要对这种感情好好地爱护。要知道，年轻的心灵在通过理智和心灵认识周围世界的真相的时候，他们极力想要了解神圣的事物。他们竭力要看见自己面前有一个光辉的形象、一盏指路的明灯和一条明亮的道路。榜样的力量对于年轻人来说是无穷的。一定要记住，千万不要让年轻的心灵的长明之灯熄灭。长明之灯就是信仰神圣的、坚定的真理——共产主义思想的真理，为这些思想进行斗争的信念，一旦有需要就为这些思想牺牲自己的生命——这是最伟大的个人的英勇精神，最伟大的美行。

共产主义阅读课，正是那一粒火种，点燃了对神圣的、不可动摇的事业的信仰之火，对无私的英勇精神的美德的信仰之火。这种信仰之火只在一种条件下才会燃烧得更旺，变成光彩夺目的火炬，这就是一个人努力地通过自己的言行表现出一种境界，即他过的是共产党员的光辉灿烂、英勇豪迈的生活，并且能够令大家赞美、惊叹和钦佩的时候。不仅要有所作为，而且要通过自己的行为和劳动来真正证明一些东西，这是共产主义教育和自我教育的一条非常重要的原则。在我们看来，我们所肩负的重要的教育任务是，在年轻的理智和年轻的心灵中认识到共产主义真理的伟大的时候，崇高精神在刹那间萌生了出来，我们要通过劳动来鼓舞和激励儿童和少年们的这种精神。如果说，儿童的生活中可以有共产主义劳动的话，那么，未来的公民就可借助这种劳动证明什么，并且，全赖这一点，今天他已经成为一名公民。我们尽我们所能让我们的学生通过劳动来证明：

在我们的社会里面，人和人之间是朋友、同志和兄弟。

自由的劳动者希望在劳动当中看见自己，希望在自己亲手创造的东西当中留下痕迹，留下自己的美好。

社会主义社会的公民用劳动而且只有通过劳动，才能够获得荣誉和尊严。

在任何微小的最平凡的事业当中，劳动可以将这项事业提升为创造，让它成为新的鼓舞力量的不竭源泉。

每个公民都通过自己的劳动让祖国变得更加繁荣昌盛。

我认为，要做到让劳动因这些崇高的动机而成为崇高的事情，在这层道理中可得出是对少年列宁主义者进行思想教育的高水平的一个方面。

如何才能够真正在实践中体现劳动的这种思想特性呢？

在这一点上，生活中充满了各种各样的可能性，有无限多的机会来体现。比如在培植公共园林的活动当中，我们中队的每一个少先队员都栽种了一棵树。劳动变成了悄无声息的竞赛。每个队员都想方设法地在那棵小树中加入某种独属于自己的、具有深刻个性的、与众不同的特征。

每一个学生对于自己亲手栽种的小树都抱有特别的感情，看到它就十分高兴，把它当作自己亲手创造的东西，进行仔细的观察。在我看来，这就是热爱劳动的开始。每个人都想要证明，自己能够通过双手创造出美好的事物。

我相信，如果一个人能够通过自己的劳动确立崇高的理想，那么他会成为在秉承自己的处世原则中有自尊心的毫不动摇的人。他珍爱神圣的事物。在社会生活中和他的个性没有触及的事物是没有的。这样的人会成为脚踏实地而不是哗众取宠的社会活动家。他在少年时代就已经是道德感很强烈的人了。

亲爱的青年朋友们，你可能会觉得奇怪，觉得我在胡说八道，作者开始的时候明明谈论的是如何向少先队员的头脑和内心中灌输共产主义思想，怎么突然又说起劳动的事情来了。你要知道，我们的时代就是创造性劳动的时代。我们应该教育青年一代首先应在劳动中成为勇者。在我们这个时代中，一个人的品格正是在为共产主义的胜利而进行的劳动中表现出来的。

第六十八章
如何让青少年们珍惜共青团员这个称号，兼论平凡劳动的伟大意义

你现在还很年轻，是一名年轻的教育工作者，但是我相信你一定会有机会进行高年级学生的工作。我想向你提出几点建议，我要把我自己的亲身经历和经验告诉你：

经过一天的工作，我回到家中，翻开记事本，想起了我的少年朋友们，于是，我的面前重新浮现起他们一双双聪明的、爱笑的、快乐的、顽皮的、沉思的、忧虑的眼睛。我建议您常常一个人独处，并且要享受这为年轻人的命运思考而既快乐又不安的时刻。

请记住，共青团组织是志同道合的人的共同组织，是在思想、信念和世界观上都很一致，在对待生活、对待他人和对待自己等方面都抱有同样的态度的兄弟姐妹的组织。共青团教育的黄金法则——力求使得小伙子和姑娘们都是在理想、思维和信念的引导下变得高尚、热情洋溢和紧密团结的。我们大家聚集到共青团这个组织当中，它恢宏华丽，像一座美丽的宫殿，作为同心同德者，都准备为我们的思想和信念奉献一切，如果有需要的话，甚至可以奉献出自己的生命。

那么，这种思想上达成一致（志同道合、同心同德）究竟可归结为什么情形呢？究竟怎么做才能够让这种一致产生并且保证在现实中大家都达成一致呢？

共青团员的灵魂和心脏，就是在意识形态和思想上共同一致。每个胸前佩戴着共青团团徽的人，都应该认为自己就是一个为实现共产

主义而奋斗的战士。

通过各种伟大、美好和崇高的思想使灵魂圣洁化的工作应该从这里开始：我们的思想和观点都向往着未来，而我们都是为了未来而努力奋斗的战士。我们平淡无奇、枯燥无聊的日常生活被未来的光圈所照亮，在这个光圈中，平素的庸碌奔忙变得光彩夺目、令人神往和罗曼蒂克了。意识形态上的一致——这就体现在大家为了未来而进行的斗争当中，共青团员的浪漫主义精神的生机勃勃、激烈跳动着的心脏在这一斗争当中深受激励鼓舞。让我们来回顾一下列宁共青团的历史的英雄篇章，是什么力量引导着我们投入殊死的搏斗（这是饥寒交迫的人们和那些全副武装进行殊死搏斗）？是什么伟大的力量使得人们在最初的几个五年计划当中夜以继日地加班劳动具有高尚神奇的色彩？是什么力量帮助人们在大开荒最开始的日子里忍受着贫困艰辛和苦难不幸呢？这是对未来的美好憧憬，是对最公正、最美好、最明智和最人道的制度，也就是共产主义的憧憬和向往。

但是，如何把共产主义未来原本地展现在每个人的面前呢？很显然，不是每个人都有机会成为宇航员飞上太空，或者绝顶聪明，在二十二岁的时候就能通过博士论文答辩，从而获得博士学位，或者成为举世闻名的歌唱家，或者能够注释和翻译科学家们绞尽脑汁花费很多年都没办法看懂和解答的文字。我们大多数人都是平凡人，而不是宇航员和科学院院士，更多的人是农民、畜牧业劳动者、水泥匠和机械工。那么，亲爱的青年朋友们，我们要怎么做才能够在日常平淡无奇的劳动中在年轻的心灵面前展示出伟大的理想，从而让每个人都能看到在自己的劳动中不仅有果腹的面包，而且还有某种永恒的更伟大的东西？

要想达成思想的一致和意识形态的一致，都需要通过劳动这一方式，通过劳动这一种平常普通、看起来没有什么特色的行为。乍看一眼，劳动对于人们来说，既可以是沉重的，压得人喘不过气来、令人厌倦的负担，也可以是通过为了创造世界的美丽和建造自身的美丽的斗争而实现美丽的崇高的人生的途径。在我看来，共产主义战士要想在思想上达成一致，就需要走在时代的前沿，思想上具有前瞻性，充当未来的侦察兵，在自己的劳动过程中看到未来的情形，在自己的双手劳作过程中看到未来的美景。

我仍然记得很清楚，在集体化初期的时候，村里诞生了第一个拖拉机手，他是那么的自豪神气。因为那个时候他已经进入了别人不知道、不了解的世界，打破了生产资料私有制世世代代对人们的捆绑和束缚——他打破了地界，深耕土地，让拖拉机那个在人们看来不可思议的机器怪物能够服从他的命令、按照他操作的指令进行工作。每一年，当我来到成员年龄在十四五岁的共青团员小组，告诉他们我们老一辈人的经验和建议，比如他们应该做一些什么，应该从哪里开始做起，等等，我就好像又看见了我们村里的第一个拖拉机手那双神采奕奕的眼睛，姑娘们都这么称呼他，叫他热情的亚什卡，可以说每个姑娘都默默地爱上了他，对他有好感。

亲爱的青年朋友，我要跟你们说一说我们的学校共青团组织刚刚成立的时候情况是怎么样的，让你们有一个大概的了解。那个时候，我们一共有二十五个人……我们大家面临的是劳动，这也是我们的父辈、祖辈、曾祖辈完成了成千上万次的劳动：我们应当播种一公顷的小麦，培育出种子，交给集体的农庄。这可能是再一次重复祖辈们在这片土地上做过一千次的耕耘，但是我们也可以像未来共产主义的人们奋力拼搏那样工作，可以做出一些改变，向前迈进。我们所耕种的一公顷的土地，在最好的年头丰收的时候产量也不过是 35～40 公斤。但是我们却提高了要求，定下了丰收 70 公斤的目标。这是从来没有发生过的事情，但是，大自然的力量是无穷的，它的力量和奥秘人们所了解的还远远不够。如果能充分发挥出小麦种子的力量，那么它的产量肯定比往年有大大的提高，可能一倍都不止。我的青年朋友们，这无疑是一项伟大的、不平凡的劳动，而且我们也会成为不平凡的人。真正到了共产主义社会的时期，我们面临的将不仅仅只是一公

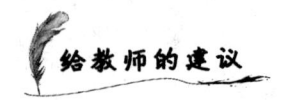

顷的土地,未来会有更广阔的田地奉献出这样的财富。今天的我们,正是要获取这样的财富。

我们的劳动的的确确是伟大和不平凡的。这不仅仅就劳动过程的性质而言——在很多方面不得不采取与种植大面积的小麦不同的做法。我们的劳动之所以伟大和不平凡,首先的一个原因是它引起男孩们和姑娘们的极大兴趣,使其全身心地投入其中。劳动成为一种为了一种思想而进行的斗争,这种思想使我们变得高尚,鼓舞着我们,把我们大家连接在一起成为一个志同道合的大家庭。男孩们和姑娘们觉得自己是不平凡的人,他们不是为了取得一片果腹的面包,而是在人烟稀少的地方开辟出第一条犁沟。

如果大家在思想上没有达成一致,如果没有崇高的共产主义思想使大家有高尚的灵魂,集体当中的任何组织联系都是苍白无力的。我在一刹那间突发奇想:在我们用双手从壕沟当中挖出肥沃腐烂的肥料,然后把这些肥料装到车上运到田地里去的时候,如果我们共青团员当中有人拒绝来我们的肥料制造场,当时会发生什么样的事情呢?如果真的有这样的情况,那么,对这个有罪的人来说,正像俗话所言,就没有容身之地了;同志们会称他为大懒汉、瞌睡虫、娇生惯养的孩子、不愿干粗活脏活的人。并且他们这样说是发自内心的,没有做任何"准备"的,因为人的心灵一旦受到了崇高思想的激励和鼓舞,就会对周围发生的一切都十分敏感,理智是时刻在线的,提醒着人们应该做什么和应该说什么。我的青年朋友们,请一定要记住,共青团教育学当中还有一条十分重要的准则——旨在让人的心灵不陷入沉睡之中,并且时刻守护着自己的良心。……而那时,学生们常说,我们都不得不拼命干活。男孩们和姑娘们都在议论:干这种工作等于下地狱。之前倒进壕沟里的畜生粪便都变成了沤好的厩肥,我们就用车把这些肥料运送到田地里,像是播种一样把它们撒在土地上,让每一棵苗都能够得到充足的养分。通过阅读科学杂志我们知道,塘泥是对小麦特别好的肥料。而我们的那些池塘当中有很多的塘泥,大概淤积了几百万吨，所以我们就把那些塘泥装满大车，作为肥料运送到庄稼地里去。春夏秋冬，我们都认真地照料田地。冬天下雪之后，我们就把地里的雪扫到一起，堆积在我们那一公顷的土地里，让它保持充足的水分。春天到了，我们就给作物施肥。夏天的时候，共青团员都有各自的工作，都在自己的岗位上忙忙碌碌，有的人在畜牧场，有的人在蔬菜队，还有的人在养蚕。种植小麦是我们额外的工作，我们一般选择清晨或者晚上的时候，聚集在一起劳动干活。我们用小锄头在田间小麦每行的间隔处松土好多次，以保证土壤能够有充足的水分，从而促使小麦茁壮成长。这样的劳动是有收获的，茁壮的庄稼结出了沉甸甸的麦穗，我们感受到了丰收的喜悦。我们数了一株麦穗有多少粒麦子，在收割庄稼之前还称了一株麦穗的重量。庄稼成熟收获之时就是我们的节日，大家喜气洋洋的。我们会在节日当天盛装打扮，来到田野中，每个人都很高兴，心中充满了胜利和丰收的快乐。但是我们一直惦记着一件事情，那就是我们精心照料的这一公顷土地最后产量到底是多少呢？土地慷慨地回报了我们的付出，一公顷收获了70多公斤。

在这令人激动的几分钟内，小伙子和姑娘们是多么想欢聚庆祝！等我们把粮食都收了和称重之后，共青团员们在晚上都不约而同地来到了学校。我们特别愿意待在一起，一起畅想未来。我们觉得自己是胜利者，刚刚打了一场漂亮的胜仗。我们就像是在不断攀登高峰，刚刚登上了一座高峰，面前又出现了很多阳光闪烁的高峰等着我们去攀登，未来充满希望。我们畅想着，总有一天我们的土地每公顷的产量可能会达到80公斤，甚至90公斤。随着时代的发展，农业技术一定会发生变化，变得越来越成熟，新的机器也一定会出现在我们的土地上，粮食作物的行间也会像中耕作物比如玉米和甜菜那样，通过同样的方式进行耕种。作物的种子会增大到之前的两倍。我们就这么畅想着，内心充满了对未来的自豪和展望，心情激昂澎湃。

> 给教师的建议

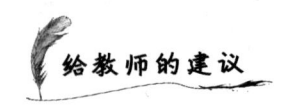

第六十九章
如何培养共青团员们，使得他们中的每一个人都努力变得更好

我看见过年轻的小伙子和姑娘们微笑着相互致意，好像双方在审视着对方的眼睛。

伟大的思想充满崇高精神的性质不断缔造我们自身的美。我的青年朋友们，让我们一起深入地思考一下我们的共青团教育学当中的这条真理：应当这样培育青年，使得每个人都感到自己是美好的。要让道德的美感促进做人的崇高的自豪感和作为公民的尊严感；要让一个人看到多面性，让他不仅能够仔细观察自己周围的世界和事物，也能看到自己。如果一个人不能因为自己的美好而自豪，那么，他就难于感受到良心的谴责，长者们教导的良言和长辈们责备的话任何时候都不能进入他的内心。而要想培养自身的美感，只有在集体因思想一致而有崇高精神的时候才能做到。

我们一步步地迈向未来，我们的劳动因高尚的共产主义思想而变得崇高。但是，这些神圣的言语不要总是重复，要不然，即使是金玉良言也会成为陈词滥调，打个比方，这些言语就像是一个懒散匠人手中的工具那样迟钝。如果每一步遇到困难，就拿出这一脆弱而又锋利敏感的法宝，那么伟大和神圣的东西也会庸俗化。比如说，学生们前来参加拔草这一项劳动，在烈日的蒸烤下工作一整天，教师们为了鼓励学生就会提醒说，保尔·柯察金㉓采伐树木的时候是在怎样的条件下进行劳动的，阿穆尔共青城的第一批建设者付出了多大的努力，经历了多少艰难险阻。不，无须这样的教育方式。否则，再锋利的工具也只会变成木头把子，对年轻人的心灵不会起到任何的作用。要尽可能地让共产主义的灵魂净化功能，作为每个人内在和自动的道德力量，存活在每个人的心灵当中，锋利的工具要尽量地少用，只有万不得已时才露锋芒，这样才能对青少年产生积极的影响。

但是，需要说明的一点是，自身的道德美感并不意味着自我欣赏和自我陶醉。一个人能够看到自己的优点和美好之处，产生自豪感的同时，也要正视自己的不足之处。他必须想变得更好，有上进心，否则，自身的道德尊严感就可望而不可即。这是青年道德发展过程中一条难以捉摸的规律：一个人想成为好人，这意愿只有当他今天比昨天变得更加好的时候，只有当他在同志们和自己身上发现了某种全新的东西，从而受到激励，下定决心要成为更好、更完美的人的时候，才能实现。共青团教育学的一条非常重要的原则在于：青年要永远处于成长的过程当中，要不断地产生变化，任何时候都不要停留在他昨天的那种情形中，一成不变，因循守旧是要不得的。我的青年朋友们，一定要防范学生的道德发展过程中出现停滞不前的情况，要避免他们道德上的僵化、不作为。不能容许一个人在持续很久的时间内一直感到他无论怎样也不能根除自己身上的种种缺点。

给教师的建议

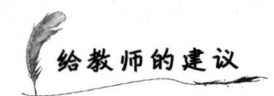

第七十章
如何促使一个人走上持续发展和完善道德之途？

如题所述，这是一个在我看来非常有意思，并且就目前来说在青年的教育领域中还缺乏研究的问题。在我们教师集体当中，制定了一项可以用以下两句话概括起来的原则：为了让一个人尽量达到自己的道德美和自己的完善，他应该在自己身边，也就是在同学的身上看到这种美好和完善。一个人不通过和别人交往中对待他人的态度是打造不出他自己独特的"我"的。正如马克思所说的，为了培养自觉，"人起初是以别人来反映自己的，以人为镜，可以正衣冠。名字叫作彼得的人把自己当作人，只是因为他把名叫保罗的人看作和自己是一样的人，两者并没有什么不同"[24]。要学会设身处地地待人，对待自己和他人，一视同仁，这难道不是集体中教育艺术的秘诀之一吗？令人非常遗憾的是，很多教育者无论怎样也不能领会这一奥秘。

集体的教育力量从何而来？我们始终坚信，集体教育力量的源泉，首先肯定是存在于集体劳动的这一过程当中的。当在集体的十分丰富的精神生活中，一个人今天在同学身上发现了自己昨天没有发现的新东西的时候，这就是发现他人，并且多亏了这种发现，用比较生动形象的话来说，他同时也看到了自己，自己对自己进行评价，并就昨天和今天的自己进行比较：我过去是怎么样的，今天的自己又是怎么样的。这是丰富的集体精神生活中非常重要的因素。教育青年的时候，要尽所能让学生在集体劳动过程中从同学的眼睛当中看到因崇高目标而灵魂净化的火花。就是那种最没有生气、似乎最冷漠无情的人，在看到同学的眼睛的时候，都能够受到净化，像是照镜子一样看到了自己的思想和志向；让他因为同学的眼睛而感到惊奇，让他在惊奇和感动中停下脚步，让他的内心燃烧起为同学而感到的充满人性的自豪的星星之火。要知道，你只有做到了这一点，才能够使学生的心灵中产生有关他自己本身的思想火种。

因此，通过劳动达到集体的灵魂净化，这是我们的教育工作中非常重要的一点，具有重大的意义。要学会通过使人变得高尚和美好的具体的活动，来联络男女青年的思想感情。让每一个男女青年在同学的身上都看到真正的人性的美德与光辉的时候，都要对自己进行反省与问答：我达到了这样美好的境界了吗？我具备这种美吗？明天的我能够比今天的我更好吗？一个人的精神面貌，在于对自己严格要求达到什么样的程度。青年的心灵通向公民应该具备的豪迈与美德的神圣境界的道路，也正是取决于他严于律己达到什么程度。

第七十一章
如何做到让青年的心灵对我们的生活和斗争并非漠不关心

这里要谈到的是青年人的神圣之地。每一个共产主义青年在自己的思想和心灵深处，都有一处极其宝贵、没有什么东西能够与之比较的神圣之地。这到底是什么呢？青年心灵和思想中的这一神圣之地，就是我们的苏维埃祖国，是她的光荣、荣誉和强盛。其他的所有东西在她的面前都微不足道，失去光彩。

我们共青团教育学中最主要和最复杂的一项任务，就是培育爱国主义者和合格的公民。如何让每个男女青年都能够对自己思想和心灵中的神圣事物加倍爱惜，从内心深处爱护它，让祖国对每个人而言都是明灯，这盏明灯照亮了其他一切事物，让只要有这一盏明灯在，他就能够看清整个周围的世界，而且最重要的是，能够看清自己。

相应地，我们就转而面向公民的情操的教育问题。在我的心目中，总是把这种教育称作是各种神圣的事物的神圣教育。具有同情心和勇敢的人，才能够成为合格的爱国主义者和公民。爱国主义是什么呢？形象地来说，就是感情和思想以及对祖国这一神圣的事物的了解相互结合在一起的产物，对祖国不仅要求用理智来了解，而且首先是用自己的心灵来理解。这种理解开始于一个人发现周围世界某个人成为他极其宝贵的人，并且准备好了为这个人奉献出自己心灵的所有的力量。爱国主义开始于对别人的爱。爱国主义的梦想、对世界的感情和祖国之情的源泉是对世界上最亲近的人，即我们亲爱的母亲的爱。

别林斯基曾经写道:"自然界最伟大最崇高的东西是人。"㉕而这种伟大的崇高的顶点就是母亲。这并非出于偶然:爱国主义的概念本身就是在世世代代的人们的意识当中从人性的这一珍宝——也就是生养和抚育我们长大的母亲形象当中结晶出来的。三十多年的青少年工作经验让我坚信:培育对母亲的亲切的、真诚的、温柔的、关怀备至的情感与态度,把母亲视为人性的王冠和顶峰,是共青团组织一项非常重要的思想和政治任务,不能够忽视。在对自己的母亲冷酷、铁石般无情、残忍的心灵中是找不到任何高尚品德的位置的。远离埋葬着母亲骨灰的祖国土地而奔赴异国他乡的人,是可耻的、卑鄙的叛徒。飞廉草开不出玫瑰花。不具备热情、温柔和真挚感情的人,是不会成为爱国主义者的。

亲爱的青年朋友们,我们起码应该懂得共青团教育中一个非常基本的道理,那就是一个人应当爱别人,应当细致地感受到周边的人的喜和忧,甚至休戚与共。这种对他人的感触但愿是从和母亲相处开始的。大家仔细想一想,各种各样的义务劳动,活动周和活动月,突击检查和远足,这些活动不知道举办了多少次,简直数不胜数。但是你们仔细想想,你们能找到哪一个单位的书记向共青团员们问过"朋友们,你们最近为自己的母亲做了什么"这样的问题吗?基于此,我在这里向从事青年工作的教师们提出建议:

请您在我们的出奇丰富的日常口语中,找出一些像水晶那样清澈,像露水那样纯净的词,这些词像泉水那样淙淙作响,形成一条一条的细流缓缓流出,有如童话当中的活水一般,用这些词赞颂人类忠实可靠和无比忠诚的永恒美——亲爱的母亲。让每一个青年都把这种美带回到自己的家中,把自己心灵和思想的力量奉献给自己亲爱的母亲。

我对青年男女们说:"今天是一个非常重要的日子,你们在这一天领到了团员证。你们要和母亲一起享受这种快乐。这是给你们准备的一棵非常好的苹果树苗,赶快来领取吧!告诉你们,这可不是一般的品种，这个品种的苹果皮非常红，等到它成熟的时候，苹果将会映出柔和的朝霞和多风天气来临前的紫红色晚霞。我们把这种苹果取名为母亲苹果。我们一定要精心培育这些苹果树苗，要像爱护母亲的名字一样爱护它们。"

这是最具有思想性、政治性和集体主义精神的教育。时间慢慢流逝，等到七月份的时候，一个晴朗的傍晚，我的学生，我的少年朋友从母亲苹果树上摘下苹果，并且把这些苹果献给母亲的时候，我为自己登上教育智慧的一个高峰而感到高兴。

爱别人，是培养爱国主义花朵盛开的肥沃的土壤。为了让这朵美丽的花能够艳丽多姿、迎风摇摆，每一个少男少女都应该在理智和心灵上了解我们伟大的祖国。每一个人都应该感到自己是祖国的孩子，都应该为自己是祖国上千年的荣光和上千年精神财富的继承者，是祖国今天的创造者而感到无比自豪。

作为青年的培育者，如何将这一点付诸实际呢？

应当在年轻的心灵面前用炽热的语言燃起火苗，这样的语言像火炬一样，照亮了我们的祖国所走过的艰难而光辉的道路，照亮了通向祖国光辉的未来的不平坦的路途。为了让年轻的公民们感到自己是一个走了一千年路的行者，有责任负起先辈交给他的任务，有责任将这副无价的担子交到未来一代的手中，在承前启后的接力赛的路上，不能损失任何一项巨大的财富，不要忘记在为我们伟大而光荣的祖国进行斗争中所获得的任何一条英明的真理。

要用热烈的语言去赞美那些祖国的英雄儿女，他们的名字就像是天空中永恒的星星一样，今天闪烁，未来也将永远闪烁，不论是在过去还是在遥远的未来，都是新一代人的指路灯塔。

可能有些人读了上面这段话之后觉得不可信，甚至觉得有点可笑。有的人可能会有这样的想法：你是不是夸大了语言的力量，把愿望当成了现实？不，一切正是这样的。语言的力量是无与伦比的，它是带领人们冲锋陷阵的将军，是拨动人们心灵琴弦的乐师。作为一名乐师，你要懂得拨动哪一根琴弦才会发出美妙动听的音乐。在和学生谈论心灵深处的思想和讨论伟大的事物的时候，我们拨动的那根琴弦叫作公民性、人性、诚实和尊严。我直接地触及每个人鲜活的灵魂深处。我所面对的人，不是什么抽象的受教者，而是科利亚、柳芭、万尼亚、加利娅、季娜和舒拉等人的深受鼓舞的炯炯有神的眼睛。教师的话语什么时候才是热烈的？只有在这些话语不以培养抽象的爱国主义者为目的（当然这样的人在自然界肯定是不存在的），而是要使科利亚、柳芭、万尼亚、加利娅、季娜和舒拉他们内心深处产生共鸣的时候，语言才具有力量，成为炽热的、火热的语言。

这也是我们共青团教育中的一条非常重要和宝贵的原则。

我们大概有几十个关于祖国的真正英雄儿女的感人的、激励人心的故事。我向青年们讲述这些故事，有的是遥远的过去的故事，有的是不久之前发生的故事。我的少年朋友们都屏住呼吸认真地倾听，我对他们讲述扎波罗热哥萨克的故事：敌人十分残忍，活生生地剥他们身上的皮，然后用烧红了的烙铁烫他们的伤口，要他们背叛祖国做叛徒或者是默不作声地臣服，但是他们完全没有屈服，而是骄傲地对敌人只说了一个坚决的字："不！"我还向学生们讲述谢尔盖·拉佐的故事：敌人因为他始终信仰共产主义，残忍至极，把他直接活生生地扔进了火车头的锅炉里面。我还向他们讲述了我的两个同乡，两名英雄少年队员的故事：法西斯分子使用了各种非人的酷刑想让他们说出游击队的秘密，但是没有成功，于是敌人就把他们活埋了。我看见，少年朋友们的眼睛里都燃烧着对敌人的永不熄灭的仇恨的火花，如果对他们说青年朋友们，我们的苏维埃祖国号召我们为了自由和独立，为了荣耀和强盛进行战斗。那么，显而易见，他们每个人都一定会高喊着祖国万岁而展开殊死的战斗。

只有痴呆和道德上败坏、堕落，才能够堵塞住语言通往人们心灵深处的道路。语言是争取人心的强大战士。一切都取决于你作为教师在话语方面的价值如何，或者价值千金，或者分文不值。有的话语就像是患重病的人那样瘦弱和难看,还有的话语就像是枯草的影子一样没有任何力量,内容贫乏。但是有的话语有声有色,掷地有声,永不逊色,就像为人指引道路的永恒的星辰那样光辉灿烂。朋友们,努力练习口才,使你的话语成为指路的明灯!

第七十二章
如何使对社会主义祖国的思念充实共青团员的精神生活

在这里我们要谈论的是一个十分细致又复杂的问题——关于爱国主义服务于祖国的伟大、美好、崇高致使自身的单个人的灵魂净化的问题。灵魂净化去掉杂念，激起对人生大问题的深刻沉思，带来不安的白天和无眠的夜晚。如果没有那些十四岁的学生科利亚、柳芭、万尼亚、加利娅、季娜和舒拉，没有他们很积极投入地思考人生的目的和意义，并且为此通宵达旦地阅读关于马克思、列宁、亚历山大·乌里扬诺夫 ㉖、尼古拉·基巴利契奇㉗、费利克斯·捷尔任斯基或者是尤利乌斯·伏契克等伟人的书籍，在其中寻找答案，我就无法想象还有共青团教育学。他们中的每个人都因教师关于爱国主义、为祖国服务的富有魅力的语言而受到激励，都去主动寻找并且真的找到了自己喜爱的书籍，都在祖国广阔的天空当中发现了自己的璀璨明星。在春天静谧的夜晚，每一颗因忠诚于祖国的英雄和光辉榜样而感到惊奇和入迷的心，伏在自己绝妙的书籍的扉页上面，都加速地怦怦跳动起来。没有深入灵魂深处的个人的沉思：我是谁？我是一个什么样的人？我以前是如何生活的？在未来我将要如何生活？我将为我的社会主义祖国做出什么样的贡献？如果学生自己不能够主动深入地思考上面提到的这些问题，那么共青团教育学也会毫无作用，只能是一纸空话。

亲爱的青年朋友们，如果你真的希望成为共青团员们名副其实的教育工作者，那么你一定要注意这些问题，那就是当男孩和女孩们、小伙子和姑娘们身边没有其他人，私自独处的时刻或日子里，他们在做些什么，忙些什么，读什么书，思考什么问题。要了解他们的想法，他们是否愿意独自待在某处自我反省。如果毫无这种意愿和想法，那么情况就很糟糕了，这就等同于他们没有自己的精神世界，没有个性，也就是说明他们心中没有集体。

我们学校有一座名为"思想室"的房子，我们一般都这么称呼它。这个地方环境清幽，总是十分安静，这里的书柜里摆满了有关祖国英雄和榜样的各种各样的书籍，非常方便学生们在这里阅读和思考。你们看吧，寻找自己的那本书吧，找到自己的明星和指路灯塔吧。不能让任何一个青少年错过这些书籍，在我看来，这一点是青少年教育工作一项极为重要的任务。每次我讲述完爱国主义的英雄事迹后，当我触碰到年轻的心灵最隐秘的角落里敏感的心弦时，我看见，他们都受到极大的触动，总会有几个孩子到阅览室去找书来阅读。青少年朋友们，祝你们成功！在这个好时机，你们正在迈上的是自我教育最难攀登的一个台阶。我突然间第一次看见一个蓝眼睛的大个子，同学们都叫他万尼亚，他正在窗台下面玫瑰花的旁边站着。他年纪不大，才十四岁，已经比他爸爸还要高大了。他的身体已经像一个成人了，但是他的思想还很幼稚，对待事物的看法也很不成熟，这让我很为他担心。我十分焦急，深切地盼望着成人的思想能够让他有所改变，激发他的心灵和智慧。今天，我终于看到他手中拿着一本关于尤利乌斯·伏契克的书籍。……我感到有些欣慰。要争气呀，万尼亚！我在心里这么默默地想着，把书带回家去，仔细阅读它吧，去思考问题吧，即使通宵达旦不能入睡也不打紧，从书籍中汲取智慧和能量，让成人的思想打动你的心灵。

青少年的自我教育正是从这里慢慢开始的。

当然，这还仅仅只是一个开端，未来还有很长的路要走。要让青少年不断成长，在精神世界里达到成熟，还需要付出巨大的努力。

第七十三章
青少年究竟是怎样达到精神上的成熟的？

很多人经常争论这个话题：青春期是从什么时候开始的，十四岁还是十六岁？青年大概在什么年纪加入共青团最为合适，十四岁还是十五岁？近年来，青年男女在生理上发育加快了，但是他们在社会、精神和道德上的发展却还很落后，并没有同步发展，这种加速让学者们感到很担心。

我们教师集体坚定地认为，青少年的青春期开始于十二三岁。如果要让一个孩子在精神上成熟，那么就要帮助他在成长的道路上成功地迈出最开始也是最艰难的几步。童年和少年时代完全无牵挂和无忧无虑的生活，是导致青少年在精神上很幼稚的根源。青少年在生活当中应该有需要担心和操心的事情。我指的是要为人民、社会和祖国操心和感到不安。让一切环绕男孩和女孩们的事物在他们青春期的初期已能够在他们心中引起激动和不安。生活中的任何事物，不管是远在天涯海角，还是近在眼前，都不应当和他们个人是毫不相干的。将公民的世界观传授给青少年——这可是教育技巧的一个高峰。最主要的是，要让男孩和女孩们生活在社会的忧虑之中，要让社会的事情成为个人的事情。

在实际生活当中如何操作才可以达到这个目的呢？

在我们的成长过程中，伴随着这样的想法：自己为他人做了一件好事，自己给他人带来了某些好处。这是青少年道德财富十分重要的源泉。只有在青春期开始，也就是十二三岁就已经获得道德财富的人，才能够用自己的理智和心灵去理解祖国。反之，如果少年人没有获得这样的道德财富，那么你们教师的话就显得软弱无力，软弱无力的话语不能成为热情如火的语言，就不能使青年人的心灵变得崇高，促使小伙子和姑娘们思考：为什么我活在这个世上？这种思考的益处是，年轻人一想到谢尔盖·拉佐的功勋的时候，就联想到自己，因为意识到自己接触了伟大和神圣的事物而心潮起伏。你也许听到一些老师这样抱怨：你给他们讲神圣的事物、讲英雄主义、勇敢无畏、自我牺牲的精神，但是不知道为什么你说的话对他们没有起到任何作用，不能够触动他们的心灵，等于对牛弹琴……好话说不进，良言打不动一颗心，这是因为这颗心只充满了追求消费的乐趣，实际上这颗心是无才华、十分贫乏、空虚的，它缺少道德财富——也就是它缺少为人们创造和付出的快乐。

青年的道德财富不是一蹴而就的，而是需要一点一滴地积累，并且要从童年和少年时代就开始进行积累。一个十二三岁的少年回首过去的时候，他应该看到自己曾经为别人做了什么和付出了什么，并且他为自己的劳动成果而感到无比的骄傲和自豪：这就是我自己的劳动成果。这种自豪感既是共产主义思想的精神火药，也是意识形态思想统一的基础。

在我的少年朋友们十来岁的时候，我们一致决定建造一个属于大家的葡萄园。我们拥有一片被灼热的阳光晒焦了的、没有丝毫生气的南山坡，这里的土地十分贫瘠。但是这里一公顷的土地就可以收获几十公担的"阳光果实"，也就是葡萄。于是，我们开始了劳动之旅：我们清除了山坡上的杂草，挖了几百个种植葡萄树苗的坑，在每一个坑里填上塘泥和腐熟的厩肥。此外，我们还征求了一些富有经验的老年人的建议，把能够杀死葡萄藤害虫的植物根部的土壤给弄来放到了挖好的坑里（这是一种在民间盛行的"植物医学"）。我们还从其他地点搬运了几百吨的土壤，在每一窝葡萄藤周围修筑护卫的土墙，以防水土流失。对一个教育者来说，这也是工作最难做的时期：单调的体力劳动本身不可能是令人愉快的，不能带来任何心满意足的感觉。那么究竟是什么力量促使和支撑着少年们进行这项劳动呢？是语言，仅仅是热情如火的语言在青年们心中点燃了公民为大家服务的火种。我充分相信因共产主义信念而变崇高的语言的巨大力量。

第一批葡萄藤的嫩芽变绿了。这个时候，我们就可以欣赏我们的劳动成果了。我已经完全不会再担心繁重的体力劳动会摧垮某个学生的精神力量，让他产生轻视甚至放弃劳动的情绪了。当然，我们的劳动也才刚刚起步，之后还有很多事情要做，要给葡萄浇水，保护葡萄藤不被太阳晒死，在冬天不被严寒冻死。

几个月、几年过去了，照料葡萄园对我们每个人来说成为重要的幸福，时时牵挂在心。我们对土地产生了深厚的感情。葡萄成熟了，结出了第一批香甜的果实，我们的快乐日子也随之到来了。一些小孩子和老人来到葡萄园，我们就用葡萄招待他们。我们还把晶莹的葡萄送给病人吃，当他们对我们表示感谢和祝福的时候，我们的心加速地跳动着。

让十三四岁的小男孩和小姑娘亲耳听到别人向他们的真诚、厚道和人性所表示感谢，这是教育技巧的又一亮点和高峰。很难找得到一种力量，它在唤起高尚志向方面，比得上这几句朴素语言。我的学生们因为对别人做了好事而感到的快乐，是什么也比不上的。这个时候，热情似火的语言已经深深地扎根在他们心中，促使他们投入一次又一次的新的劳动中，并成为每个人内心的精神力量。我坚信，在这样的情况下，每个学生不论在什么地方，不管是在集体当中，还是自己一个人独处的时候，都能够表现出公民的自我牺牲精神。

我们一起建造起来的属于大家的葡萄园，成为我的学生以公民的态度进行自我教育的场所。他们能站在公民的角度看世界，他们在观察世界时，认识到世界上的任何事情都和他们有关系，并不是毫不相干的。并且，艰苦的体力劳动不仅在身体上也在精神上锻炼了他们。小伙子们锻炼成了真正的男子汉。

我很高兴地看到,在这个时期,当体力劳动达到极限程度的时候,他们思考问题的角度改变了,他们想的不再是能否克服困难的问题,而是该如何克服困难的问题。

第七十四章
不要害怕困难，让困难再多些吧——没有困难的考验就无法对青少年进行思想教育

在克服困难的过程中，要培养英勇无畏的精神，还要陶冶人们高尚的情操。不要变得冷酷无情，相反地，对别人、对善良的行为要做到温柔厚重、富有同情心，面对邪恶的时候，则要坚决抵抗、毫不留情。

我们所展示在学生面前的人生，并不是一条平坦的道路。青年人，尤其是男青年，一定要做好应对一切的心理准备，要时刻准备接受各种严峻的考验。请教师们把青少年们都培养成英勇无畏、坚忍不拔的人，在他们的人生道路上遇到困难和贫乏的时刻（应当时时刻刻准备应对所有这些情形），不至于感到惊慌失措和软弱无力。有了身体上的强健和坚韧，还需要精神上的坚强不屈，二者有着重要的联系。亲爱的青年朋友们，您不妨做一个小小的测验，看看您的一个学生，一个十六岁的小伙子，能不能在极度严寒的环境中待上一整天，并且不是无所事事，而是一直在进行劳动；或者再试验一下，他能不能在酷暑当中长途跋涉四十公里，然后还要辛苦地劳作几个小时；他能不能忍受半天都没有水喝。当然，这一切测验不要刻意用人为的做练习的方式来完成。在生活中，在日常的劳动中就可能有而且常常有这一类的困难和艰苦。我们不要只对小伙子们说空话，说你们要学会吃苦耐劳。我们可以让他们承担和他们同龄的农民的劳动任务：在天气寒冷的一月份，让小伙子们收集田野里的干草并将它们装到拖拉机

上面，运送到畜牧场。他们会逐渐认识到，这种劳动的目的并不是在于做练习，而是为了让奶牛产牛奶，因为，如果没有干草，就不会有牛奶……

如果一个人在少年时期和青年初期就学会了克服困难，那么他就能在自己周围发现一个完全不一样的世界，是那些不事生产、无所事事、娇生惯养、手不能提肩不能扛的被父母溺爱的人所不能看见的世界。

第七十五章
要保护青少年内心的热情迸发的纯洁性

每次一谈到青少年的教育问题,我就总是再三地提起公民的忧虑心。这一点是我们整个共青团教育学的核心所在,亲爱的青年朋友们,要像防火那样防备冷漠无情的态度。这种态度是产生庸人和小市民的最可怕的祸根,庸人和小市民对什么都漠不关心,这样的人所信奉的是"事不关己,高高挂起""我的事好比鸡打鸣,叫过了就算了,管他天亮不亮"等只顾自己的卑鄙的道德真理。年轻人要乐于用自己的双手为他人做好事,做的好事越多,他的高尚的心灵也就会变得越来越纯洁,他就会和别人产生共鸣,休戚与共。如果社会上出现灾难和麻烦,他自然而然地会感到担心和不安。青年公民对待周围的世界变得寻根究底、好挑剔,他的性格也变得不安,忙碌起来,心灵的高尚什么时候也不会和邪恶和睦相处,既不会容忍对社会利益漠不关心的态度,也不会容忍人的尊严的自卑自贱。一颗年轻的心在反抗,在抗议,在愤慨。这颗心将人推入高尚、美丽的境界,但有时也可能做出激烈而冒失的行动。

请一定要记住,人们对邪恶产生的第一反应,良心的提示的第一动机,一般情况下都是高尚和美好的。不要忽略和压制良心的呼声,不要用逻辑思考和推理去束缚青少年们崇高的激情。成熟的智慧、善于做出判断、三思而后行的能力——这一切的到来需要时间。但是,被邪恶激起、准备把邪恶铲除的年轻的心的热烈跳动则什么时候也不会来到,如果男女青年没有在惊慌焦虑、躁动不安的时候控制这颗心，当时正经历世界的伟大发现——也就是通过心灵对善恶有了复杂而痛苦的认识。希望你们那里任何一个小伙子和任何一个姑娘都不会拥有一副冰冷无情的心肠。在对优良的行为进行评价的时候，请你们保持明智，避免冒失轻率。冷静的理性将来一定会有的，请你们不要着急。但愿有一颗热烈的心。

请你们防止男女青年在某些情况中的漠不关心的态度，并要让他们认识到这种态度是灵魂最可耻的堕落。有时候，在生活中遇到的邪恶的事情似乎没有有效的应对措施，这种邪恶被看作是无法阻止的事情，邪恶简直被当成一种灾难，很多人看到这种不幸的情况的时候也没有采取任何行动，只是同情地摇头叹气说一句，唉，这也是没办法的事，然后扬长而去。这样的事实不可轻视，其中隐藏着很大的危险。我们一定要告诫青少年为人处世不要如此麻木不仁：如果你有一两次对和你没有关系的不幸的事漠不关心，那么这种情况会时有发生，你会永远对别人的不幸置身事外。

恰恰是在灾难没有明显的犯罪者的时候，你们应在年轻人的心灵中唤起不安和关切。要在年轻的心中点燃永不熄灭的冲动：我必须要采取一些行动，必须要做一点什么才行，如果我视而不见，直接离开，那么我就会变成一个可悲的利己主义者。这样的思想火花不是凭空产生、突然燃起的，也不是心血来潮，受教育者对于和自己没有关系的事情的关切和不安的道德体验是这种思想火花的燃料。

有一次，集体农庄的羊群遭遇了暴风雨，丢失了二十只小羊。这些小羊不知去向，有可能是在大雨中它们无处安身，便躲藏到灌木丛或者芦苇荡中去了；也许它们不小心陷进了下雨后形成的淤泥湖中。这件不幸的事情传到了我们学校。于是我对学生们说，来吧，学生们，让我们一起出发去寻找小羊吧！要知道那些小羊是多么幼小，多么鲜活的生命……我们做好了准备工作，带上了足够吃两三天的食物出发了，到第聂伯河沿岸一带无边无际的洼地去寻找。当我们慢慢找到了丢失的小羊，我们实在是太高兴了，心中充满了喜悦和自豪感。

虽然我们饱受蚊虫叮咬,感到疲惫不堪,但是我们回来时的心情是幸福的。我把这种集体行动称之为上热心课。这种活动是很有益处的,能让人对他人的痛苦和焦虑不安表示同情。如果没有这种热心课,对于这种事情很多人的反应就只是一句看似公正而又没有人情味的话语:这不是我们的事情,而且这件事情我们不管也应该能得到解决。

在我看来,热心课并不是什么孤立于周围世界之外的特别事物。年轻的朋友,这是公民的生活,是别林斯基曾经怀着对未来的担心和忧虑写到的那个重视公共利益的世界。

给教师的建议

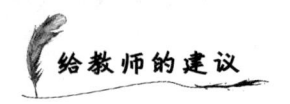

第七十六章
如何教育共青团员生活在重视公共利益的世界

有一次,我听了一位主要负责校外活动的副校长的报告。他详细地讲述了社会学研究室的相关情况:在里面的墙上挂了什么样的标语和图画,房间是如何进行装饰的,多么具有艺术性,如何把共产主义建设者的道德规范写在一张大大的纸上面,并进行了漂亮的装裱,诸如此类。至于如何才能让青少年将伟大的马列主义科学真理铭记在心、永生难忘,他却一句话都没有说。当有人问到他在这方面做了哪些工作或者正在做些什么的时候,这位副校长竟然哑口无言。这是因为学校关于社会学研究室有严格的指示,而关于心灵和精神的任何指示都没有。我认为,这种人给教育事业带来了很多危害,他们眼里只有领导的指示,而不知道教育活动场所没有灵魂和精神等于虚设。我认为,热心课是教育工作各个环节和各种形式当中不可或缺的一种活动,有着非常重要的意义。

我们把自己的共青团组织称之为一个和睦友爱的大家庭,有一天,我们这个大家庭在挑选玉米果穗:将选出来的最好的玉米果穗装到运粮的汽车上,运到国家仓库储存,其中比较差的玉米果穗就运送到猪饲料的仓库。那个时候有一个人从别的地方走过来,用信任的口气对我们说:你们可以把差一些的玉米果穗放到车厢的底部,上面盖上好的玉米果穗,运送到仓库进行检查的时候只会检查上面的,不会翻看下面;为了达到需要上交的玉米数量,我们每次必须多缴一些,这样才能完成计划嘛……这时候，我发现共青团员都你看着我，我看着你，一副十分羞愧难当的样子。万尼亚十分生气，愤怒得满脸通红，季娜也垂下了眼睛。那位管理人员离开后，我的学生们都站在那里没有说话。我也站在那里，心里发紧：孩子们，你们接下来该怎么做呢？先前的几堂热心课是怎么教你们的？

"这太不像话了！"舒拉气闷地说道。

大家再也没有说什么，只是十分卖力地、拼命地往车厢上装最好的玉米。那个建议我们偷懒"完成计划"的人几次走过我们的身旁，皱着眉头看着共青团员热火朝天地干活，不敢再说话了……但凡是受到过良心的启示（即使只有一次）反对过邪恶、欺骗和不公正现象的人，对周围世界发生的各种事情都特别敏感，把无所事事、游手好闲和挥霍浪费看作是罪恶，并对欺骗和不诚实的行为坚决抵制。

要努力让学生在青少年时期就时时刻刻关心属于集体和社会的财富。农业生产有的时期十分忙碌，这个时候任何一个青少年都应该全身心地投入到紧张的劳动和大家操心忙碌的事情当中，而不是置身事外。

春天是播种的季节，农庄播种了几千公顷的粮食作物、蔬菜等。作物旁会长很多杂草，如果不及时进行除草工作，收成就会不好。这个时候庄员操心的是在这么紧张的时间内，如何把劳动安排得最合理，如何充分利用工作时间。作为一名教师，要想办法让这种紧张劳动的气氛和社会积极性也笼罩着学校的集体。要让小伙子和姑娘们到某些有重大关键性作用的生产地段中进行劳动，因为公众福利和农庄成就在很大程度上取决于这些地段的收获。尤其要牢记，不要把学生的劳动和成年人的劳动分开，使学生的劳动成为孤立的、特殊的劳动。你要合理安排自己的学生和成人劳动者的关系，既要使得成年人在焦急地期待着你的学生们创造的物质财富，也要使得儿童们、少年们、小伙子们和姑娘们认为自己孩子气的、书生气的劳动和成年人的劳动是等同的，是同样具有意义的。在学生的集体劳动中应尽量少一

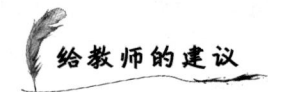

些学生气和形式性的东西——这一项要求是在我们培养学生从小就应有关心社会公共利益的精神时贯彻实现的。

在具体的教育工作实践当中,我们追求的是让学生的劳动热情和劳动干劲成为独立完成社会生产的大厦的砖瓦。比如说暑假期间,我们让低年级也就是一、二年级的学生在农村参加几天集体劳动,为小牛准备它们最喜欢、最富有营养、含维生素最多的食物——干草。学生把草进行收割,晒干,然后堆成草垛。在他们的努力下一共储备了几十吨高质量的饲料。四、五年级的学生进行的劳动是收集西红柿、甘蓝和黄瓜的种子,农庄里只有他们做这一项工作。学生们清楚地知道,他们是社会生产非常重要的一员,如果他们不给社会生产的大厦添砖加瓦,那么这座大厦建造的进度就会十分缓慢。于是,他们的劳动生活从一开始,就因公共利益这个最终目的变得崇高伟大了。

年龄较大的少先队员和共青团员,身上肩负着更加重要的劳动任务。农庄每一年都会拨给少先队和共青团 10~15 公顷的土地,让他们培育小麦、玉米等农作物的种子。在这里,整个农业劳动周期过程只有学生参与,独立完成——从最初的给土地松土到农作物收割以及入仓存储。

学生们会觉得自己和成年的集体农庄庄员一样,都是劳动者。共青团委员会的书记和少先队委员会主席,就像只有成年人的生产队的大队长一样,也会被邀请参加农庄管理委员会的会议并进行工作汇报。生产活动和经济利益在学校集体生活中举足轻重。关心物质价值,给学校集体内的相互关系以及少先队员们和共青团员们的整个思维体系带来特殊的微妙改变。为了培养青少年在思想上的成熟性和成年性,我们不仅重视学生与成年劳动者在经济和生产业务等方面的相互关系,而且也十分看重学校集体内部的这种经济和生产方面的关系。

第七十七章
如何建立学校集体内部的劳动关系

亲爱的青年朋友们，我在这里要谈论的是在建立和培育集体方面一个非常重要的因素。我指的是物质关系的问题，是责任感、领导、服从、互相帮助、合作和经验交流等概念的物质表现形式的问题。如果没有对物质价值的责任，那么一切有关责任感的谈论都是纸上谈兵，毫无意义。如果集体的成员之间没有互相帮助、合作、进行同志般的思想交流和经验交流的精神，那么集体根本就不可能存在。

我们学校的少先队组织有一个小型的机械化作业队。顾名思义，作业队拥有一些机械，这些设备主要在学校的教学试验田和儿童学工小组里面使用。队里有一台小拖拉机，是由教师和高年级的学生组装起来的，少先队员用它耕作学校的田地。队里还有两辆小汽车，供低年级教学的时候使用。此外，队里还有两台播种机、一台割草机、一台脱粒机和几台簸谷机。所有的这些机械都是在学校里制作的，并且制作时考虑到了适合儿童劳动等因素。

学校的共青团组织有一个青年机械师作业队。作业队中选拔了一名队长、两名副队长和两名技工。队里还组织了一个青年电工小组。正如少先队员和共青团员所称呼的，这支队伍拥有的是大人的技术设备：一台拖拉机、两辆汽车、一台康拜因、几台播种机和簸谷机。队长和一名副队长身负重任，受作业队的委托，掌管着各种机器和一个修理站，修理站里面有电瓶充电装置和电焊设备。由他们指定青少年机械师定期完成各项工作。在学生们看来，能够在这个机械师作业队

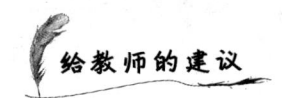

里面劳动是一件无比光荣的事情。作为年轻的机械师们的队长,要对驾驶拖拉机的同学进行一系列的考试,比如要他在镟床上做一个机器零件,比如参与设计和安装一台新的机器,考核合格之后才能使用拖拉机。春天和夏天田间劳动忙碌的时期,队长会负责安排青少年机械师在少先队的田地里和农庄的土地里进行劳动。

少先队和共青团组织还有两个作业队,分别是青少年作物种植家队和青少年园艺家队。这些劳动集体都有自己的试验田、园地、校办养蜂场等劳动场所,以及栽培作物和从事园艺的手工劳动工具,各项东西都准备得比较齐全。

拥有了经济和物质之间关系的经验,少先队和共青团组织成为很多物质价值的拥有者。我们的少先队员们和共青团员们掌握着一些进入学校内部账目的资金,这些钱来自教学实验田、花果园和菜园的收入。学生把售卖水果、蔬菜和树苗所获得的收入记在进款的项目当中,然后交给财务室。这样下来其实收入不菲,一年能够积累不少钱。共青团委员会和少先队委员会会用这些钱购买乐器,并组织参观展览。这样的活动对共青团员和少先队员们十分有帮助,极大地丰富了他们的生活经验。

和劳动紧密相关的生产、物质、经济关系,是在一个集体内把不同年龄阶段的学生组织和团结在一起的一条坚固的纽带。

第七十八章
不同年龄阶段学生组成的集体不可能建立在一个虚无缥缈的地点

很显然，物质、经济关系自然而然地会引发产生另外一种重要的关系，那就是精神联系。构成经济关系的根本实质的劳动越是有乐趣，不同年龄阶段的学生之间的精神联系也就会越加紧密。劳动究竟要什么时候才是有趣的呢？只有在同一个集体当中劳动的儿童和青少年驾驶着各种机器，对各种复杂的实践技能和技术熟能生巧，并且相互之间能够传授知识和经验的时候——也就是这时候他们之间产生了精神的联系。没有丝毫对劳动的兴趣，没有产生对知识和科学的渴求，没有以掌握复杂的技能为前提的共同的活动，就不可能会存在不同年龄阶段的学生组成的集体。但是，如果你能做到让不同年龄阶段的学生在劳动和精神生活当中相处融洽，合为一体，那么就有可能促使集体对个人产生重要的影响。

这种教育的影响的实质可归结为：兴趣、才能、爱好和志向的共同性使得儿童和少年、少年和青少年彼此互相吸引。与此同时，学生的个性也不会被淹没，也会表现在具体的活动当中。不同年龄阶段的学生组合的集体的教育效果可归结为：在明显的正面榜样的影响下，儿童或少年意识到自己要成为一个什么样的人，并且产生了实现自己的理想、达到榜样的那种境界的渴望。如果没有在有吸引力的、趣味十足的劳动所产生的精神联系，要成为一个什么样的人的渴望就不可能出现，更不可能引导学生的思想。

不同年龄阶段的学生组成的劳动集体，也可以将其称为有创造力的集体，这个集体应该是学生自愿参加的。学校绝对不允许出现把一个学生和另一个学生硬是凑在一起的行为。少先队员们和共青团员们都非常细致地感觉到能力、爱好和志向，他们任何时候都不会挑选那些对劳动丝毫不感兴趣的人去参加某个作业队，比如机械师作业队或者农作物种植队。

除了上述所提到的，还有另外一种也是由不同年龄阶段的学生组成的集体。暑假的时候，我们的学生一般不会到其他地方去，因为这个村里的休息条件非常好。在我们这里，每一条街，正如在乌克兰人们习惯称呼的，每一个"角落"，都有国民教育基地，我们称呼它为小型国民教育学校。这里的每一所学校都有非常喜欢孩子的人，有的是退休后的生产能手，有的是年轻的、朝气蓬勃的工人、庄员或者职员。对他们而言，和儿童在一起，是一件十分幸福和愉快的事情，他们的精神生活由此变得丰富了。在我们的集体当中，我们把这些具有奉献精神的人称为国民教育基地保护者。他们产生的作用是非常巨大的，就像美的事物只能由美的事物创造一样，人也只能由人来塑造。

三十多年丰富的教学经验让我始终相信，教育别人和关心别人的时候，是一个人进行自我教育的最好的实践。我们教师集体一直努力做的，就是尽力让每个学生在少年时期就对比他们年纪小的儿童表现出真诚的关心之情。对儿童表现出体贴、关怀和担忧之情，这是青少年集体的崇高感情的基石。这种感情在实际的行动当中体现得越积极，那么男性青少年的心灵就会变得越勇敢，女性青少年的心灵就会变得越温柔。

第七十九章
请操心，使你们的学生也是教育者

我们的共青团组织为公众建立了一个草原"美丽角"，那时候，一个名叫娜塔莎的小姑娘突然进入了我们这个和谐的大家庭，共青团组织的成员都亲昵地称呼她为小娜塔洛奇卡。她家住在村边，除了母亲以外，没有任何其他亲人了。她三岁的时候生了一场重病，从那以后就不能行走了。春季和夏季，她妈妈就把她放在小车上，让她在枝繁叶茂的苹果树下待着。绿意盎然的庭院、一棵茂盛的苹果树、两只蜂箱、一口水井、养在板棚上的几只鹳、一条叫作帕利玛的狗和它所守护的一些家兔，这些就是娜塔莎的整个世界了。她声音清亮，十分喜欢说话，但是又因为疾病的折磨时常陷入忧伤当中。她请求我们采摘一些她在家里看不到的野花给她。我们每个人都感到十分心痛，难道这个可爱的小女孩真的就再也无法恢复健康了吗？我们咨询给她医治的医生，医生说她很难痊愈，因为她的神经系统遭受到了严重的损伤，她的双腿已经瘫痪。我们要怎么做才能帮助你呢，亲爱的小娜塔洛奇卡？

我们真的是尽我们所能帮助她了。在我们的改造下，她那间宽敞的房间变成了一个真正的花园：种下了小枞树和松树，从学校的温室里移栽了处于开放状态的菊花。我们还在她的窗台下栽种了玫瑰。再过一年的时间，小姑娘就到了该上学的年纪，所以我们开始教她一些基础的内容，比如识字和画画。虽然时值冬天，但在我们的努力下，她的房间到处都有鲜花开放。但是，她依旧面带病容，面色苍白，身体虚弱。我看到,季娜和加利娅从娜塔洛奇卡那里回来的时候在偷偷流眼泪。我们深切盼望着春天快点到来,带来生机和希望。

春天,当核桃树刚刚长出了嫩绿的叶子,草原上开出了报春的花朵的时候,我们就把娜塔洛奇卡放到了小车上,带她去"美丽角"。她惊喜地发现了一个对她来说崭新的世界,这一切她都从未见过,十分陌生:草原上的雾气笼罩在山峰上,缓缓流动;百灵鸟唱着动听欢快的歌曲;硕大的蝈蝈在跳跃……男孩们和小姑娘们在"美丽角"搭建了一个窝棚。暑假期间,我们在这里度过了好多天。草原上清新的空气、核桃树叶散发出来的清香、红彤彤的西红柿、甜美多汁的大西瓜、香甜清脆的苹果——不用说,这一切都成了娜塔洛奇卡治病的良药。她的脸颊逐渐变得红润起来,一双眼睛燃起欢乐的火花。两年之后,她终于站了起来。医生说的话很对,治病不单单只依靠药物的作用,病人愉快的心情也很重要。像娜塔洛奇卡的这种病,就是这样。

在两年半的时间里,同学们都对这个生病的小女孩十分照顾,关怀备至,这种贴心的关怀行动是有关人与人之间的热忱的、无与伦比的教育实习课程。男女青年通过这件事,逐渐学会了用心灵去感受和认识那些一眼看不出来的不幸和令人焦虑不安的事情。我始终相信,一个集体如果对一个幼童也十分关怀,那么,他们对人类最大的不幸,即孤独,也一定会是非常同情的。

第八十章
请这样去培育一个集体，旨在使青年们和姑娘们不会从孤独旁边走过，避而远之

当娜塔洛奇卡因为生病还没有站起来的时候，我的学生们又碰到了一件很不幸的事情，这件事情使我们感到非常吃惊。有一天，我们在从森林回来的路上，遇见了一个妇女，她用深思和忧伤的眼神看着我们。在这个村子里，不管大家认不认识，一般遇见人，都还是要打个招呼的。对我们的"晚上好"她回报以"亲爱的，祝你们身体健康"，而从她的声音中我们听出了很悲伤的情绪。

其中一个男孩问道："她的眼睛为什么那么悲伤呢？"

另一个回答道："她肯定承受了很大的痛苦……到底是怎么回事呢？"

过了一天，我们知道了她悲伤的原因，她的遭遇，让大家都感到非常震惊。原来老妇人叫玛利亚，她的丈夫、两个兄弟和三个儿子，全部牺牲在了卫国战争前线。而且在几天前，她的母亲也去世了，母亲原来是她在这个世上唯一的亲人，现在就剩她一个人孤单地度过余生。

玛丽亚老奶奶的痛苦成了我们的心病。亲爱的玛丽亚老奶奶，我们能帮您做点什么吗？"我们甘愿把自己内心全部的开心和温暖都传递给您，只要能让您再次笑起来。"科斯佳说道。我们深感老妇人的遭遇悲惨。

玛丽亚老奶奶笑盈盈地迎着我们的那一天终于到来了。她笑盈

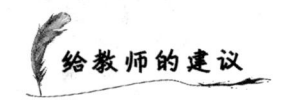

盈的，因为记起了她的儿子。她笑盈盈的，当我们来到她家并且帮助她种了六株葡萄和六株玫瑰的时候——为了纪念她的儿子、丈夫和兄弟。她笑盈盈的，可笑着笑着，眼睛里又流出了滚烫的眼泪，我们的眼泪也夺眶而出……因为在此以前，我们在世界上还没有遇见过一位母亲如此巨大的悲伤。

我们真想做点什么，哪怕只能丝毫减轻她的悲伤也是好事。我们打心底感觉到，不能让她一个人留下，因为独处会让她心里更难受。但同时我们的心灵也在悄悄地和我们说，我们安慰不了她，也不能劝慰她遗忘。这样的悲伤会一直深埋在她的心里，直到她离开这个世界。

玛丽亚老奶奶一看见男孩们和小姑娘们，就开心地笑起来。所以我们每天都会到她家里去，在她漂亮的花园里玩耍、劳作。时间流逝，美丽的玫瑰花开放了，一颗颗圆圆的葡萄成熟了。我认真聆听着学生们叽叽喳喳的说话声，也仔细地观察了他们的眼睛，感觉学生们似乎是想通过这样的方式来弥补老奶奶，学生们似乎感觉自己愧对这位老奶奶。可能是因为老奶奶的儿子们在残酷的战争中牺牲了，而他们却过着无忧无虑的生活，可以尽情地欢笑，和同伴玩耍，在这片万里无云的天空下肆意嬉戏。我心里在想，这应该就是孩子们内心深处的想法，这是好事，还是坏事呢？他们开始有了这样复杂的难以用任何言语来表达的情感，对那些为了他们的快乐而英勇牺牲的人表达了崇高的敬意，我想这应该是好事。

崇高的内心会有不安，纯粹高尚的内心会感到激动，这是一笔非常珍贵的财富。这样的财富要在年少时才能完全挖掘和创造，年长后再想要挖掘是很难得到的。这样的财富一定要作为无价之宝珍惜和爱护起来。

我们不断强调这条建议是非常有用的：要教育学生不管什么时候心目中都要看得见他人。让他们学会在别人身上看到自己的不足，把别人当作一面镜子照见自己。希望能把这面镜子交给每一个男女青年们，教他们学会照自己——这是教育智慧的顶峰之一。如果你想成为能够教育这些青少年的真正的引路人，一定要教他们学会在这面镜子里面看出自己最微小精细、最隐蔽难得、最不同寻常的特征！

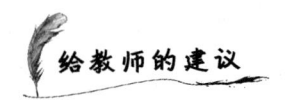

第八十一章
要防范学生们泛泛空谈

我为什么一定要提出注意这个问题呢？是因为说空话会侵蚀到个人的灵魂深处，好像铁锈会腐蚀掉整个钢铁般的团体。只要是有说空话的地方，就不可能实现整个集体在思想上的统一。说空话，就是在不负责任地炫耀武器，把武器变成玩具，让人精神懈怠。

与此同时，要把谎言和虚伪当作最卑鄙的毒药多加防范。要从童年和少年时代起就把诚实的好品质深深地烙进男孩们和小姑娘们的肉体、血脉和习性中，让说实话变成性格和天性。在自己的学生中要培养对乱说话、说空话、不说实话、爱吹牛的行为零容忍的态度。

要怎么样才能在实际中执行这些黄金般的真理呢？在这个话题上我们正在接近自我教育问题，根据我多年对青少年的教育经验，我确信语言只要能活在人们的心中，而不是变成毫无用处的废话，它定能成为自我教育的强大武器。请你们教育小男孩和小姑娘们，不要说空话，任何场合都不要为了搬弄一个美丽的字眼，说"就这样吧"。我教育自己的学生们，如果你想做好一件事，但是没有把握能做成，任何时候都不要说"我发誓，我将完成"。应这样说较好，"我打算强使自己做成眼下这件事，我将强使自己尽全力完成这件事情"。怎样说的，就要怎样做。那就强使自己去做吧。不管遇到任何困难，也要尽量达到自己提出的目标。一遍又一遍地做十次吧，但是要做到的是，不能在大家面前出丑。

千万不能忘了，不管在什么时候自我教育的过程都不会是顺顺利利的。没有任何胜利能够比战胜自己的缺点更加辉煌。青少年的教育者们一定要记住：诚实，这首先是在人们和自己本人面前诚实，在自己的良心面前诚实。自己给自己的公正评价应是：我可以做什么，不可以做什么，我要怎么样才能站在自我完善的顶峰，达到这一步时，我有权说：我才是自己意志的主人。这个完整的、真实的评价乃是诚实和正直的奠基石。

诚实就是一面镜子，它真实地反映出通过勤勤恳恳的劳动而打磨出来的生活。恭请各位努力做到思想和语言都通过劳动而变得崇高，要付出实际行动，说到做到。不得不再重复一遍：在教育事业中一切都是相互关联的。诚实、正直以及对撒谎和欺瞒等不妥协的品质，其力量都来自劳动的伟大真理。有一句乌克兰古谚语说得很好：真实的话是由手上长满了老茧的人说出来的。劳动者在内心里抗议和憎恨谎言和欺骗。真理的根源往往都是存在于为大众谋福利的劳动中、为人们创造美好的愉快中，以及克服艰难险阻的过程中。那些什么都来得很容易、一直顺顺利利的人，他们的思想会像羽毛那样轻飘飘，没法落地。而思想就像橡树的树干一样，应当是很稳固牢靠的；像离弦的箭一样，也是快速有力的；像烈火一般，还是热烈鲜明的。真理的不可摧毁性，思想的不可撼动性和真相的鲜明性——这些都好比是一股股的清泉，而这些清泉涌出的源头有一个名字，那就是艰难困苦。青少年更应该懂得艰难困苦是怎么回事——通过自身的体验会懂得。那些经历过重重困难的人，会更加明白承诺的重要性，懂得"一诺千金"的道理，同时对那些说大话的人坚决不能容忍。

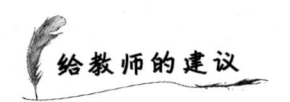

第八十二章
怎样教学生自己教育自己

科学组织共产主义教育过程有一个关于集体和个人在精神生活丰富上彼此依附的问题，这个问题是最急切、最需解决的问题之一。如果每个人都只是消费者，集体的精神生活的充实和丰富又从何而来呢？如果分不清楚那些给集体精神财富的源头充满活水的小河流来自何处，难道能把集体当作个人的教育者来谈论吗？如果每个人日常和别人相处时并非都敞开心扉，那么，这样的一群人会成为一个无组织的散漫群体。个人与集体是一个事物的两面，相辅相成。如果没有对个人的教育，就成就不了集体的教育，甚至不能将集体当作一种教育力量来谈论，同时对个人的教育更离不开自我教育。据我理解，教育这个词就广泛含义来说是集体教育和个人教育的融合，而在个人教育中，自我教育又更为重要，它是起主导作用的方法之一。

教育人，意味着教育他严格要求自己。而要做到这一点，不是经常牵着他走，而是赋予他自主的权利，让他对自己的选择负责，拥有自己的生活态度。怎么样才能做到这一点呢？

从小就要教育人们认识自己和进行自我教育，伟大的思想家和艺术家费·米·陀思妥耶夫斯基曾经说过："要自我认识，自我约束，自我克制。"[③]这是自我认识的金玉良言。陶冶情操，训练思想和意志力，养成自己鲜明的性格特征——这一切都是一个人在认识自己和掌握自己的时候，需要亲自去做的事情。

自我教育需要在十分重要和强大的刺激因素下来实行，那就是自尊心、自我尊重，再加上希望今天比昨天更好的心愿。自我教育只有在下面的条件下才有可能，就是当一个人的心灵对善言、忠告、友好的或责备的眼光等这种最精细的、纯人性的影响手段十分敏感的时候。相反，如果一个人对粗野相待已经习以为常，只对非常强硬的语言、呐喊和压迫有反应，那就不存在也完全谈不上自我教育了。实际上，自我教育必须有人与人的信任感和能使个人的荣誉感和尊严感起作用。教师引导的自我教育首先在于师生关系应渗透深刻的相互信任，师生关系处在良好的状态中。

依据多年的阅历，我可以给教师提一条切实可行的建议：你的学生的自我教育要求你具有一定的教育作风。在你所处的集体中应当笼罩着安定和平的气氛，不要出现大吼大叫和胡乱发脾气的现象。

如果教师对某个学生心生恼恨，如果动不动就责骂，在气头上随意惩罚学生，甚至尽可能地最厉声地训斥他，那就不可能谈学生的自我教育了。

当一个人被经常谩骂、呵斥、惩罚，那他对好话就会产生免疫力，完全听不进，更别说想要继续好好发展被列夫·托尔斯泰称为善于反思的能力了[28]。

我抱着一种坚定的信念（这种信念不是从书本中获得的推理的结果，而是多年实践的总结），就是绝对正规的教育与惩罚是无关的。教师同志们，在这里我要再次声明：这里谈的是关于儿童的事情，是对孩子的惩罚问题。一切都建立在惩罚上面，就不可能有自我教育，没有自我教育，也就不可能有正常的教育。之所以如此，是因为惩罚已经将受教育者从良心的谴责中解放了出来，要知道良心是自我教育的主要推动力。如果连良心都沉睡了，就不可能有也不必谈自我教育了。受到了惩罚的学生心里就会想：对于自己的行为我没有什么更多的思考了，我已经受到应有的惩罚了。

我们的学校里曾经发生过这样一件事情。有一个九岁的三年级学生名叫科斯佳，他用弹弓打伤了一只麻雀，并且把它捉住，折磨它。

263

给教师的建议

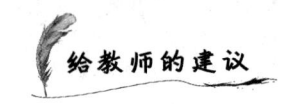

因为这件事情,教师惩罚他,有三次不让他和班里的同学一起到森林里去玩耍。在孩子们焦急地等待着有趣的第二次郊游的前一天,科斯佳在课堂上很不高兴,回答教师的提问也是驴唇不对马嘴。当全班同学都去森林里郊游时,他一个人留在学校里。于是他在麦秸做成的棚顶上活捉了几只羽毛都还没长出来的嗷嗷待哺的小麻雀,把它们全部放进了教师的办公桌里面。过了一天(到森林郊游是在休息日的前一天),当教师打开桌子时,发现那些小麻雀几乎都死了。

对于这种残忍的行为,应该如何解释呢?为什么惩罚使孩子反而变得更加狠心呢?因为这种"强硬"的劝导手段使孩子不去动脑思考问题,他感到伤心的不是自己的应受指摘的行为,而是他受到的惩罚。他实质上忘记了自己不好的行为,而教育的逻辑是要让孩子不断反思这种行为。这样一来,收到的效果居然是这样的:孩子往不好的地方去想了,他觉得自己受了很大的委屈,所以他心里慢慢堆积起一股子怨恨。不仅如此,只要惩罚有一点点的不公平,这样的怨恨就会像滚雪球一样越滚越大,最后裂开来,产生的雪崩一定是在教师意料之外的。

我个人认为正常的教育应该是这样的:孩子不会做出严重的、不道德的行为,他会因为一些细小的、无足轻重的"过错"而感到愧疚,把这件事放在心里,受到良心的谴责——良心发现是最首要的。教育的艺术在于提前防止严重的不当行为。要用什么方法才能预先防止呢?如何防患于未然呢?首先要和学生进行个别谈话!

第八十三章
要掌握与学生个别谈话的艺术

恭请各位教师细心观察孩子童年的生活方式，认真研究他们的表现和他们之间是如何相处的，看他们是如何对待父母和教师的。这样下来你们将深信不疑的是，孩子在本性上有向你们表达自己的思想感情和向你们敞开自己的心扉的精神需求。

但是，你们必须要知道，让孩子对你们真心实意敞开心扉的前提是不管什么时候都不能请求或要求任何人来约束和管制他。比如，让学生知道你希望学生的父母强迫他表现得更好，或者是故意让他明白你有这样的希望，那么，就像俗话说的，全完了。这样不仅谈不上自我教育，还会让你任教的班上的正常秩序都没办法维持下去。与家长保持联络没错，同家长座谈没错，但是在这样的过程中，教师需要注意方法，任何时候也不应当让孩子心里萌生狐疑，觉得教师正在将他最亲近、最喜欢的人变成他们害怕的人，一丝一毫这样的想法也不能让他有。在教育工作中一般不容许吓唬孩子，使他把人看成可怕的怪物。应该教育孩子不害怕母亲、父亲、教师，而是热爱他们。要让他周围总是有一些可爱的人们。在孩子的心中，会对一些人由衷地萌生爱意，首先是能够消除他的不安和惶恐，给他慰藉和能够帮助他树立信心的人，其次是能够保护好他的情感的人。因为孩子的情感很容易受到伤害，对于不谨慎的、粗鲁的触碰非常敏感。在保护儿童的情感方面，首先要保护的就是他们的自尊心。

令我感到奇怪和不可思议的是：一个教育工作者如果对孩子而

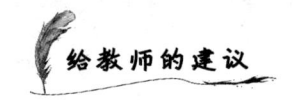

言没有成为一个可爱的人，怎能指望一个孩子守信、坦诚和心地纯净呢？

我还想要提一条建议：不要不理睬学生抱怨的话。也不要认为他们说的抱怨话就是在说人坏话，更不要像我认识的一位教师经常说的那样，把所有说抱怨话的小朋友都看成"好哭的告密者"。因为事实也许并不是这样的。要善于倾听学生的抱怨话。一般来说，善于倾听学生们说话，是一种了不起的教育艺术，如果没有这种艺术，就没有也不可能有自我教育。

对你来说，让学生愿意亲近你，并且向你说出自己的心里话，这算得上成功。你要知道，在接触孩子们幼小的心灵时一定要温柔且小心翼翼，只有温柔和小心谨慎才能引导一种气氛，在这种气氛下你才能通过自己和孩子的谈话启发他进行自我教育。一定要记住，如果学校笼罩着善良和相互信任的氛围，一个学生来找你，那么，当时他心里可能很慌乱，他无法弄明白心里发生了什么，不知道真理在哪儿，不知道要做什么才好。一定要注意，在激动的、孩子气的表达中，你可能没有听出那些问题，但是要善于从言语中领悟其意思。一个人把心头的秘密告诉你，你要保守这个秘密，这是教育学的一条基本规则，它直接关系到教育和自我教育两个方面。你要明白，当一个人向你敞开心扉时，你可能知悉了最困难、也最复杂的问题。你可能听出了关于该受指摘的行为的线索，关于你的学生之间的一些关系和矛盾，这些行为和矛盾似乎需要成年人立刻干涉，稍缓都不行。但越是这个时候越要有耐心，要善于运用理性的思考抑制情绪的冲动，同时要用激情的火焰使自己想法的理性成分变得更崇高。同一个能够对你说出心里话的学生的谈话结果，任何时候也不应该是实施惩罚——千万要牢记这一点。你要明白，一种对青少年年轻心灵的最尖锐的伤害是在集体面前将青少年的隐私和秘密抖落出来。

再次强调，当一个学生遭遇到不幸、痛苦、伤心的事，受到了委屈、不公平的对待，或者内心惶恐不知道怎么办的时候，他是很愿意向他所尊敬、喜爱和信任的人表达自己真实的情感和想法的。但是每一个老实谦虚的人在这种情况下会感到十分局促不安或是词不达意。要善于在自己的学生的眼睛里看出他内心的最精细的活动，要善于想办法和他单独交谈，让他放松，要从千言万语中找到适合的说法，做到细致、认真、聪明、有分寸感地引导他完全向你吐露心声。

当一个学生向你说出了心里话，你的教育工作就有了很大的进步。但是下一步在很大程度上取决于你的学生是如何看待和感受你对他的心灵所做的合乎人性的触动的。

好像常言所说的，用我的脑袋担保：如果学生不愿意把自己的快乐与悲伤告诉教师，如果学生没有向他们敞开心扉，那么，一般来说，奢谈任何教育都是令人笑痛肚皮的——此时教育是不存在的。接受教育的人向他尊敬信赖的教育者敞开心扉，这是一个思想和感情彼此升华和高尚起来的过程。一个人在言辞中表达有关自己心灵创伤的想法时，首先是在使感情高尚化和变得纯洁，让更加纯洁和高贵的感情代替蒙昧无知的原始感情。好像在这种场合人们常说的，这个人正掌控自己——正是这种微妙的能力，督促他进行自我教育。所以，和教师无比信任的交谈能让人感到轻松，使自我感觉变好。与人分享自己的快乐，那么快乐会加倍；与人分享自己的痛苦，痛苦会减少一半。一个人能够完全地敞开自己的心扉，表达出自己的情感和真实的想法，就会相信自己有能力改变自我，有能力影响和说服自己。

有一种现象使我一想起就感到难过，就是在我们学校里还常有个别这样的学生，他们正独自承受着悲伤痛苦。这种痛苦在不断地折磨着他的心灵，使他的灵魂慢慢变得空虚。我看到那些愁眉不展、郁郁寡欢的少年时，心里就非常担心。对学生来说，痛苦有很多，最可怕的应该就是自卑感了。别人的功课那么好，可我什么都做不好，我是一个不成功的人，我的命运就该是这样了……这样的痛苦会越积越多，日复一日，重重地压在心头，无情地约束着灵魂，无法挣脱。他想要向别人吐露自己的痛苦，但因为羞涩难以开口。他在家里默不作

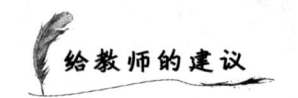

声，在学校里也沉默不语。年轻的朋友们，希望你们能够关注到这样的一部分学生，帮助他们摆脱这个不能承受之重。怎么做呢？就是让他们高兴起来，让他们看得见自己在掌握知识方面的成就，让他们感受到因为成就而产生的自豪……

如果你有幸和学生成为朋友，因为相互信任把你们联系在一起，如果你从来没有做过伤害你的学生的事情，没有给他带来过悲痛和沉重的感受，你就有道德的权力指导他自我教育，并且你对他的教导会被他看作是生活经验的智慧。

自我教育还有一个不可或缺的条件，没有它，则不能进行自我教育。这个条件，形象地说，它存在于教师的意志和接受教育者的意志之间，它仿佛就是要把教育和自我教育融为一体。这个条件就是让受教育者意识到自己的成长过程；知道并体验到自己今天比昨天有进步，人性的美正在慢慢地渗入他的内心。而这种美的渗入，在很大程度上取决于他本人，取决于他自己的意志。在本人成长的意识中还有美好的伴随现象——自我尊重，体验到自我的尊严感。只有在受教育者尊重自己的情况下，才可能有自我教育。并且，学生的自尊感越强，他对你的道德教诲越敏感，接受能力就越强，就会勉励自己应当按你说的去做。如果学生毫不尊重自己，那么他对你的谆谆教诲和苦心规劝是充耳不闻的。

自尊心究竟取决于什么？怎样才能引导学生有自尊心？

亲爱的年轻的朋友们，你们要记住，自尊心是一种非常柔弱、容易破碎的东西，对待它时要非常小心，就像你小心地摘一朵玫瑰花时，不能让上面那闪耀的露珠掉下来。要培养自尊心，需要用很温和细心的方式。自尊心是不允许采用"蛮横的""强硬的""凭意志力的"手段的。我认为可以把自尊心当作儿童时期的知识修养来培养，儿童时期的心灵幼小软弱，它随着思想、动机和意愿的纯洁性而增长。谈到这里，我们必须涉及学校事务中一个很有意思的方面，它十分值得重视，但令人遗憾的是，却很少被人们研究。它是儿童脑力劳动的一种体现,说准确点,是脑力劳动在情感领域中的另一种反馈——它就是理智感。而自尊心就是产生于这种愉快的理智感,产生于认知所带来的快乐。这种愉快的理智感就是儿童知识修养的源泉。如果学习是在不快乐的情绪下进行的,学生就会对自己变得毫不关心、毫不在乎,那就更谈不上什么自我教育了。教育工作者为人师表有一项非常重要的任务,就是保护好青少年心中明亮的理智感之火,不要让它熄灭,因为,熄灭之后想要再次点燃就非常困难了。

总而言之,你的学生能够学会尊重自己,珍惜你对他说的每一句话语,就意味着土地已经耕耘好可以开始播下自我教育的种子了。这个时候,就需要你细心地教他怎么进行自我教育,于是,你的苦口婆心的教诲就不会成为空话。

自我教育的领域很广阔,它体现在道德、劳动、学习和体育等几个方面,这些方面相互联系,因为自我教育的全部过程是头脑和心灵的复杂活动的统一,是情感和信念的统一。

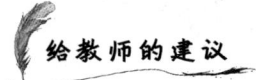

第八十四章
怎样激励儿童在道德领域进行自我教育

使学生们意识到我们每个人都生活在人群之中,这是启发自我道德教育的最重要的手段。每时每刻,人们都在看着我们的举止。人们常常感觉到我们的存在,甚至当我们不在他们眼前的时候,他们也能感受到这世界上有我们的存在。我们触摸过的每一件物体,其上面都保留着我们的痕迹。但是我们留在和我们交往的人们心头的痕迹是最明显的,有时甚至是不可磨灭的。真正的人对别人对自己的想法和评价是不会抱着无所谓的态度的。但是,请你牢记不忘的是,无论我们在做什么事,无论我们身处何地,人们的眼睛都在注视着我们。人的一生中最丑恶、最令人讨厌的是道德上不纯净和有污点。试想,一个美丽的姑娘,为了使自己更漂亮而花费很多的时间打理自己的头发,但是她的脚很脏,发型是大家能看到的,所以她精心打理,脚上因为穿着袜子,所以她满不在乎。道德上不纯净就是这样的,一个人在公众面前似乎还像个有灵魂的人,而单独面对自己时就变成另一副样子——国民道德观是这样评价这种卑鄙的恶习的。

在道德问题上的教育要达到苛求的地步,要教育你的学生在道德问题上严格约束自己。从一个孩子来到学校的第一天起,我们就经常这样教育他:当你独自在做一些事情的时候,你要知道,此时此刻世界上最可爱的人——你的母亲对你是什么样的想法。你若是做了什么影响不好的事情,想要谁都没有看见,那你就错了。你的那些不好的行为会在你母亲的心里留下伤痛。母亲虽然看不见你,但她也在你的身边，她的心是和你在一起的。当你回到家里的时候，她能从你的眼睛里看出你做了不好的事情。所以，你最好马上把自己做的见不得人的事情说出来。当然最好是不做不好的事情，要时刻记着，母亲永远会看着你。

说到这里，我需要再次指出，儿童的全部精神生活体系决定了他对这些教导是否有感应，是否能够听进心里去。首先应该做到的是，要使儿童的精神世界的性格特点是对人热忱、同情和对母亲体贴入微的关心。要培育一颗细腻的童心，就必须让儿童进行自我教育，让他的良心警惕地监督他的行为。对儿童的道德领域的自我教育，我们是从基础的道德修养开始进行的。比如，你的学生胆小地环顾四周，然后悄悄地从玫瑰花丛中摘了一朵花，这已经是道德上的愚昧无知了。他走过一个在哭泣的小孩跟前，也不问一句：小朋友，你需要帮忙吗？这样就更糟糕，是道德上的冷血无情。经过多年的努力，我们的教师一起制定了一个道德修养的自我教育提纲，这个提纲是学生在同其他人的道德关系中应该遵循的很多要求，现一一列举如下：

（1）要记住，在这个世界上有些东西的宝贵程度是不可比的，也是无法进行比较的，首先要提到的是我们的苏维埃祖国，这片土地抚育你成长，给予你生命。

（2）要记住，不管何时你都生活在人群之中。你不是你自己想象的那个样子，而是别人认为的那个样子。如果你认为自己很了不起，但别人却觉得你是微不足道的，那你就是微不足道的。要勇于承认自己的这一点，克服自己身上的不足，学会做一个真正的人。

（3）一个真正的人，是自己一个人的时候不做坏事、丑事，没有鄙俗行为和下流勾当，才是真正的人。但愿在你独处的任何时候，永远让良心做你行为的严格的苛求的见证人。但愿这个见证人永远是公平、严格且铁面无私的。

（4）为别人做好事，就相当于得到了最宝贵的财富。活着的时候为他人谋取福利，才是最富有、最幸福的人。不要忘了，世界上的

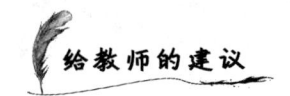

财富、美和伟大的唯一的衡量者,是人。成全别人的同时,也是在成全自己。人生下来总会有一死,如果他死后,会有什么留在这世上,那就是他为人们所做的好事。

(5)妇女是人类之美最高的体现。小女孩、姑娘不仅是你的朋友,她也是未来的母亲。爱护她的美,珍视她的健康,这意味着关怀整个人类的美和伟大。如果需要你见义勇为,为了救护一个妇女需要付出生命,那么你要做出牺牲,但不能偏离了人类忘我精神的正道。

(6)人身上可能会产生很多恶习,其中有约二十种是最为可怕的:面对善恶置之不理、懈怠、心口不一、曲意逢迎、阿谀谄媚、没有主见、默许谎言和欺诈、顽固坚持自己的错误、高傲自大、喜说空话、爱撒谎、独自一人时行为不良、遗弃遭到大家反对而孤立的朋友、不相信人性本善、虚伪、落井下石、对弱者和无法保护自己的人很残忍、嘴馋与贪吃、小气。请记住,这里说到的每一种恶习,都是从很小的时候一点点累积起来,才慢慢发展到非常严重的地步。你要和人类的恶习不断做斗争,首先要和自己本人的恶习做斗争。要学会效仿别人身上让你敬佩的优点,对于别人身上你讨厌、痛恨的缺点你永远都不要沾染。要保护自己的优点并好好发扬,摒弃不好的恶习。要知道,一个脓疮,即使它是长在你身上的脓疮,也永远是脓疮。只有那些自私自利的人才会喜欢自己的缺点。

(7)一旦你在自己身上发现了恶习的一点苗头,就要毫不留情地将它们连根拔除。用劳动代替懒惰;用为他人设身处地的考虑、合乎人性的担忧代替面对善与恶而置之不理;用坚定的原则取代心口不一;用真诚代替阿谀谄媚;用舍生取义代替曲意逢迎,即使全世界都抨击你,也要有坚持真理的准备;用独立思考克服没有主见;用斗争和勇敢与谎言论战代替默许谎言和欺诈;如有顽固坚持自己的错误的缺点,就要敢于承认自己的错误,准备和那些错误坚决做斗争并坚持你的真理;有高傲自大的毛病,就应该学会谦虚,沉默是金,学会没有必要时只字不提;用淳朴和自尊代替傲慢,人们身上的淳朴且自尊的品质是马克思最珍视的[30]；喜说空话，就要学会珍惜语言；用坚决抵制谎言，对所有的事情都一丝不苟地说实话代替爱撒谎；独自一人时行为不良，要能做到为人处世问心无愧，把自己的良心作为最公正的审判官；背弃正遭到大家反对而孤立的朋友，要准备在别人向朋友瞄准时挺身而出，用自己的身躯帮朋友挡住子弹；不相信人性本善，用无限相信人类美德的伟大与力量代替；用坦率与真诚代替虚伪；用富有同情心代替落井下石；用人道主义精神代替对弱者和无法保护自己的人残忍；嘴馋与贪吃，就要学会节制；如果小气，就要学会慷慨大方。

（8）如果有一天你亲眼看到有人在作恶，但你意识深处的某个地方有一种想法冒起来：这关我什么事？这时候你要非常清楚，这是兽性本能发出的声音，这是叫你只顾自己。要非常无情地对待这种只顾自己的兽性召唤，不能纵容这种本能，要驱逐它们。

要记住你是一个真正的人，不是动物，只要出现一次对丑恶置之不理，那你有可能会永远变成这样的人，这样的你和可怜虫没什么区别。

（9）人类有很多高尚的品格，而自尊心是人性高尚品格顶峰的体现。

在为真理的战斗中，不管你是作为一名胜利者亮相，还是作为一名失败者不得已承认自己的错误，都要保持昂首挺胸的姿态。

（10）世界上有些东西的宝贵是无法比较的。这就是给你生命、为你命名并给了你作为人的尊严的祖国大地，我们的苏维埃祖国。当你遭遇到困难、没有出路的时刻，当你陷入一团乱麻中，十分焦虑慌乱时，当你举步维艰，不知道怎么办时，当你遇到难以解答的困惑时，都可以想一想，祖国在这种情况下会要求你怎么做。祖国要求你怎么做，你就按这个要求一丝不苟地去做。

道德方面自我教育的本质是什么呢？

除了要有积极上进的想法和高度敏感细腻的心灵，最重要的一点是对人的认识。从童年时代起，一个人在认识周围世界的同时，也应该认识别人——认识别人的想法、情感、内心世界细小复杂的活动、兴趣和激情。一个人在认识他人的同时，也是在认识自己，学着从一旁冷眼观察自己，这是教育与自我教育统一的开始。教师讲人的故事，是教育过程中一项最复杂的本领。我向每一代小学生都讲过一个故事，是关于一个苏联军人的。卫国战争期间这位英勇无畏的苏联军人，在敌占区用自己的胸膛掩护了一位小姑娘，拯救了她的生命。另外一个故事是关于我的两位同乡的。他们在落入法西斯的魔掌后，面对残酷的折磨，始终没有泄露游击队的秘密，没有出卖他们的朋友，最后的结局是他们被敌人活埋了，他们是游击队真正的青年英雄。我还向学生讲尼古拉·加斯捷洛[①]、卓娅·科斯莫捷米扬斯卡娅[②]、亚历山大·马特洛索夫[③]的故事，讲那些在我们土地上劳作了五十年、六十年甚至七十年的杰出劳动者的故事。

我坚定地相信，对于道德问题的认识，需要同时用到头脑和心灵。在这种认识中，既要包含对美德的赞美，也要包括对丑恶的愤怒。在世界文学不朽的名著中我选择了一些人物形象，天才的艺术家们在他们身上刻画了人类的恶习。通过讲亚戈和伊乌杜什克·戈洛夫列夫、戈勃谢克和泼留希金的故事，我唤醒了青少年们心中对丑恶毫不容忍、决不妥协的感情。每天不停地连续不断地认识别人，促使一个人在儿童时代就开始体会到，人们在日常生活中形成的各种情况和相互关系在道德上的意义。孩子想到别人好的方面，就努力做好事；做好事能在道德方面给予他满足感，也能使他的内心充满欢乐。就这种感情的本身方面来说，它使人富有同情心，对善恶更加敏感，同时对损害人的尊严的事不能容忍。对于教育与自我教育非常重要的是：要让人从小就在和丑恶的斗争中表现自己，体现自己的原则性，感受善良事物胜利的同时，察觉到自己也参与了这场胜利，因此感到非常愉快。

亲爱的青年朋友们，一定要记住，学生内心的荣誉感、尊严感和自豪感，需要教师用非常细心的语言去触动，这样才能启发学生进行自我教育。要随时关注和了解学生的心灵，掌握好触动的时机。当两条道路出现在学生面前时，就是这种时机的到来。走第一条路就是默认丑恶存在，置之不理；走第二条路就是与丑恶做斗争。选择第二条道路，对成年人而言既不艰难也不复杂，但对于学生而言就需要他们在思想上高度集中，需要付出很大的努力。

给教师的建议

第八十五章
在劳动和学习中，怎样激发自我教育

想要实现通过劳动进行自我教育，不管在课堂上还是在家里，都要营造劳动的氛围，如果闲着不做事，或只干一些无意义的活动（无论在家里或在学校里），那么，关于怎样用劳动作为自我教育最珍贵的教导就会成为空谈。

对于任何年龄段的人，这些普遍适用的教导都是很宝贵的。在我们的教师集体中，这些教导主要表现在以下几个方面：

（1）要记住，不劳动，人就可能退化，变成卑鄙可憎的生物。

（2）有句民间谚语说得很好：通过一个人培育的麦穗，就可以了解这个人。你用劳动展现自我。你亲自栽培的一棵树，可以象征着你这个人，体现了你对劳动的热爱和你的本事。你工作的笔记本，就代表了你，代表你的劳动，代表你对父母应尽的义务。

（3）你在学校读书时，你从长辈那里借了一笔钱，以供你的生活所需。父母给你提供面包、衣服和鞋袜，给你买书和教具，让你好好学习，为日后工作和劳动做准备。你应尽的义务是尽早参加生产劳动，帮助家庭，赚钱偿还他们给你购买衣服、鞋袜和课本的费用。

（4）你要知道，劳动从来都不是一件轻松的事。在俄语中，劳动与困难是同根词，这也不是偶然的。劳动会流汗、劳累，会使体力和精力都感到紧张。劳动不会像游戏、娱乐和消遣那样有趣。劳动的有趣体现在另一方面：当一个人把自己的脑力、智慧和双手的紧张活动投入到工作中的时候，他就创造出了有用的、美好的东西——缔造生活和美，他满怀信心，用自己创造的东西表现能力。如果一个人能够活七八十岁，而他培育的橡树却能活七百年，甚至一千年。在劳动中留下你的战绩吧，你会更加幸福。

（5）从一开始劳动你就要有毅力完成它。不要害怕单调，不要因为今天、明天或是接下来的一个月都做同样的工作而吓退。劳动就像在攀登一座高山，不经历崎岖艰难、让人劳累不堪的泥泞小路，怎能到达最高的顶峰呢？

（6）劳动可以使人变得成熟和勇敢。可以这样安排自己的人生：六岁起就开始做一件需要几年才能完成的工作，到十岁时再回顾一下过去几年创造的成果。比如，你栽种的一棵树果实成熟了，你把寸草不生的土地变成了肥沃的土地。假如你希望科学的智慧、知识的光辉真正展现在你面前，那你就要劳动，懂得每滴汗水的辛苦，了解劳动的疲惫，接受手上的老茧。

（7）对你来说，学习变成了劳动，你才能够自己操纵自己，同时，只有学会在工作中克服困难，把双手的技巧和头脑的智慧结合在一起，在掌握知识的过程中才能得心应手。只有一边工作一边思考的人，才能了解要动脑筋的工作的奥秘。请记住，很少有人一生下来就有牛顿或爱因斯坦那样的天赋。做好最不利的打算吧——你没有天赋。用劳动来取得成绩吧，通过劳动和创造来培养和发展你的能力吧。

（8）事情一旦开始就不要半途而废，一定要坚持到底。如果你有半途而废的习惯，你就会变成一个一事无成、不学无术的人。

（9）要知道，学无止境。同样的一件工作可以重复做几十次，每一次都能够踏上一个新的小台阶。把自己培养成一个高手，要学会不满足于目前已经做好的工作。各类专业有好几百种，你不可能全部都能掌握。掌握其中的一种吧，但是要掌握到相当的程度，才能使你成为自己专业的主宰者。

这些教导要进入学生的意识中，只有具备一些条件才可以。学校里如果缺少劳动的快乐气氛，这些教导就成了空话，学生甚至不理解这些教导，感觉你在用他们听不懂的语言和他们说话。学校里应该充满劳动的欢乐气氛。劳动的欢乐是什么呢？就是通过劳动展现自我，它是一种复杂的精神状态，它体现了人的多面性，这时候一个人带着惊奇和赞叹的心情看着自己的创作，在作品中找到了本人，也在这单调的时间里、在没有什么值得一看的劳动中看到了自己的努力。要想把劳动作为自我教育的一个领域（而没有劳动的自我教育，一般来说难以想象），就一定要让每个学生在劳动中感受到快乐，把劳动当作他们的创造活动，使他们在劳动中慢慢发现自己的才能。在他们确定自己的志向之前，这个过程要一直持续下去。

在劳动中个人的个性得以发挥，才能体会到劳动的快乐，才能在劳动中创造和发现自己的才能。想要在劳动中实现自我教育，并不是简单地收获土豆、挑拣废铜烂铁，而是更加深入地了解自己，使脑力和双手的技能结合起来，自觉地确定目标和克服困难。我再一次强调指出，没有紧张的思索，没有智力的创造，没有阅读大量的课外书籍，没有学习教学大纲之外的知识，就确定自己的志向，在劳动中实现自我教育是不可能的。如果课堂上的教学枯燥无味，学生在教师上课的话语中听不到激动人心的内容，听不到想要的鼓舞和支持，让他们无法到广阔的知识海洋中遨游，那么，劳动中的自我教育就无从谈起。如果教师教的学科没有得到学生的偏爱，也没有因为自己深爱这门学科而在学生那里留下深刻的印象，学生在教师的课堂上也体会不到这门学科的作用，没有感受到教师对学科的热爱，那么，劳动中的自我教育也是不可能实现的。

如果所有的条件都已经满足，就可以向自己的学生布置一项劳动任务，它最好能激发他的兴趣，使他精神振奋，产生想要比今天知道更多的想法。例如，其中有个学生对土壤实验非常感兴趣。当你讲到土壤中发生的复杂生物变化时，你会发现他炯炯有神的眼睛里闪烁着好奇的光芒。这个时候如果把学校里的生物研究室划分一小块地方给他，你和他一起把有益的微生物植入土壤，让一块死气沉沉的泥土变成能孕育生命的土壤，不仅让他对实验产生了浓厚的兴趣，也让学生为微生物的生命活动创造了有利的条件。这就开始了自我教育。他长时间地待在实验室里，坐在盛满土壤的箱子旁，察看试管和显微镜，看书，直到深夜才离开。这个少年和实验室已经难舍难分了，这个时候已经不需要任何人的引导，因为他的热情已经完全被激发出来。教师此时需要做的就是细心地呵护学生的热情，让他长期地保持下去，防止学生慢慢冷静下来又失去兴趣。

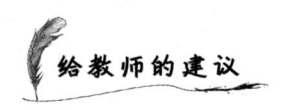

第八十六章
怎样在脑力劳动中培养律己

对七年级以上的高年级学生我们提出了这样的一些建议。这些建议对学生精神生活起到非常重要的作用，如读书、思考、解决智力上的问题。但这些建议的效果怎么样，有许多的前提条件，其中最主要的是：在学校里，教师集体要对文化知识有浓厚的兴趣，课堂的教学基础是教导多方面的知识；教师所知道的知识要远远超过课堂上教学的需求；引导每个学生都产生自己的兴趣爱好。如果在学校里能够做到这一切，关于脑力劳动自觉教育的教导，学生就很容易接受了。在这些教导中，我们认为重要的有如下几点：

（1）如果你想要有足够的时间，就需要每天读书。每天至少要阅读两页和你喜欢的学科（你的选修课）有联系的科学学术著作。你读的每一本书，都是你学习的智力背景。这个背景越丰富，学习就会越容易。你每天读的书越多，你储备的知识就越多，学习新知识时，教师一点就通，没有模模糊糊、似懂非懂的阶段；你不必死记硬背，钻牛角尖，不在老问题上反复兜圈子，你就节省了许多时间，那么你的空闲时间也会越多。因为你阅读的东西和在课堂上学习的内容有非常多的连接点，我们把这些相互接触的点称作记忆的锚。这些连接点储存在我们的记忆中，形成了庞大的知识体系。这些锚会帮助你把必须了解的知识融入知识的海洋。同学们，要求自己每天坚持阅读吧，不能今天拖延到明天，今天流逝的东西，明天是绝对弥补不了的。

（2）要学会听教师讲课。九、十年级的学生上重要课题的课时，都要做课堂摘要笔记——不管教科书里有没有这些材料。做笔记不仅能训练你的思维模式，还能检查你知识的牢固程度。在课堂上要学会做思考摘要，然后每天花半个小时整理笔记。我建议摘要和笔记分两栏（纵行）填写，第一栏记听课的摘要，第二栏记必须思考的东西。在这里应当列入一些关键性的、主要的问题。这就形成了一个骨架，把同一门功课的所有知识体系大致联系起来。每天思考骨架内的问题，并把思考的问题和每天阅读的科学著作相结合，只要每门功课都按这个要求去做，就没有什么所谓的考前突击日了。把各门功课的骨架作为提纲，以它为基础更容易回想起全部教材的内容，在准备考试时，也就不用反复地去死记硬背笔记了。

（3）一天的学习要在早晨六点钟左右开始。每天五点半起床，做早操、吃早餐，然后开始学习。上课前的一个半到两个小时的时间，是从事脑力劳动的黄金时间。早晨几个小时的黄金时间内，要做最复杂、有创造性的脑力劳动。思考关键性的问题，钻研和阅读难懂的文章，写介绍性的学术报告。如果在早晨做有研究性的脑力劳动，就不用熬到半夜，每天十二点前能够睡两个小时，这样的睡眠是最有利于身体健康的。

（4）要学会分清主次，更好地安排好自己的脑力劳动。在时间分配上，把主要的事情排前面，次要的事情排后面。在问题选择上，要选择对你才能和素质有决定作用的重要科学问题。这些问题在早晨的脑力劳动中要占据第一的位置。要善于按照重要科学问题，查找相应的书籍和科学著作，长时间钻研和阅读这些书。

（5）要善于给自己创造内在的动力。脑力劳动中有很多工作并不是因为有趣，才让人想要去做。常常唯一的动力仅仅是需要。你们立即从无趣的事情开始脑力劳动吧，要认真探索这些问题的理论细节，以至慢慢把需要转变成我想要。把最有趣的部分留在最后。

（6）你们在书籍的海洋中，要认真选择需要阅读的书籍和杂志。求知欲强和好学的人，什么都想要阅读，但书籍之多，什么都读是不可能实现的。要学着规范阅读范围,除去可能会打乱学习计划的杂书。但同时也需要记住,任何时刻都可能出现研读一本新书的必要——这本书过去从未想读它。要阅读不断出现、非读不可的新书,就需要有时间的储备。多余的时间是通过在课堂上认真听讲、善于做笔记和不搞突击日得到的。

(7)要善于对自己说不。你们周围的活动很多,既有艺术业余活动小组,又有体育活动小组,还有舞蹈晚会。要有本领显示决断力:这些类型的活动中有许多种具有诱惑力,一旦迷上可能给你带来很大的坏处。无论休息还是娱乐都是必需的,无可非议,但是也不能忘记正事:你是一位劳动者,国家为你投入了大量的金钱,放在第一位的不是跳舞和休息,而是劳动。我建议高年级学生把下象棋和阅读文艺书籍,作为休息项目。在非常安静的环境中集中精神下象棋,是刺激精神系统和训练思维的好方法。

(8)一寸光阴一寸金,不要把时间浪费在琐碎的事情上——空谈没用的话,无聊地打发时间。常看到这样的情形:几个小伙伴聚在一起,按乌克兰俗语所说的,"天南地北地闲聊"起来。结果一个小时过去了,什么都没干,什么有用的想法都没有在这段时间内产生,而时间却永远流逝了。要学着把和同学之间的交谈也变成丰富自己精神的源泉。

(9)要学会减轻自己将来的脑力劳动。也就是说,为将来创建时间储备。要实现这一点,就要在任何时候都习惯记笔记。我现在就有大约四十个笔记本。每一本都预先规划好,或记录鲜明的思想,或记录一闪而过的想法(这些想法有一个"习惯",一晃而过),或记录有趣的妙思。其中我也记下从书中读到的最有益的东西。这一切在将来都会有用处,可以减轻你的脑力劳动。创建自己的笔记体系吧,珍藏从书上摘录下来的知识吧。

(10)做任何事情,都可以找到智力劳动的最合理的方法。要避开刻板公式和陈旧规约,对于你们接触到的事实、现象和规律的实质要花时间深入地理解。你们理解得越深,记忆也会越牢固。在没有理解之前不要白费时间去死记硬背。要善于避免通篇阅读,对已经理解且熟知的内容,浏览一下就可以了。请你们牢记的是,千万要防止对于没理解的东西,浅显地一览而过,任何敷衍了事、只做表面文章的学习方法,都会使你将来需要多次重新研究一些事实、现象和规律。

(11)在进行脑力劳动时是不能被打扰的,否则难有成就。在集中精力进行脑力劳动的时间,每个人都应完全独立地工作。最好全部在阅览室或读书室完成,在这里大家都会遵守制度,不打扰别人。

(12)脑力劳动要求抽象思维和形象思维交替进行。在阅读科学书籍时,把读小说穿插在其中吧。

(13)要努力克服一些不良习惯。比如:一定要闲坐十五分钟后才能开始学习;无聊地翻阅你并不打算读的书籍;睡醒后还一直躺在床上不愿起来;等等。

(14)今日事今日毕,明天是勤劳的最危险的敌人。任何时候都不要把今天应该完成的工作拖到明天完成,而是要养成今天要完成明天部分工作的习惯,把任何事情都提前安排好。这会成为你有效的内在驱动力,并影响着整个明天的节奏。

(15)脑力劳动不管在什么时候都不能停止。盛暑时节,也不要丢掉书本。让每天都有智力的财富进账,使你在知识方面更富有——增加一点新知识,这是将来脑力劳动所需时间的源泉之一。同时,你知道得越多,就越容易掌握新的知识。

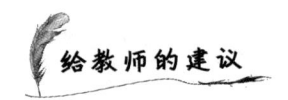

第八十七章
在体育活动中如何激发自我教育

体育、智育、情感教育、美育和劳动教育,应该被看成一个整体,它们之间是有千丝万缕的联系的。体育是使人的精神生活充实和智力财富增多的基本条件。同时,体育也可以提升人的其他一切方面的能力。

在体育领域,教育和自我教育是统一的,这种思想应该贯穿于我们教育集体的工作中。如果不让学生从小就作为我们的助手帮助大人干一些活,我们甚至无法设想他们能够成长为身心健全的人。

按照我们坚定的信念,体育方面的教育和自我教育的统一从幼年就开始,并且这种统一和国民教育学的思想是有联系的:当孩子刚刚学会用手使用汤匙,能够把汤匙里的食物送到口中时,就要开始劳动。只有在这样的条件下,一个人才能懂得体育的意义,才感受到自己的全部力量,才认识到健康的精神取决于健全的身体,才学会有意识地增强自己的体力。我们的学生从小就开始劳动,是一名劳动者,他们非常敏感地、兴致勃勃地接受我们的教导,并且按照我们的建议去做。下面就是我们在体育方面关于自我教育提出的几条建议。

(1)你的健康完全取决于你自己,它意味着充实的精神生活、愉快的情绪和清晰的头脑。

(2)我们周围大自然的空气、阳光、水、夏天的炎热、冬天的寒冷、阴凉的小树林和鲜花盛开的原野都是健康极其重要的源泉。到大自然去生活和劳动,要在日出前起床。夏天的太阳升起得极早,而你起床要比夏天的太阳更早。走到原野中呼吸新鲜的空气，用清晨的露水（这应该是真正的神话中的活水）洗手洗脸，空气中充满了花朵和成熟庄稼的芬芳，这一切都对健康有益。在夏天呼吸到这样的空气，就不容易生病。

（3）给自己定一条规矩，每天早晨一起来就做早操。夏天可以睡在院子里，睡在干草上或者新鲜的谷草（只能是脱完谷粒的谷草）上。干草和新鲜谷草分泌出来的植物杀菌素，能够预防流行性感冒。

（4）每天早晨坚持用冷水擦身。在秋天出现冰冻之前，都坚持到池塘里洗澡。冬天用雪擦脚和腿，直到从脚跟到膝盖部位感到发热为止。勇敢地在雪地里赤着脚来回走几分钟，这样对脚部和全身的锻炼都是很好的。

（5）劳动一天都不能间断。每天坚持劳动，能使人身强体壮、延年益寿。从幼年到老年都不脱离劳动的人，即使在他生命的最后几天仍是一个有充分价值的人，仍能保持自己的体力，仍有清晰的头脑和知觉，仍有丰富的情感。

（6）要养成在树林、草地和田野上散步的习惯，每天行走三千米（幼小年龄时）至十千米。如果你上学要经过草地，每天踏着野草走上两三千米的路，这是你的福气。夏季，每天要在鲜花盛开的草地和即将成熟的庄稼地里行走几千米（在小麦、大麦、燕麦和三叶草地里行走更好），让这种田野散步成为习惯吧。

（7）把勤俭节约作为座右铭。儿童时期不要吃太多的甜食，不要贪吃，不要吃得过饱，最好不要吃纯碳水化合物。当你离开餐桌时，要感觉到还有点没吃饱。

给教师的建议

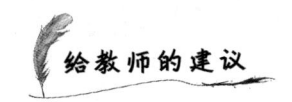

第八十八章
在哪些条件下，集体才能有效地履行个人培育者的职责

这条建议，立足于某些理论总结，在实际工作中十分有用。重要的是，首先要了解各种教育措施的原则方针和理解教育者对人的影响的复杂的相互依存关系。这方面对建立集体和个人之间的和谐一致是特别重要的。

那么，集体的教育力量又来自哪里呢？集体在什么条件下才能良好地、有效地发挥教育个人的作用呢？通过总结一系列前面的建议，我们得出了一些结论，其中最重要的是以下几点：

（1）对每个人来说，要理解和领悟一些道理。首先，人是在一起生活和劳动的（我不妨将这个条件称作为人处世的感觉）；其次，他有快乐和痛苦；最后，应该用人道主义的态度对待他，对他的精神世界和此时此刻的状况应理解和感觉到。在每个人都没有能力用自己的智慧和心灵在人海中判明方向，那就没有也不可能有集体，不可能有集体对每个成员的尊重，也没有自我尊重。

（2）每个人要有管理欲望的能力，把自己的欲望和别人的进行对比、权衡，断然放弃一些自己的欲望。这种十分重要的精神品德是体贴关怀课和人道主义课刻意要培养的（上文已经讲过），这些课程就是教育大家要用自己的心灵去认识别人的精神世界，善于助人，用自己的力量帮助别人，在别人心里留下好的印象。为了他人的福利放弃一些自己的欲望，具体表现为人们通常所说的谦让。如果人们没有这种能力，不能为了别人的利益控制住自己的欲望，不能谦让于人，生活就会变成地狱。在每个人都只顾自己，不顾其他人的地方，生活正在转变为地狱。

（3）人的道德、情感、智力、美感和创造精神需要不断地发展。一个真正的集体需要在精神上不断成长，这样才能产生强大的教育力量。这种境界只有当每个人一天比一天更聪慧、更开朗、心胸更广阔时才能达到。集体要像一个正在雕塑新人的雕刻家，坚持不懈地雕刻着自己特殊的雕像——其实是在雕刻自身的形象，在这个形象上雕刻出越来越多精细的线条，在这一过程中集体可以在精神上不断地自我丰富。

（4）自尊心和个人的自我尊重感的高度发展。我们通过发展、保护、珍惜每个人的自尊心，培养心灵对善良的言语和美好事物的敏感度来提高集体的教育作用。五六岁至八九岁是精神生活上的一个完整阶段，我们称其为参加集体生活的一个准备阶段。在这几年里，对待儿童不能粗鲁、毫不关心和冷漠无情，因为这样容易给儿童幼小的心灵造成打击，从而使他们的心灵变得和水牛皮那样坚硬和毫无知觉。教师在儿童成长的这几年要机警地保护好他敏感的心灵。你要明白，如果你在学生幼小时就把他的心灵变得粗鲁和冷漠，晚些时候，等你的学生到了少年时期，就可能会讥笑你在他幼年时对他的以"强烈刺激"为目的、伤及生命力的教育方法。一个人在幼年时受到的惩罚越少，对于善良的语言他就会越敏感，他的良心的捍卫就会越忠诚，由这样的个人组成的集体才会越坚强有力。

（5）儿童和学生要有成为好孩子、好学生的愿望，要为在别人心中留下好印象而努力，这是集体的教育力量中最使人精神焕发的源泉之一。各种道德关系的财富、各种促进集体活动的思想使得这股源泉水量丰沛。当某人在同伴们身上发现长处并且体验到对美德的惊奇

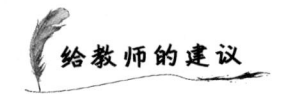

且赞叹时，他必定变得非常上进。只有在集体劳动中因高尚的思想而灵魂净化，自我尊重感才萌动发芽，而这种自我尊重感就决定了他本人的全部精神面貌和对他人的态度。教育的智慧与艺术可归结为让一个人睁开眼睛，使他认识他人，并且用劳动的崇高目标使整个集体的风气净化。

（6）不允许在集体面前摆出儿童的全部弱点，不容许"随意揭露某个人的心事"。一个人不应该害怕集体，从而逃避集体，而是应该在集体中被同伴们看到自己的长处和受到同伴们好评而感到高兴。人与人之间非常紧密细致的联系是以集体对个人权威的基础，集体的权威想要发挥最大的效力，就需要集体看到每个人的优点是大大多于缺点的。

（7）集体成员的兴趣、爱好和活动都要多样化。如果学生们都是一副面孔，没有个性，集体也不会存在。集体只有在每个人都有独特的面貌，每个人都在想办法让同学之间的联系越来越多种多样时，才能具备教育的力量。

（8）集体的社会积极性。集体的教育力量和它对个人的权威性如何显示，依据于这个集体表现社会思想的鲜明程度如何。学校集体要经常参加一些社会活动，参与建立和巩固共产主义物质技术基础的工作，参与提高人的素质的活动。

（9）集体内部的经济关系。如果一个人不能凭借亲身的经验认识到为集体赚钱以维持集体生存的责任，那么，各种美好的道理比如义务、责任、自觉服从、个人利益与公共利益相结合依然只是善良的愿望而已。多年的经验让我深信，在道义上体会到集体的领导与服从这种组织关系，正是从对于集体财富的责任感开始的。

（10）不能容许在集体中划分积极分子和消极分子，这样会让有些人认为自己注定是消极和无所作为的，觉得自己的命运仅仅是服从他人。集体中成员的积极性不仅显露在善于发出指令和领导别人。

积极性应当是多方面体现的。要让集体的每个成员在能够最充分地发挥他的聪慧、才能与爱好的活动领域里显示自己的积极性。如果没有个人的全面发展,那么现在学校中个人的社会积极性是无法想象的。集体中不应该出现消极的、没有个性的、在每个方面都无所作为的学生,一个也不能有。集体也不需要只会领导别人的人。领导的权力应当源自一种非同一般的积极性,这种积极性以在创造性的劳动和建功立业的领域中善于运用天赋、能力、才干和做出榜样为前提条件。在学校集体中当领导,意味着首先要在劳动中做出榜样。

(11)集体的多样性。想要充分发挥集体的教育力量,一个人就要同时加入几个有不同任务的组织。兴趣、爱好、种种不同的活动形式交织在一起,让学生发现并有意识地发展自己的天赋、能力和才智。只有在这样的条件下才能让集体精神和个人的个性和谐一致。如果没有各种各样的集体,所有的学生毫无例外地不会有积极性。如果学生的生活仅仅困于一个基层集体的框架中,这个集体就会衰败,就肯定会出现消极者。

(12)要让儿童和青少年关心别人,特别是关心幼儿。当每个人都为别人操心、关心别人时,集体才能成为有效的教育力量。在儿童的观念、信念和生活理念正在形成的阶段,这种关心是有重大教育意义的。

(13)作为集体的培育者——教师,要有智慧和才干。集体不可能凭空产生,也不可能自发地存在,它无疑是教师创造的,这就要求教师聪明能干,没有聪明能干的教师,就没有集体。所以,那些关于不要班主任,集体可以完全独立的新想法是不可取的。这就像要病人自己治疗一样,是不可能的。教师的聪明能干体现在教育学生时,学生感受不到教师在事无巨细地约束他们和形式主义地监督他们。而是学生自愿把教师的所想当作自己的想法提出来并加以实施。一个教学水平很高的教师,永远不会让学生感受到他是一个发号施令的人。但随着学生的年龄越大,对教师的要求也会越高。少年已经能够明白,教师是他们集体的榜样、理想和良心。所以,要求教师更加深刻地认识生活和认识人。作为集体的培育者的教师代表着一种力量,由于它,集体在道德、智力、情感、审美的精神等方面永远不会停止发展。为了实现这种发展,教师必须每天触动学生的理智和心灵,必须经常在他们面前展示出日新月异的现实生活和人的精神世界。

第八十九章
在学校集体中什么可以审议什么不可审议

多年的教育工作经验让我深信,并不是和学生的表现和行为相关的一切,都可以拿到学校集体中来审议,以下几点在集体中就不可审议:

(1)因家庭中一些明显的或隐蔽的不正常现象,如家长的反社会行为及父母的争吵、口角、不和引起的儿童或青少年的不良行为,不能在集体中审议。在这种情况下,小伙子和姑娘们的不体面的行为更不能审议。因为他们很清楚自己的行为和家庭生活的相互联系,如果暴露这种生活的阴暗面会让他们感到非常压抑。

(2)某些应受指摘的行为或消极的举动,如果其原因是儿童的父亲或母亲给他造成了精神创伤,在集体中也不能审议。要是一个孩子是个蓄意的违反纪律者,但是他没有父亲和母亲,是个孤儿,他的行为在集体中也不应当审查处理。

(3)如果孩子的某些行为或举动,从客观上分析,是对父母或教师在内的一些成人的粗暴和蛮横的抗议,这种行为与举动不应该审议。这一点非常重要,这不仅是从维护成年人的威信进行考虑,也是为了孩子自身的利益。如果孩子是以通过不良行为在表达自己的抗议,那么这种行为受到审查处理,他就会体会到一种不公正。

(4)因为教师的错误导致的少年儿童的不良行为不能审议。绝对不能允许的是,在分析学生的错误行为时,教师说:我们说的是你

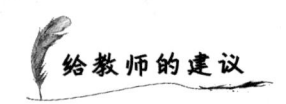

的行为,而不是教师的;教师的事,和你没有关系。同等程度不能允许的是,为了审议学生的错误,而审议教师的错误。

(5)因为教师没有客观地评价学生的知识而引起的不良行为不应该审议。如同许多其他情况一样,我们现在面对的也是儿童的委屈心理,这种心理就像非常娇弱、不好处理的伤口,你越是为它感到不安,越很近地接触那受伤的部位,它就会疼得越厉害。不要管委屈造成的伤口,让它慢慢痊愈也许会更好。在集体中,很多问题不予审议,并不是因为孩子没有能力辨别好坏(有时他们能辨别得很清楚,其能力不亚于成年人),而是因为没有必要再去触碰伤口。在很多场合,应设法避免出现新的委屈心理创伤,这样做更为有益。

(6)有些学生虽然很用功,但其中一门功课对他来说很难,导致学习成绩落后,或智力发展异常,这种情况不应该审议。教师要把懒惰、懈怠与对所学的东西不理解和不会学习区分开来,如果做不到这一点,就不能算是一位合格的教育者。在集体面前把其他不相干的情况当作懒惰与懈怠,只会给学生带来坏处,让他们感到苦恼和委屈。

(7)如果学生在解释自己不好的、错误的行为时,其中涉及同龄伙伴、年长者或年幼朋友之间私人的友谊关系,这种行为也不应该在集体中审议。学生间的互相联系并不像我们看到的那么简单,在这种情况下如果要求学生坦白,会让他觉得是在背叛和出卖朋友。在孩子们那里,对荣辱有自己的理念和坚持,我们要给予尊重。

(8)家庭中有时存在一些特殊关系,让儿童知道这些关系还太早,因此还不能让他们知道,由于这种特殊关系引起的儿童不良行为,不应该审议。应该妥善地、悄无声息地处理好这类事端。

还有很多不能公之于众、公开审议、大肆声张的不良行为,这些行为很难找到一个可以衡量的标准,也很难统一归纳出处理方案。

有一天,正当我在写这些不能审议的条目时,六年级出了这样一件事情：

一个叫尤尔科的学生平白无故地骂了他的同桌费拉基米尔"没良心"。对学生而言，他们是能够懂得这个词其中的意思的。如果尤尔科不能为这句骂人的话找出任何根据，费拉基米尔肯定会觉得自己受到了委屈。但刚好相反，他觉得自己有错，感觉良心受到责备。到底发生了什么事？真实的情况是怎么样的呢？尤尔科是近视眼，但他用的那副眼镜很糟糕，当戴上眼镜看东西的时候，物体就像离开了原来的地方。在上绘画课时，费拉基米尔和尤尔科开了一个玩笑，他把一盒颜料放在尤尔科面前，但当尤尔科低头画画时，他把颜料盒移开了几厘米，导致尤尔科用错了颜色。对于这个玩笑，尤尔科非常生气，还在回家的路上哭了。全班同学都只听到了"没良心"这个词，对于费拉基米尔的所作所为毫不知情。事情过去两天后，费拉基米尔来向我承认错误，我才知道真相。又过了三天，尤尔科也来找我，请我不要把费拉基米尔的行为告诉任何人……

多年的工作经验让我坚定地相信，在我们从事的这种困难得令人苦恼的事业中，一定要遵守一个很重要的原则：只要学生能够自己处理好他们之间的复杂关系，就没有必要在集体中审议。

这个时候读者可能会问，什么事情该由集体审议，什么事情不该由集体审议呢？我的回答是：没有任何事情该由集体审议。

为此我的解释是：如果是过错，就根本不应在集体中进行分析和审议。因为真正的共产主义教育就是要使那些不正常的、该受责备的行为不发生或者尽可能少发生；集体是作为教育力量发挥作用和影响个人的，不是用来处理各种各样的过错的；集体处理各种各样的过错越少，它能发挥的教育力量就越大。

共产主义教育中还有一条非常重要的原则：要善于在冲突刚刚产生苗头时就把它扑灭，善于防范，息事宁人。不要煽风点火，不要让细小的火苗燃成熊熊大火。

人们可能会问，你是主张无冲突教育吗？是的，我主张对孩子们的教育不应该严厉呵斥、意气用事，也不应该用强有力的手段干预，因为这些方法在教育中没有任何好处。在儿童的世界里不应该强加成人社会的想法和规律，因为在儿童的教育中，激动、争执与生气并不是一定需要的，所以，最好不要用到令人震惊的方法。

第九十章
集体的自主活动包含什么

不是精神生活的丰富多彩依附于自主活动，而恰恰相反，集体的自主活动是充实和丰富的精神生活的结果。在一个集体中，人的情感表现得越强烈，带给其他人的精神价值越多，一个人在别人面前展示自己的内在美越明显，这种内在美在造福于大家的协同劳动中被认识得越充分——那么，集体的自主活动的准备工作就越充足。集体就越是能真正关心每一个成员的命运，对人与人之间相互的关系施加影响，努力使这种关系成为人道主义的关系，对"我想干什么就干什么的"的放纵和随意性表现出高度的共产主义的原则和要求，绝不容忍、毫不妥协。

我的青年朋友们，要努力使得一些相互关系的规范成为集体自主活动的基础，在这些规范中，集体对个人的每项要求同时也是对个人的爱护及关心。我想简单地着重分析一下在学校中这些总是显示出对人的严格要求和对人的关心的和谐一致的集体主义相互关系的规范。

（1）班集体每一学期会推选一名学生，对班级中考勤和完成作业的情况做好登记。每个学生到课堂的第一件事，就是告知教师的这位助手作业是否完成；如果没有完成，需要说明原因。这位助手再把检查家庭作业的情况分析总结，然后汇报给教师。教师在每个班级里都会选出一个他所教课程的辅导员，也可能会有几个。这个辅导员不仅学习成绩是最好的，他的知识面也很广阔，总会走在教学大纲的前面。当教师听完助手汇报的家庭作业完成情况后，就会马上嘱托辅导员，请他辅导一些同学进行学习，向他们讲解一些不会的问题，或者是完成一些实际的工作。必要时，教师也会亲自给学生补课。给学生的补课和辅导只可以在上课前进行，谁愿意补课就在上课之前来，课后不做任何辅导。放学后就要让所有的学生马上回家，不要留下任何人补课。学校的全部工作都把相互信任的精神贯穿其中，所有的学习都是建立在尊重他人的基础上，所以每个人都能够做到严格要求自己。需要帮助的学生，都能自觉地一大早来学校补课或者接受辅导。

（2）在集体中选出一名学生，负责登记公益劳动的情况。在学校的教学试验田或者集体农庄里，每天都会有一个或者两个班级参加劳动，学校里的各个班级轮流着去。组织这种公益劳动的学生，需要负责记录每个人的劳动情况。如果有某一位同学因为正当理由今天不能来干活，他可以告知公益劳动的组织者把他安排到明天或者后天和别的班级一起。如果生病了，就在痊愈后再干。任何人都不能找理由说不参加劳动。

（3）从二年级开始，每个班都会有一个学生负责管理班级的物品，如图书、作业本、画册、打扫教室的扫帚、粉笔等，并负责安排教室的值日。每天要安排两名值日生，他们会佩戴有字的臂章，他们的主要职责是：提前十五分钟到教室，把黑板和课桌用湿的抹布擦拭干净；在教室门口铺上潮湿的小地毯，因为将有尘土的空气吸进身体是有害的，所以不能将一点灰尘带进教室；放学后，还要把黑板和课桌用湿抹布擦干净。

（4）每个班集体每年推选一名学生，负责同学们的健康状况登记。他的主要职责是负责登记每个学生在家里做早操的情况。每个星期六，健康负责人要询问，谁没有做早操，即使只有一天没做也要解释清楚。了解清楚情况后，班主任对于没有做操的学生，要进行关于自我教育的谈话。健康负责人还要把那些感觉身体不舒服的学生记录下来,并向教师汇报。教师会让这些学生去医院检查身体。

(5)从三年级开始,每个班集体选出一名学生,负责登记日志的情况。学生要把教师登记入成绩册的分数记录到自己的日志里,负责检查日志的学生要在日志本上签字。学生的这种自主活动,学校是非常重视的,因为它表现出在集体中充满了信任的精神。但需要说明,如果一个学生还不能完成某项学习,教师什么分数都不要打。分数表示了对学习结果的肯定,没有分数,就说明还没有学好。这样可以避免负责日志的学生与班集体其他学生的相互关系出现冲突。在任何时候不及格的分数都不能记录在日志里,如果一个学生在日志里有一门功课没有任何分数,对于学生的父母来说这已经是一个令人不安的信号了,他们会明白,自己的孩子学得不怎么好。

(6)从四年级开始,在每学期和每学年结束之前,由班集体决定哪个学生的操行分数应该降低。这个问题对于学生来说是非常重要的,需要在教师和学生有同样表决权的会议上做出决定。学校里还有一条规定,如果班集体在评定操行分数的问题上意见不统一时,就可以把问题交给校务会议做最终的决定。但我们学校还从来没有发生过需要把问题提交到校务会议解决的情况。操行分数的评定不需要校务会议通过。

(7)学校从教学试验田、果园和养蜂场获得的收入,每年不少于两千卢布,由共青团委员会和少年先锋队大队委员会掌管。他们有权决定怎样支配这些收入。这些钱可以给予有困难的学生物质上的帮助,如果有学生家里遇到不幸的事故,他们可以给予帮助。这些钱还可以用来组织参观旅游、购买乐器,为其他共和国来的客人筹备礼物。

以上就是通过组织方面和物质生活方面在集体内部进行自主活动的基本内容。我们力求使自主活动在精神生活,特别是社会政治生活方面有鲜明的体现。这是在集体自主活动的基础上建立社会政治关系和精神道德关系的必要条件。这在青少年社会和道德上的成熟方面有决定性的意义。之前谈到的关于各学科小组，为居民举办的自然科学知识晚会，不同年龄段学生组成的集体等，都是丰富多彩、富有创造精神的自主活动。

第九十一章
课堂上的思想教育包含什么

有这样一种观点一直在教学和教育实践工作中广泛流行：学生在掌握知识的同时在道德上也受到了教育，掌握知识本身就是道德发展的过程。很多教师的思想中这种道德教育观已经根深蒂固，他们认为，只要学生在获得知识，那么课堂上的思想教育就会自发进行，所以要他们放弃这种固化的想法是非常困难的。"通过教学进行培育""通过知识的道德训诫"，种种论断，不一而足，在这些论断的基础上形成同样错误的道德教育观，实质上这些论断会孕育出无忧无虑和自我安慰的心理。

生活经历使人坚信，掌握了知识，懂得了自然科学规律和社会科学规律，能很好地、顺利地回答问题，以及同样顺利地获得很好的分数，所有这些就其本身而言还不是道德教育。要在知识转变并发展成为信念的地方，这种教育才开始。至于各种信念，可以谈得上的只有一种情形：只有在真理的知识触及一个人的灵魂，使他内心激动，促使他采取行动，而这种行动是实际的证明和表现，表明他已参与捍卫对人类来说是神圣和宝贵的真理的事业。对知识要掌握，对各种信念要珍重。如果只是缺乏具体的知识，并不能说明这个人在道德上是没有教养的；如果缺乏的是各种信念，即使知识完备，也是一个在道德上存在缺陷的人。

我建议青年教师们，如果想要成为真正的教育者，首先要看清楚各类知识与种种信念之间的区别。要善于为各种信念奠定基础，让道德的热血——信念，在跳动的神经中沸腾，让它充满活力。

要知道，关于自然界和社会的各种事实的知识是形成科学的、社会的、政治的和道德思想的基础。在各种事实的知识和种种信念之间横着一座小桥梁——思想。知识通过思想转变成信念。思想已经不仅仅是知识。在思想中已经有"心灵的一小部分"——一个人对他所知道事物的个人态度。一个人可以非常详细地知道尤利乌斯·伏契克悲剧性的英雄的生平和战斗，一丁点细节都不会放过，但知道事实只是知识，还不是思想。当读者心里对这位英雄的事迹产生钦佩时，才会产生思想。如果你的学生受英雄事迹的影响，想要与他并肩前行，愿意为这位共产党员英雄为之献身的事业贡献出自己的生命，在这种情况下，你作为教育者接触到的才是思想。思想的特点是，在理解具体事实的基础上做出自己的结论和归纳，该结论因个人对各种事件、现象或事实表明的态度而具备鲜明的感情色彩。

各种事实知识转变为思想，就孕育出信念。教师的任务是让这种转变过程鲜明地表现出来，使学生不会成为没有感情的"知识需求者"，而是成为和真理与正义的胜利有紧密关系的人。

任何科学知识都是进行思想教育的材料吗？不，不是所有的。有的知识在思想上是中性的（不用说，在课堂上不要谈到这一点，上课是学习这些知识，无关思想培育方面的事情）。在资本主义社会学校和在社会主义社会学校里，学习简易乘法表时，科学真理与道德的关系是相同的。但是，在自然科学的一些学科中，有很大一部分知识，它们本身包含着激烈的思想斗争和冲突，是很多杰出的思想家付出了生命的代价才得到的真理。我奉劝你，我的朋友，在接近这些真理时应该特别细心认真。在讲到太阳系时，要使自己的语言对那些曾经奋起反对因循守旧、愚昧无知，以及反对在精神上奴役人民的思想家充满深深的崇敬的感情。要使那些为真理而斗争的思想家的形象，在学生的心里留下鲜明的印象。使青少年的头脑中产生一种想法：凡是真理，都是革命的、创新的。

但愿你在课堂上讲述物理、化学、生物、数学等科目的教材时，不要只是枯燥的、毫无感情地说明真理，而要提起那些为真理而斗争的积极钻研、精神高尚的情节，引导年轻的探索者们沿着崎岖不平的科学之路攀登。但愿你在教学自然科学科目（物理、化学、生物、数学、天文学）时，能运用方法，使对学科知识的认识、理解和体会，变成青少年的理智和心灵，反对烦琐哲学、不学无术、盲目跟从的斗争，反对那种使人无条件信仰教条主义并且禁止人们敢作敢为的宗教迫害的内在斗争。人们的求知精神和追求真理与知识的激情是无法抑制、不可熄灭的。要让这一思想贯穿于你全部的教学课堂中。

用心的教师，会特别研究自然科学教学大纲中可能有新发现的部分，以及科学尚未考察或尚未充分解释的部分。他在讲授空间与时间的相互关系，物质与能量的实质，光、粒子和反粒子的本性，重力作用等概念时，善于说明这些概念是智慧的胜利。当你在课堂上向学生展示宇宙的宏伟图画和世界在空间与时间上的无限性时，要避免让学生听了后感觉自己非常渺小。

在讲授人文学科的课堂上，不可能会有思想上的中性材料。如果你是教历史的教师，你首先要看到，在课堂上听讲的是具体的、活生生的、独特的人——科利亚、尼娜、瓦利亚、谢尔盖等。这些人都有自己的思想、情感、抱负和干劲，而不是抽象的学生。这一点非常重要，因为只有当人们有了鲜活的个性时，思想的热血才能活跃起来。思想只会存在于人的精神世界里，存在于人的思想活动、行为斗争中。不管你向学生讲述什么——斯巴达克斯[34]领导的奴隶起义、反抗俄国沙皇保罗[35]的宫廷阴谋、策划第二次世界大战的秘密勾当或英勇的斯大林格勒保卫战，总是会直面具体的青少年的精神世界。任何时候都不要忘记，在你面前的是一个个具体的、活生生的、独特的人，在他们的心灵和头脑中有思想的存在。朋友们，你一定要记住这一点，因为你作为人文学科的教师，要教导科利亚、尼娜、瓦利亚、谢尔盖他们不是麻木不仁的知识需求者，而是真实事件的参与者。人类社会的历史，一直都是斗争的历史。在剥削阶级的社会里，是进步力量与反动门派的斗争；在无阶级的社会主义社会，是人们为了掌握自然界，为了建设共产主义而进行的斗争。教授历史学科要掌握这其中的艺术奥秘，是要赋予正在掌握知识的人以战士的灵魂。

如何让青少年听了你的讲课就能成为战士呢？这由两个条件决定，这两个条件又取决于你这个教师、教育者，取决于教师集体，取决于整个学校的精神生活，取决于学校参加社会生活的积极程度。

第一个条件是，在教学和公益劳动中，在学校和集体生活中充满时代精神。只有在人们完全理解和感受到我们时代的意义，才有可能明白自己的立场，才能使自己在掌握知识的过程中跟随时代的步伐一起进步。只有让青少年在头脑和心灵中理解并感受到我们的时代是英雄的时代，我们正在跟随着实现伟大的事业，才能使思想性贯穿于课堂教育中。使青少年完全理解时代精神，是学校最困难的任务之一。我们只有不断透过时代的棱镜，才能正确地看到和理解任何历史事件的意义。

第二个条件是，教师的思想和个性要和谐一致。让事实变得富有思想意义，使实际知识转变为信念，这些都离不开教师的个性。思想存在于每本书籍的字里行间，有些书籍中的思想灼热得像一块火红的铁，像阳光一样灿烂。你是否经常接触这些灼热的书籍，接触这些书籍时在想什么，这种接触鼓舞你采取什么行动，从事什么活动，这些都决定着学校中是否充满着共产主义的精神。对于教师而言，要想向青少年灌输思想，不仅仅只是掌握深刻的知识，还要对知识加以思考。要思考你在人类财富的宝库中获得的一切，以及你向你的学生所灌输的一切。我认为，不是每个熟悉自己学科的教师都具备思考知识的宝贵才能。思考知识，就是要了解、预见和预估每一条道理会触动到人们心灵的哪个角落，将会引起什么思考、问题和疑团。思考知识，就是要设身处地地为青少年着想，善于采纳他们的观点。如果教师具备善于思考的能力，那么他们的学生也会具备一种少见的宝贵品质——他们在领会教材时,好像能脱离教材,从思考教材进而思考自己,思考自己的未来。

教学的思想性——是激发求知欲极为重要的兴奋剂之一。学生越是明确自己的思想立场,越深刻相信人类追求真理的愿望的根深蒂固性,他就越想要知道得更多。在那样的学校里,在上课时思想激起心脏怦怦跳动的地方,书本就会成为青少年形影不离的伙伴。读书,能够独立思考书中的内容,这是思想性滔滔不绝的源泉。思想与信念的本质是,人们总是会相信和重视通过自己的脑力劳动、自己的深思熟虑获得的东西。如果你要使学生的知识转变为强烈的信念,让知识好像火焰,你就要防止学生出现下列学习弊病:死记硬背,机械呆板地读死书,没有理解现成的真理的意义就"囫囵吞枣"。请大家好好想想谢·拉佐说得很好的一段话:"信念要通过磨难才能获得,人们要检验信念的生命力,要与别人的信念切磋……一个人应做到,与其背弃自己的信念,不如牺牲自己的生命。"[36]要理解知识的意义就应当与别人的信念进行"切磋"。不能把关于自然界和社会的知识照本宣科地提供给学生,而是把知识作为不同意见的斗争和冲突的结果进行传授,并让这种斗争和冲突延续到课后——直到课外阅读的过程中。要为学生选择适当的书籍,这些书籍中的道理不是现成的、永不熄灭的炉火,而是由那些为真理而斗争并取得了胜利的人们,用心灵之火点燃的闪烁的火炬。

第九十二章
如何把时代精神灌输到青少年的头脑和心灵中

世界上正在进行着不可调解的、非常尖锐的思想斗争和政治斗争。资本家通过豢养成千上万资产阶级思想家对我国进行诬陷，几百家电台无时无刻不在散播着无数谎言，他们想通过这样的方式在精神上腐蚀我们的青年一代，企图使他们相信没有任何思想是值得为之奋斗的。资产阶级"自由"生活方式的追捧者，背地里希望我国青少年相信有思想的生活是一种幻想，相信无论在资本主义社会里，还是社会主义社会里，人们的最高目的都是物质享受，不是某种"虚无缥缈"的思想。资产阶级的主要目的就是使苏联青少年离开共产主义思想。

对于这些居心叵测的企图，我们要用崇高的共产主义思想来对抗，我国的青年男女要学会感知，在我国，在他们身边，父母、兄弟、姐妹和他们自己正在用双手实现世界上最伟大的正义事业：建设世界上最公平公正、最民主的新社会——共产主义社会。体会到共产主义的公正、伟大与美好，是时代思想的枢轴，青少年的思想、希望及抱负都应围绕这个枢轴转动。不积极参加我们前面论述过的共产主义劳动，要唤起青少年这种感情是不可能的。但这仅仅是教育工作的一个方面，要把时代精神灌输到青少年的头脑和心灵里，要在他们的心中确立共产主义的信念，就一定要使劳动和思想相结合，让他们不断地体验思想斗争，自觉地分辨清楚这种斗争的实质并确定自己的立场。

我们在高年级(九、十年级)举行政治报告时,会鲜明生动地讲述思想斗争。每周都会将高年级的学生集合起来,听一次政治报告,由校长简明扼要地讲述国内外的形势。在政治形势报告中很有意义的内容是述说资产阶级思想家关于我们的言论,以及他们的谎言是如何被我国的社会主义现实揭穿的。资产阶级思想家的一些论调常常引得青少年们哈哈大笑,因为这些论调实在太笨拙了。随着一次又一次地听报告,青少年男女们就越来越深信真理是站在共产主义思想这边的。

我们的当代生活代表着人类精神的伟大而美好。在我们这里,思想活跃于各种人类的事业和行为中。高年级的学生每周集合一次,听我向他们述说那些初看起来普普通通、不足为奇的事件。但如果深入思考这些事件的意义,它们会震撼人心,激发我们的自豪感,因为我们的那些同胞和同时代的人,他们的生平在我们社会生活中虽然平庸无奇,但在自己的事业中却是青年的指路明星。

我的报告之一,是讲述一位俄罗斯妇女的故事,她名叫叶皮斯季尼娅·费奥多罗芙娜·斯捷潘诺娃。她抚养大了九个儿子,但是她的九个儿子全部牺牲在争取我们伟大祖国自由与独立的战争中。这位母亲哭诉:"战士们都回到了自己的母亲身边,我一一询问他们,我的儿子们在哪里……我日日盼他们,夜夜想他们。"每一位学生听到她的这些话内心都久久不能平静。这位母亲体现了整个人类的美丽、伟大与智慧,我重复着这位母亲的这些话语,拿她的照片给学生们看,努力把这个事实用令人震惊的悲痛的声音传达到每位青年的心灵。希望关于这位母亲的这些话能成为那些没有从战火中归来的人们的安魂曲,希望我的每一位学生都能对自己提出一个问题:谁应该为母亲神圣的眼泪负责?我这样做的目的,是想要使每个人在生活的初期就因崇高的公民感而备受激励,使每个人对于祖国的敌人更加仇恨。

我还讲述了两位英勇无畏的拖拉机手的故事,他们为了使国营农场几千公顷的小麦免遭一场火灾付出了自己的生命。我给自己提出一个教育目标：我希望每个青少年学生在英雄被烧死的熊熊大火的火光下，观看到自己内心深处最隐蔽的角落。我说："青少年朋友们，你们很清楚，在我们的社会里人是最宝贵的。但是，如果一个人愿意遵从自己的内心为某些事物贡献出宝贵的生命，那么有某种事物是我们每个人的生命不能比拟、不能相提并论的，它神圣不可侵犯，这就是我们的祖国。"

每天、每个星期，在我们鲜活的英雄主义时代的历史中都会翻开崭新的和这两个故事一样的充满光辉的一页，要为青少年们打开这本书，让他们把书的每一页都读到。

第九十三章
要善于使高尚美德富有吸引力

假使十七岁的学生都向往光明的事物，那么意味着需要把我们最崇高的伦理和道德原则也打造成光彩夺目的。有的教师认为，我们的道德原则本身就是美好的，所以用不着某种特殊的传授方式，也不需要"追求外表装饰"。实际上并不是这样的。原则越是高尚，那么，揭示这一原则的活动就应当是更光彩照人、更有表现力的。你要正直、诚实，要以毫不容忍、毫不调和的态度对待虚伪——如果我们只是不停地重复述说这些话，这种"老生常谈"很快会变成让学生们讨厌的说教，学生对于这些话就像面对鱼肝油一样，虽然对健康有益，却令人作呕。

正直、诚实和对欺骗行为毫不容忍本来应该是一种鼓舞人心的力量、有诱惑力的活动（我们在此指出，活动和美德的融合和统一是实践教育学的主要问题之一）。我们成功地做到了这一点，青少年们在完成独立的作业时，才会不抄袭、不偷看课本，如果偷看了，他们自己都会觉得丢脸。但如果我们无休止地重复说，靠自己的力量做功课，这样才是好的；抄书、抄袭别人的劳动成果，是不好的。长期的结果就是这些好的话语最终会变成令人讨厌的说教。我们不断启发学生用行动来展示美德是美好的、吸引人的。我们的学生从幼年起，每个暑假都会在炎热的夏天野营中用的草棚，或用树枝搭成的窝棚——这种被叫作"蓝天下的学校"里面住几天。在这里，不仅要自己打理一切，还要自备所有必需的食品。在去"蓝天下的学校"之前，孩子

们把食品装进纸袋和金属罐里送到秘密储藏室（要使一切都具有浪漫主义色彩）。每个人把食品送到秘密储藏室时，不会做任何登记，也不会有人在场。但在这里从未发生过欺骗人的情况，这是很难得的。在这里，学生们感受到他们是在用劳动为集体创造快乐，如果有人产生了欺骗集体的想法，就会被认为企图偷窃集体的欢乐。

学生在童年和少年时期能够拥有的物质财富就是集体的图书。在班级升级后，就会把图书转交给低年级的同学。还有些个别的情况是把图书赠送给低年级的某个同学。这种事会使青少年们的心情激动，终生难忘。

每年的春天，高年级学生都会为孤寡老人开辟几个花园，尽力为那些丧失劳动能力的孤寡老人带去快乐。这种劳动具有助长美德的浪漫主义色彩。青少年们这时心里的想法是：我们大家都会变老，等我们老了，比我们年轻的一代也会来关心我们的。学生在青少年时代就有这种想法是很有必要的。这种想法可以使小男孩们变得高尚，使他们成为真正的男子汉大丈夫，使小女孩们准备好完成做母亲的伟大使命。这种对老年人表示关心的、具有吸引力的劳动，是非常必要和高尚的活动。我的朋友，不要错过任何一个可以触动儿童心灵中隐蔽角落的机会，那里保存着对老年的思索和担忧。关心老人，这是最令人感动的大爱。对老人冷漠无情，是对社会的残酷报复——人们变得铁石心肠。

第九十四章
教师的权威是怎样的，应该表现在什么地方

这个问题是人对人的权威问题，是年长者在年轻者面前的权威问题，也是教育领域中最细致，也最缺乏研究的一个问题。在教师所能使用的各种教育手段中，对学生的权威是最重要、最普通、最包罗万象，同时也是最尖锐和最没有保险的手段。这是一把手术刀，使用它可以做很细致、难度很大的手术，但它也会使伤口疼痛。这是一把充满不确定性的手术刀，它会带来危险但同时又不可缺少。这是一件用来考验教师的意志力和克制精神的工具，也可用来确立勇气及智慧，但同时也可能使学生的心灵受到伤害和摧残——一切都取决于怎样使用这件工具，依附于教师对待学生的各种内心动机。随着时间的推移，我越来越相信，对学生的权威，是对教师非常困难的考验之一，这可以作为他教育工作水平的衡量标准和标志。

亲爱的朋友，如果你决定走进学校这座大门，把塑造人作为自己一生的崇高事业，请记住，在你的面前可能产生陷入奴隶地位的危险——即被变幻的、矛盾的情绪所奴役。要使自己同时具有火热的情感和冷静理智的头脑，不可以匆忙地、贸然地做决定——这是教育艺术永不枯竭的源泉之一，如果这一源泉枯竭了，教育学中一切的书本知识都将不复存在。

当一个人无条件地信任别人时，这个人在某种程度上就变得没有自卫能力。在我的教育工作生涯中，我一直在思考这个问题。而孩

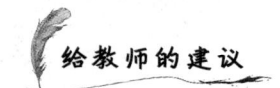

子对一位好老师的信任往往是无限的。当一个孩子走进学校的大门成为你的学生时,他无限地信任你,你的每句话对他来说都是神圣的真理,在他眼里,你就是智慧、理智与道德的最高模范。

请珍惜这种信任,重视孩子不设防的状态——但愿这种教育智慧能成为你自我修养的标准。教育工作上的缺乏修养和无知的开始,是在教师因为自己的眼光狭小和没有远见卓识,把儿童的不设防的状态变成一个关住鸟儿的笼子。对儿童的不设防的状态的不理解是教师处境不佳的主要原因之一,这种处境不佳最终使他在儿童们面前丧失权威——要知道你不能把一个人像小鸟一样关在笼子里。

你应当理解和从内心感到儿童对你的无限信任,以及他们由此自然产生的不设防状态,并在这种信任与不设防的基础上建立起自己对孩子的权威。只有这时候,你才有权利做一名合格的导师与教育者。在这种情况下,必须深入思考,用心去仔细聆听和理解这种无限信任究竟是怎么一回事。也许孩子因为盲目信任你这位教师,有意识地放弃了个人的一切;可能他做的一切是为了放弃自己的自由和快乐。

但是情况完全不是这样的。儿童的信任,不管它多么无限,仍然是一个人的信任,他极力追求精神财富和个人生活的多样性——也就是追求丰富的印象、充实的思想和美的享受,也期待与别人丰富多彩地交往。儿童希望有一个年长的、有智慧的、有生活经验的人,而这个人会关心他。把这种愿望当作无价的财富来珍惜吧。只要他有这种愿望,通往他心灵的道路就会一直向你敞开。如果你怀有希望,这也是儿童上进心的源泉,千言万语可归结为一句话——一定要好好珍惜儿童希望你成为他的朋友和导师的这种愿望。

儿童因为对自己教师的无限信任,在他们心里就会认为,在任何困难的情况下,这位年长的朋友都是有办法解决的。

应当怎样珍视儿童的无限信任?教师应当怎样做有智慧的、满怀爱心的儿童保护人?答案很简单:教师和儿童之间要永远保持和谐的、富有人情味的、相互关心照顾的关系。教师对一个人使用权威要怎样才算明智？答案是：片刻不能忘记儿童和你一样也是人，珍惜儿童的信任，因为这种信任是学生对教师的无限热爱——教师对儿童的权威的中心要旨就在这里。孩子在教师那里寻找保护的愿望就表现在这种爱和这种信任中。像珍惜无价之宝一样，珍惜这种孩子的愿望吧。因为只有孩子对你尚且怀着希望并相信你，你才是一名真正的教育者、指导者，才是生活的导师，才能成为他们的权威，是生活智慧的化身，是孩子的朋友和伙伴。如果没有保护好他们的愿望，使其被轻易打碎，作为一名教育者，你就是失败的。那时，你不是一名教育者，只能称得上一位监护人了。

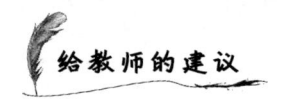

第九十五章
如何珍惜儿童的信任

在这个非常细致的教育工作领域里，最主要的是深刻理解，说准确点，是用心灵去体会和观察儿童的世界和童年的生活。

儿童的世界，这是一个特殊的世界。孩子们用自己的关于善与恶、好与坏的概念生活着，他们有自己的审美标准，他们甚至对时间也有自己的衡量标准。在童年时代，过一天好像过了一年，一年好像永恒。为了进入这座神话般的宫殿（我们给这座宫殿取名为童年），你应该转变形象，在一定程度上成为一个孩子——只有具备这样的条件，对你来说，权威才能在孩子面前明智地实施。

亲爱的朋友们，你不要觉得我把儿童时代理想化了。我非常清楚地意识到，童年是由我们成年人对孩子的影响创造出来的。但是，恰好因为孩子是一棵娇嫩的幼苗，将要长成参天大树，童年也要求受到特别的尊重。教师的权威的明智度，首先是理解一切的能力。在这种情况下，不能施加任何的限制性的规定。你要牢记，在一个孩子的心里，通常没有蓄意作恶的想法，教育上的无知是和一种偏见共同作用的，这就是某位教育工作者把这种愿望归咎于一个孩子，认为他蓄意做出一些不良行为。这个教育工作者竭尽全力"拔除恶根"，结果把所有的根都砍掉了，让这棵生机勃勃的童年幼苗枯萎。责备儿童蓄意干坏事、懒惰、马马虎虎，但实际上并没有这样的现象，长此以往孩子就会感到非常委屈，这会使他渐渐疏远教师，失去对教师的信任。你破坏了儿童对你的信任，这样就促使他走向反面：他开始用执拗任性、故意不听话、想方设法做任何事都违背你的要求等表现来为自己申辩。请一定要记住，所有这一切都会出现在儿童对你的信任有了裂缝的时候。

请你用明智的教育态度对待儿童各种不良的行为，在这些行为中，没有蓄意作恶，而最常有的是一时糊涂、无知或者误解。在那样的场合，请你不要当众指责儿童的行为，你一个人知道这种行为就可以了。因为作为一名合格的教师，你有理解一切、知道一切的庞大而明智的权力。你应该明白，一个一年级的学生为什么会从同学漂亮的盒子里拿出彩色铅笔，摆弄一阵后悄悄地塞进自己的口袋。不要太大惊小怪了，这并不是偷窃。你也要懂得，上课铃响了，为什么儿童们不愿向教室奔去，而是想在绿草地上再玩一会儿；为什么费佳不认真聆听教师说明题目的条件，而是在认真地看那只飞进教室的蜜蜂；为什么奥克桑卡不和大家一起读书，而是在吸墨纸上画了一朵花；为什么三个爱吵闹的学生米科尔卡、皮利普柯和彼特里克在树林里玩耍时，故意脱离班集体，偷偷躲进树丛中……

为什么，为什么，为什么……成百上千个为什么和成百上千种矛盾冲突。至于教师和学生发生冲突则是不懂教育的极端体现。这种冲突发生，是因为教师缺乏宽宏大度的胸怀和父母般的明智态度以及巨大的教育权威，同时不懂得他是在处理儿童的行为，不理解他是在和儿童世界打交道，这个世界的小主人有他们自己的思维和眼光。一般来说，不要把儿童和成年人进行比较，没有统一的尺度是既能衡量成人，也能衡量儿童的。

我今天还记得一个叫德米特里克的小家伙。在他三年级的时候……想象一下，当时正在上语法课，你在黑板前讲解语法规则，所有人都在听讲、记录着例句。德米特里克似乎也在做记录，但是你的心里在为这个男孩忐忑不安。他那双眼睛——如此乌黑发亮的眼睛在不停地转动，他此刻在操心着自己课桌后面的什么东西，这个东西使他顾不上听语法知识。你悄悄地走到这个孩子身旁，发现他的面前摆着一个半开着的火柴盒，里面有个东西在不停地动着。而德米特里克所有的视线和思想都集中在盒子里，全神贯注地盯着盒子看。原来盒子里面装了一只小甲壳虫，它在非常努力地活动着，想要锯开这个火柴盒，逃离这座困着它的牢笼。

不用说，你可能勃然大怒，可能要孩子认错，把他弄哭，继续惩罚他（而你自己也被气得发抖），但是这种做法能达到什么效果呢？你只会让时间白白地浪费，让小甲壳虫成为全班学生取乐的对象，同学们还会羡慕德米特里克，同时取笑你因为这样的小事大发脾气。

但愿在这一刹那有一个想法使你不安：孩子，你的内心是怎么想的？为什么你不能把小甲虫放到一边半个小时，先理解语法规则呢？想到这里，你拿起了火柴盒，把它扣上并放到了自己的口袋里，用手轻轻抚摸着德米特里克的头，同他再讲解一遍语法规则。他记录下来，这一刻他应该是听懂了的。有些学生确实会这样，他们可以看一眼小甲虫，又看一眼黑板，脑子里同时也能听进去一些东西。

下了课以后，德米特里克走到你的桌子前，低着头默默不语，隐藏在长长的睫毛下面的那双乌黑发亮的眼睛还在闪闪发光。但是他无法对你隐藏的是，那双眼睛里依然闪动着愉快的、狡黠的神情。你把小甲壳虫还给德米特里克时，还要询问他，这奇异的小东西是从哪里找来的，是怎么样让它吱吱作响地去"锯"那座牢笼的小门的，今后还打算拿这小东西做什么。德米特里克非常高兴地诉说，他伸出胳膊指着一个灌木丛。按他的说法，一些小甲壳虫从那儿爬出来晒阳光，它们还会飞，每隔三年飞一次。

在这类故事中，常常能听到某位教育工作者的如下暗示：他在这样的情况下为了使自己成为对孩子善良的人，往往从自己的睿智的高峰上降下来，屈身进入儿童的趣味世界。这样宽容的态度是儿童们不能认同的。在教师从有权威的高处降到普通学生地位的课堂上，真正的教育不存在，而真正的教育只存在于教师不断提高自己对童年微妙的、真实的了解的地方。提高自己，而不是贬低自己。不要骄纵儿童,不要模仿儿童的话语、行动和想问题的方法,不要让自己去适应儿童兴趣的"局限性"(如果我们自己不给儿童的兴趣设限,就没有这样的局限性),要做一个聪明的导师。

一个人对另一个人拥有明智的权威,特别是成年人对儿童的这种权威,是一种巨大的创造性活动,是对儿童的思想感情世界进行深入理解,是使自己懂得儿童的语言,持有一丝儿童的气质,但又不把自己完全当作儿童的本领。当我看见,一个身为成年人、并当了父亲的教师,把五年级的男同学带到教师休息室,并审问他:"为什么你总是在课堂上发出笑声?什么时候你才能把这个毛病改掉?作为一名少先队员有权力做出这样的事情吗?"我感觉此时的这位教师一下子加入了一场儿童的游戏,但他还不懂得这场游戏的奥妙。师生二人相持着,男孩沉默不语,教师也说不出什么来。按一般的情况,如果这个五年级的学生突然用教师向他提问的那种责问态度来回答,这倒是会让人很吃惊的。学生通常不知道自己为什么会笑,但作为教师不应该不知道。他没有理由不知道这孩子为什么做出这种或那种行为。这件事的结果是互不了解:教师不了解学生,学生不了解教师。你有时看着这样的教师与学生,不由得让人想问:他们说话时难道用的不是同一种语言吗?

你要明白,对孩子而言,尤其对少年而言,都喜欢在某种事物或现象上"展现自己",在某种事物或现象上表现自己的意志、智慧、领会力和机敏。这个孩子,在你的帮助下认识世界,逐渐成长为一个人。在儿童的成长过程中,教师要特别谨慎小心地使用自己的权威。长者的意志容易变得专横,有时候甚至会摧残一个人。对于儿童内心的精神世界,不要压制和摧毁,要支持和培养;不要使他失去个性,要确立他的自尊心——只有这样才可以对学生使用自己的权威,只有在这种条件下,你的权威才有可能是明智的。如果孩子做出某件事"不那么令你满意",不要使用"有力的""强制的"的影响手段。不要让责骂声和拳头敲击桌面的声音传进你的实验室里面。但愿有一种

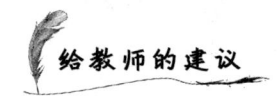

情景对你没有吸引力：看到一个活泼好动、嬉笑打闹、永远不安静的顽童开始变得压抑丧气，带着一双忧郁的、垂下的眼睛，弯腰驼背，看上去可怜兮兮的——这样的情景是不好的。要把儿童的自豪感和个人荣誉不可侵犯性当作最高珍品加以爱护。请你牢记：一个顽童，在他那里对所有事物都有自己的看法，对所有的人都有自己的观点，这是你作为教育工作者的幸运。一个好像幽灵一样没有意志的学生，在他那里，各种自己的思想都被你"强制的"手段驱除得一干二净，他无怨言、无条件地永远遵从你——这是你的不幸。作为教育工作者一定要明白，调皮的顽童、喜欢闹事打架的学生在关键时刻可能会是一个善良的好心人，而那种唯命是从、无意志力的学生，往往在面对亲人的不幸时表现出漠不关心、残酷无情。"有力的""强制的"的影响手段，会摧毁学生意志，使他变成一个冷酷无情的人。

下篇

第九十六章
请你用书籍、智慧及信念来统治孩子的心灵

我曾有一个名叫尤拉的学生，他聪明但很任性。尤拉对真理与谬误、诚实与虚伪就像细嫩的芦苇对微风一样敏感。

有一次，我给"思想书屋"拿来若干本关于遥远的国度以及自然现象的图书。当尤拉看见那本关于描写海洋深处秘密的、色彩鲜艳的书封时，他那双眼睛炯炯发光。他请求读这本书，当我把书给他时，男孩带着激动的心情问道："我读完这本书后，你还能再借书给我读吗？"

"那当然，"我回答道，"哪怕你一天读完一本都可以。"

我非常不谨慎地说了大话。当时，我手头的关于远方国家、海洋深处、热带雨林、沉寂的北极区和不同寻常的惊险故事的书籍数量有限，满足不了一个人一天读一本书的需求。而尤拉恰恰是过了一天就把书带来还我，同时要求借一本新书。不知不觉几个星期过去了，书架上能令尤拉感兴趣的新书只剩寥寥几本了。于是，无计可施的那一天终于来到了，这时，过度的焦虑使我失去了安宁。下个星期怎么办？要知道，这个男孩，五年级的学生尤拉对我的储备图书突然读光了这件事他是茫然无知的。如果让他知道，我欺骗了他该怎么办呢？不仅仅是我们之间的友谊会结束，也不仅仅是我在这个小小的思想书屋里再也看不到孩子们充满信任的眼神，也不会再听到他们问："你还有很多书吗？"（在相邻的房间里，当时是我的小书库，我不允许尤拉去翻阅书库，害怕他一下子就对我绝望。）问题在于我对这个性情古

怪的学生的心灵失去影响力，而这个学生具有全世界独一无二的性格（我对这一点深信不疑），他愿意接近的是那些即使在很小的细节上也能言行一致的人们。

那一天终于到来了，我从自己所在的偏远村落出发，远道跋涉，足迹遍及哈尔科夫、波尔塔瓦和基辅等大城市，搜寻有趣的书籍。虽然花费了自己两个月的工资，但结果是愉快的，我吃力地带回了好几大包书，回来的路上心里还在想，千万别碰上尤拉。

又过了三年，尤拉读完七年级，要毕业了（当年那是一所七年制学校）。在那三年的时间里，我一直在想，要把一本什么有趣的书送给他读。我感觉到，这个学生不仅对读过的书籍里面的内容做了思考，他似乎在通过书籍对读这些书的人也做了判断。他很喜欢思考问题，同时对人的要求也很严格，在那几年里是我的"裁判者"。他所读过的书籍里面含义越深刻，我们的交谈也会越有趣，他也会对我越亲近，与他的交谈给我带来的快乐也越多。

对于我来说，这三年也是一个真正的考验。从那时起，每年我都会有几个像尤拉那样聪明好学同时又心思敏感的学生。如果没有书籍，我是没有能力驾驭他们的意志的。青少年的兴趣，好像细小的火苗，借助书籍的力量，燃烧成熊熊大火。我在书籍世界里的积极活动哪怕只停止一天，我就会丧失对我的学生心灵的管束能力，我就会成为多余的，因为我再也不能为他们提供什么新的知识。一个教师，如果再也不能给学生提供新知识，只能成为令学生苦恼的监护人，学生对这样身份的人没办法尊敬，只会尽可能忍受着。

亲爱的朋友，我想给你提出建议：影响自己学生的头脑吧，要使自己的学生在意志上服从你，最有力的手段是让他们在思想上服从你。只有当你在书籍的世界里有非常丰富和充实的生活时，你才能影响学生的思想。只要使用的方法是正确的，即使最敏感、个性独特、固执任性、桀骜不驯的学生，也能变成一个读书迷。用书籍和智慧去征服他们吧！

第九十七章
如何制订教育工作计划

在这件事上,不可能有任何刻板的公式和现成方法。一切将教师从直接的教学工作脱离,所有为了凑面子的写作,都是完全没必要的。但是制订教育工作计划不属于上述一类的活动,这是教育工作的组成部分。没有计划,我不能想象会有充分价值的教育工作,特别是那些我命名为难以捉摸的教育工作组成部分。

制订教育工作计划——这首先是关于教育理想的概念。教育工作者必须做到心中有数,对于送到他工艺室来进行加工的"大理石原料",应该塑造成什么样子。由这方面产生的概念明确到什么程度,关系到对教育工作的实质和做计划的必要性的理解。

你刚刚开始做一年级的工作(有时候你的教育工作也会从学前儿童开始做起),虽然你的任务是教三年级以下的学生,但是你必须要有全局观和预见性,必须考虑到教育工作的全过程,想到如何把学生一直教到中学毕业,开始独立劳动和生活,教到学生完全成熟甚至成为一名母亲或者父亲。请你制订一个今后十至十五年的(不仅在上学期间,而且在毕业之后)必要的活动计划,旨在使你的学生具有清楚的求知欲、智慧发达的头脑、高尚的心灵和最巧的双手。首先,请你拟订一个书单,全世界有价值的书籍都可以列入,让学生在学校学习的十年时间里看完这些书籍。我们还要草拟一个"后备的"书单,列入学生毕业之后独立劳动期间应该要阅读的书籍。如何做到学生们从学校毕业后,在独立劳动的期间内依然是我们的学生,继续读应该读的书——关于这一点至少要写整整一本书，因为这是一个如此宏大而重要的问题。

其次，你要进行思考并写下来的是：为了成为一个真正的人，让学生懂得劳动、荣誉、尊严、友谊和对人的关怀是怎么一回事。你的学生从入学第一天起，为了报答父母，为了报答公众，要做出哪些奉献。紧接着，你应该编造学生需要参加的公益性劳动的清单，这样的劳动将作为学生公民教育的第一课。与这一项并列，我还主张你不妨再写一个清单，列入关于杰出人物的书籍，让青少年以他们为学习的榜样。当然，学以致用，没有公益劳动的助力，仅仅是阅读这些书籍是没有任何作用的。

再次，对于学校培养人的理想要有一个总的概念，应该制订做学生工作的整个时期的更加具体而详细的计划。例如，小学各个年级的教师应该要制订三年计划，九、十年级的班主任应该制订自己班级整个时期的教育工作计划。在这里，我建议你一定要多多关心儿童和少年。九至十岁的儿童和十三四岁的少年在回首往事的时候，应该看得到自己亲手创造出来的成果。他应该明白什么是劳动后双手形成的茧子，什么是劳动的报酬，什么是疲倦和休息，什么是困难。

还要制订一个更加总括的计划，既包括从事学校教育的整个时期，并且要比较具体，也包括一个教师做教学工作的整个时期——这是在某种程度的理想中的两个计划，是教师要为之奋斗的目标。在理想的基础上，还要制订出为期较短的具体教育工作计划。怎样制订才恰到好处？请你根据自己的方便来制订。可以制订一周的或者一个月的，如果把定的时间长到一个季度，则往往成效不佳。要时刻记住的是，教育工作是不断变化、生机蓬勃和不断发展的工作，你的学生也总是处于成长变化的状况。要制订短时间内的教学计划，最好制订一个经常检查、时刻核对的计划，每天要对比所做的工作离达到目标还有多远。

计划首先要结合实际生活来制订。一个学生刚走进学校时，你并不能确定他的特长和个性会如何发展。个性通常需要通过各类活动、劳动和日常生活的相互关系而形成。所以生活中的每一步都在提醒你该如何做计划,比如应该给学生读什么书,吸引学生去参加什么劳动,通过怎么样的谈话方式来督促万尼亚和科利亚阅读应该读的书。

教育工作计划不仅包括针对学生的各种各样的活动,也包括针对家长的工作。如果教师在做工作计划时对各项活动的道德意义和目的性都能够有深入的思考,这样的计划肯定会给教师带来益处。无论是制订计划,还是进行实际工作,都有一个必备的特征,这就是要联系已经取得的成绩,并继承和发扬光大。可以这样说,教育工作的秘诀之一:即使经常在做的是同一件事,也要让学生察觉不到他们做的是同一件事。比如人道主义、对他人悲喜的敏感、同情心和待人热忱等优秀品行都需要通过学生经常为别人做好事来培养,但这种活动不能是千篇一律、单调乏味的。读者看到此处,可能会掩卷而思:作者讲得头头是道,但是为什么不能具体制订一周或者一个月的计划来示范呢?我是特意回避这样做的,因为传播经验只能是传播一种思想,而借鉴经验只能是个人根据某种思想进行创造。

给教师的建议

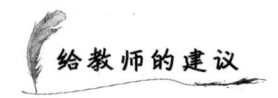

第九十八章
怎样与集体进行谈话

每一次谈话都有其目的。有时目的是普遍性的,针对所有的学生。有时谈话既是为了对整个集体产生影响,也是为了对个别的学生产生特殊的、有意义的影响。

在你对集体的精神生活和个别学生的思想、行为和情感进行琢磨和分析时,在你草拟谈话的内容时,你一定要时刻记住,你的主要影响手段是语言,你是通过语言来打动学生的理智和心灵的。但是,语言的力量是多种多样的,它可以是有力的、尖锐的、火热的,也可以是衰败的、软弱无力的,这全依附于你的谈话的一个格外重要的特征——表现高尚思想感情和激励鼓舞的能力。在信念的培养,在鼓励儿童、青少年进行自我教育等方面,激励鼓舞的能力是教育工作中最宝贵的经验。请你记住,你在语言中传达给学生的不仅有你表达的思想,而且,形象点说,也是把你自己心灵的一部分交给他们。

若要使你的谈话有鼓舞力并表现高尚的思想感情,这首先要秉持一种深刻的信仰,这就是说,你要对你所说的话和对你用整个心灵力量捍卫的东西深信不疑。只有你在捍卫某个事物而且珍惜某个事物的时候,鼓舞力才会表露出来。

比如说,你发现在自己管理的集体中有一些冷漠无情的现象,根纳季生病了,已经在家里躺了两天,却发生了这样的事:谁也没有去过他家,探望过他的病情。每个人都以为别人已经去看望过他了。维克托的祖母生病住院了,但是他两个星期里只去看望了他祖母一次,尽管医院很近。这些事情都让你感觉到不安。于是，你准备进行一次谈话。但是，你并不打算直接将这些事实说出来。教育和自我教育有一条非常重要的规律，那就是道义审判的力量（对自己的行为进行道德上的评价，实际上是一种道义审判）依附于谁是法官：是教师，还是有过错的学生本人。如果有过错的学生本人只是听凭教师作为法官来宣判，那么教师的话所起到的教育作用就会大打折扣。一个人应该自己审判自己。我认为和学生进行谈话需要讲究方法，让犯错的学生，在不需要教师的提醒下就能够思考和反省自己的行为，这就是教育的艺术。

为了达到此目的，还有一条十分重要的谈话原则，是非遵循不可的：必须在生活中，在有人性的相互关系中，找出一个鲜明的事实，该事实要能体现你的语言的思想。你的谈话的力量将归结于思想找到了通往维克托的心灵之路，以及通往那些住得离根纳季不远的同学的心灵之路。实际上，你的语言的鼓舞力和能否表现高尚思想感情都依附于这个事实的鲜明性。只有在你的话语具有美好的、崇高的思想源泉的时候，你才能把自己心灵的一部分传达给别人。你要选择一件让你自己都感觉惊讶和赞叹的事实来进行谈话。眼下我要说的就是许多这样的事实中的一个。在我们州的一个村庄里，一个年轻的拖拉机手在战争结束后不久受了重伤。他打了四年的仗，身体完好无损地活了下来，但是回到家乡，刚坐在拖拉机驾驶杆旁边开始驾驶拖拉机，就被地雷炸伤，失去了双腿和左臂。这起突然事故，使这个年轻的拖拉机手陷入了绝望之中，灰心丧气，一蹶不振。如果他没有他的妻子——一个忠实的、勤劳勇敢的妇女，没有慈爱的母亲，他这个重伤残疾的人未必能够像好人那样站起。可由于有妻子和母亲的鼓舞和帮助，他终于又重新站起来了，他学会了用假肢走路，并且又能驾驶拖拉机了。如果你听到这个感人的故事，一定会被这一不幸事件中人们所展现出来的英勇、善良、坚强和忠诚所感动。你正是要把这一感受传递给学生们。

给教师的建议

　　教育意味着迫使人们去思考自己。你在讲述让你感到惊叹的故事的时候，直接面对着维克托、尼古拉、亚历山大和尤里，面对着那些不知道为什么心中已经被播种了对他人冷漠无情的种子并发了芽的学生。你所面对的，不是某个抽象的学生，所谓的抽象学生在社会中是不存在的；你所面对的，是活生生的具体的维克托、尼古拉、亚历山大和尤里这些学生。你对他们此时此刻的所思所想一清二楚。你的话首先是说给他们听的。你所要做的就是尽力让他们和你一样，被充满忠诚和献身精神的人性的事实所感动，让少年们撇开事实，在头脑里转向一种思想。一个人只有在沉思的时候，他才开始联想到自己。

　　谈话的时候不能够直接对学生说：你们要联想到自己的生活，想一想你们自己是什么样的……对学生发出的号召应该正好就是一种思维推理。只有关于自己的思想在年轻的心灵中唤起灵感的时候，你的灵感才能传递给青少年。灵感，就是指一个人在进行思维和创造性活动过程中力量和才能的充分发挥。用理智和心灵来认识他人，这才是真正的创造性活动。一个人充分发挥力量和才能的特点就是，头脑清晰，思想、形象和志向源源不断地产生。谈话最终的目的是要让学生个人对周围的世界产生源源不断的想法，并且首先对自己的想法源源不断。日后学生可能会把你讲述的事实慢慢忘掉，但是，只要这种谈话确实具有教育作用，它所引起的情感影响是永远都不会被磨灭的。你越是用崇高的理想去感染学生，比如人与人之间的忠诚、富有同情心、热情善良等品质，你就越能够启发他们进行自我教育和自我反省。你的目光在一瞬间和维克托的目光相遇了（你不要刻意用眼睛去找寻学生的目光，而是要让你和学生的目光偶然相遇），你对这位少年十分熟悉，你在他的目光中察觉到了两种情绪：他渴求了解自己并且感到惶恐不安。这说明你的谈话他听进心里去了。他的内心产生了复杂的理智与情感交织的心理活动。让这位少年怀着惶惑不安的心情离开你，也正是需要这样做。让他连续几天都处于你所讲述的一切的影响之下，让他在你点燃的明亮的思想火光中看见自己内心深处这一别人看不见的角落里真正隐藏的是什么。

谈话，这只是个约定俗成的叫法。实际上在这种状况下并不存在谈话，而是学生在听教师说话。千万不要对学生说：来吧，你们来说说这个为自己的亲人奋斗了十年的妇女，对她有什么看法！令人遗憾的是，还真有个别的教师是这么做的。如果用这样的方式来结束这次谈话，那么就会把已经取得的一切效果都毁掉。教育，并不是要让学生把教师所讲述的内容重新复述一遍。教育的艺术，首先是要让学生产生上进心，而要达到这样的目的，就必须让学生认识和感觉到自己现在是什么样子。

有时候会发生这样的情况：一个男孩子或者一个男青年闯了祸，教师就以此作为谈话的内容，从这个学生开始谈起，并且在谈话过程中流露出对学生的厌恶之情。有一个我认识的教授说，这是"充分发挥事实的作用"。初看起来，这种方法好像很有吸引力，因为这样可以痛快地对学生进行"训斥"，让学生"震惊"。我们可以用个比喻来生动形象地对这种方法进行说明。假设你的上衣沾满了尘土，为了把这些尘土掸掉，让衣服变得干净，有人拿起棍子来敲打你的脊背。这样做当然也会有用处，尘土是会被掸掉。但是，相信谁也不会赞同这样的"除尘法"。最好的方法还是把上衣先脱下来，然后再认真地把尘土清除掉……教育不应该是惩罚，也不应该变成惩罚。教师要尽可能地讲究教育的方法和艺术。

如果教师对集体进行谈话的目的和意义仅仅在于谴责不良行为，那么在你那里就根本谈不上任何教育。要知道你这是在对集体进行训话，而不良行为、缺点和毛病并不是整个集体所固有的。就是在这方面教师常犯错误，他忘记了处理学生的不良行为、缺点和毛病的时候必须十分谨慎小心。加之我们是在和儿童、青少年打交道，是在和青春期的人进行交流，而这一切又是那么脆弱、纤细……不要妄想手一挥就能清除缺点，也不要期待用一句急切的、愤怒的话语就能够解决问题。你要知道，集体对待有缺点的人，就像对待处于苦难状态的人一样，如果你认为只要号召集体对还未能克服缺点的学生一致表示愤怒，群起而攻之就能够达到预期的目的，那就大错特错了。代替集体的愤怒，你获得的是集体对那个受苦受难的人的同情。并且，这种适得其反的现象完全合乎规律。打个比方，你不要想着在一瞬间就把脓疮清除干净，那样就会产生一个带血的伤口。教育就像是一门十分精湛的医术，它要对这个脓疮进行医治并完全治愈它，不会用直接挖除的方法。一定不要让学生带着流血的伤口离开你进行训话的地方，这种做法会产生不好的后果，会让集体感到震惊，而这种震惊也绝对不是你所期望看到的。

与集体进行谈话的时候，恰恰是期望集体对待道德上的缺点像对待痛苦和不幸一样（更准确一点地说，应该这样思考问题）。不仅如此，还要加深对处于困境中难以自拔的人们的同情。要培养和发展集体的这种感情，让大家都希望看到自己的同学成为有美好道德、克服了缺点的人。

第九十九章
怎样努力克制懒惰的习惯

这个问题安排在倒数第二章来讨论,并非偶然。为了不产生懒汉,就应当把我在这本书前面的九十八章中提出的全部建议都做得很完美。要治好懒惰病很不容易。预防懒惰是很困难的,但是,把预防懒惰向爱好劳动方面发展,要比治好懒惰病后所产生的结果——热爱劳动珍贵一千倍以上。这就是说,防患于未然远胜于亡羊补牢。所以,年轻的朋友们,就让我们先探讨一下如何预防懒惰的问题。要解决这个问题,我们首先要知道懒惰的根源所在。

懒惰是游手好闲、白白消磨时间的陋习(产物)。懒惰的人往往在童年时期有所要求,长辈都会给予满足,有求必应,他作为孩子只会发布命令和耍脾气,这样的孩子往往会成为懒惰者。懒汉诞生于饭来张口、衣来伸手、一切都很容易得到、不知艰难辛苦为何物的地方。那种无忧无虑、无灾无患的童年环境是将正常的孩子变为懒汉的最适宜的土壤。过于安逸的童年环境,会让孩子产生某些幻觉和想法,那就是童年生活会永远继续下去。在这样的情况下,随着时间的流逝,父母有一天会突然意识到:这到底是怎么回事?在不知不觉当中,孩子已经不是小孩子了,他已经长大成人了!好像昨天他还在害怕天黑的时候出去,今天已经在追求喜欢的姑娘,在外面到处游荡,逛到半夜都没回家……懒惰,是无忧无虑的波浪泛起的泡沫。这是一种深入精神层面的现象,这种现象的根源潜藏在心灵中对任何事都不在意。那些什么事情都不放在心上的人会成为懒汉。

懒惰常常和缺乏自尊心很亲近。一个人，不论别人对他是什么样的看法，他都不关心、不在乎。

通常来说，懒汉们总是他人创造的财富的挥霍者，他们享受着丰富的物质——形象点说，他们是骑在别人的脖子上——他们的精神生活却还是谈不上很丰富。与之相反，懒汉们是一些在精神上简陋而贫乏的人。懒惰世代相传的根源之一就是精神趣味的空虚和单调。懒汉们首先让人为他惋惜。并且，顺便说说，根治懒惰的办法之一，就是让一个不幸成了懒汉的人认真地看一眼自己，看到了自己的不幸，从内心感到做懒汉真不幸。不要忘记的是，我们这里话题所指是关于儿童的懒惰。

预防懒惰极为重要的条件是不应该游手好闲和白白地消磨时间。在一个人的精神生活中，不应当有让他什么事都不做的时期。有一种从各方面来说都荒唐透顶的现象——有的家长专门给孩子制造机会让他们可以游手好闲、无事可做，并把游手好闲的这个阶段美其名曰"儿童的夏季休息"。休息只能够是积极的休息，也就是另外一种性质的活动。在夏天，天气很闷热的时候，可以把孩子送到天气凉爽、风景优美的乡下，让他们在田间和草地上从事一些力所能及的活动，锻炼自己的身体。

节制欲望，是预防懒惰的重要手段。要让一个人从小就通过亲身体会懂得什么是"不行""应当""可以"这些概念，让他知道哪些事情是符合上述概念的特质的。教师要和家长一起协同工作，努力让孩子从小就可以在生活上自理，锻炼他的独立能力。

要让一个人在小时候就遭受一些挫折，并且让他通过自己在体力和脑力等方面的努力战胜挫折。对于孩子体力和意志力的锻炼，有助于他成长为一个热爱劳动、积极能干和意志坚韧的人。

要怎样才不会让懒惰渗入孩子的心灵，成为根深蒂固的恶习呢？要做到这一点，家长应该具有预见性，把孩子看作是明天的成年人，要他模仿成年人的言行举止。并且，家长应充分考虑到，如果孩子将懒惰、懈怠、畏惧困难等不良的习惯带到青年阶段和成年时期，他将如何在社会上立足和谋生呢？让孩子具备成年人的忧患意识，有实际需要操心的事情，也是预防懒惰的有力手段。如果一个人即将进入青春期的时候，还没有通过亲身的经历懂得人生中最重要的因素——依靠自己的双手劳动来获取衣服、鞋袜和食物等，那么，就不可能谈到真正的热爱劳动的教育。

懒惰，不仅是身体上的闲散，而且还是思想上的懒惰。总是接受别人现成的思想，无须勤勉用功甚至不花费任何的努力就获取这些思想的时候，思想的懒惰就会侵占你的心灵。思想上的懒惰和身体上的懒惰是一致的，正如无精打采地消费别人劳动所创造的物质财富，会让你的手脚变得懒惰一样，对现成的思想鹦鹉学舌般地一再重复或囫囵吞枣地全部接受，也会产生思想的懒散。让人产生好奇心，产生获取知识的渴望，这是预防思想懒散的有力手段。

丰富精神上的需求，是一条预防懒惰的途径。只有在这样的条件下，一个人早在童年时期，特别是在少年时期，就在自己的心灵中培养各种各样的需求，诸如对于劳动中的欢乐、阅读、和他人交朋友等的需求，他才能预防懒惰。对于教师来说，积极地培养孩子的精神需要，让孩子把这些需要当作是他们自己极其宝贵的精神财富，这是教育学的理论和实践中一个非常重要的课题。

你可能会提出这样的疑问：如果一个人已经养成了懒惰的坏习惯，还有补救的措施吗？应该怎么办呢？比如说，五年级学生斯捷潘的妈妈来到学校，无可奈何、束手无策地对老师说："我对自己的孩子是真的没有办法。他回家完全不看书，直接把书包和书本一丢，吃完饭就放肆玩耍，根本停不下来，一玩就玩到晚上。"

遇到这样的情况该怎么办呢？

一定要挽救这个孩子，不能就此放任下去。我们对他的妈妈建议说："既然您培养了一个小懒汉，那么请您下定决心对他进行改造吧！首先要强制他坐下来用两个小时完成功课。不要担心，他会习惯您的，完成作业会让他感到快乐，获得成就感。这个过程中，一定不要斥责他，惩罚他，因为您的出发点是好的，而不是带有恶意。其次，在孩子完成功课之后，让他做两个小时的体力劳动。早上五点钟就叫他起床，这样对他说：'妈妈给一家人做饭，这是在进行劳动；你去准备功课，这也是在进行劳动。'在这样做的过程当中，不要对孩子吼叫，也不要唠叨说孩子是懒汉。从这天开始，他每天早上五点钟起床，一直学习到七点钟——他就不再是懒汉了，作为妈妈您应该对他进行表扬，夸赞他热爱劳动了。"

我们发现用这种简单的办法改造人从未失效过。对懒汉进行改造路上的唯一障碍，可能就是家长的懒惰。

我谈论的是在家庭中对懒惰的学生进行改造的话题，这不是无根无据的。因为懒惰首先是在家庭当中产生和得到根除。如果孩子的家庭当中缺乏热爱劳动的氛围，那么仅仅依靠学校和教师的努力是不可能取得良好的效果的。我们在家长教育学校的各分部一直在研究这样一个问题：懒惰的起源究竟在哪里？我们用了教育心理学的方法对老少两代人的行为、劳动、学习和相互关系进行了大量的分析和研究。预防懒惰，是需要学校和家庭一起努力去攻克的难题之一。

第一百章
最后一条建议：关于保密……

我在这本书中所提出的一切建议，只要让教师了解和知道就好，不必让学生知道。教师工作的相关消息，教育工作的"渊博知识"，按照常理，传到学生的耳中，没有益处，只有坏处。这样做的原因是因为在自然而然的环境气氛中对学生施加教育的影响，是使这种影响产生高度效果的条件之一。换句话说，学生不应当知道教师正在教育他。教学意图应当隐蔽在友好和毫不拘束的相互关系中。

为什么学生不应该知道或者感知到别人正在对他进行教育呢？那是因为真正的教育是自我教育。教师和学生之间应该建立这样一种相互的关系：教师针对青少年的理智和心灵所说的每一句话，都具有教育作用，能够激起他们内心的精神力量，促使他们的头脑和心灵产生内在的活动，从而进行自我认识和自我完善。如果一个人随时随地都感到和明白别人是在教育他，那么他的自我认识和自我完善能力就会变得弱化，他就会产生懒散的想法：我应该成为一个什么样的人，应该要做什么事，成年人是会替我考虑的，我要做的只是安静地等待建议和指示就好了。

伟大的苏联教育家安·谢·马卡连柯[37]曾经很多次说到类似的话语，不向学生表明他们正在经受某种专门的教育程序，这点对于教师来说是非常重要的事情。[38]关于这一条道理，我向这位导师学习了一辈子。我始终相信，把自己的教育意图隐藏起来，是教育艺术的关键因素之一。

年轻的朋友们，一定要教育儿童、热爱儿童和尊重儿童，以及严格要求他们，和他们交朋友——让这一切成为你精神生活的实质吧！

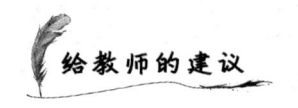

注 释

① 参见德·伊·皮萨列夫《已经死亡和正在死亡者》。(载《德·伊·皮萨列夫教育文选》,莫斯科,俄罗斯联邦教育科学院出版社,1951年版,第338页。)——译者注

——第3页

② 参见阿拜·库南巴耶夫《训言》。(载《阿拜·库南巴耶夫文集》,莫斯科,国家文艺书籍出版社,1954年版,第387页。)——译者注

——第5页

③ "推动力"一词在俄语中原意是弹簧,弹簧有缓冲的功能,这个词又可译为随便什么事物的推动力。诸如:良心是道德自我完善的最重要的推动力;语言进步的推动力是人类生存条件的改变;使企业生产规模急速扩大的推动力在哪里?——译者注

——第11页

④ "不用暴力抵抗邪恶"是列夫·托尔斯泰宗教哲学学说用语。——译者注

——第15页

⑤ 按苏联的记分法,"五分"表示优秀。——译者注

——第23页

⑥ 按苏联的记分法,"三分"表示及格。——译者注

——第23页

⑦ раз-、без- 后面不能接清辅音,рас-、бес- 后面不能接浊辅音。——译者注

——第52页

⑧ разцветает 是 расцветить 之误笔；расбежалая 是 разбежаться 之误笔。——译者注

——第52页

⑨ 罗丹：奥古斯特·罗丹，法国雕塑艺术家。他的作品具有高超的艺术技巧，特别是在刻画人物心理方面，主要作品有《思想者》《青铜时代》《加莱义民》等。——译者注

——第90页

⑩ 苏联实行秋季始业，每个学年从秋季开始。所以每个学年的第三学季在冬末春初，第四学季在春天。——译者注

——第97页

⑪ 乌申斯基：康斯坦丁·德米特里耶维奇·乌申斯基，俄国教育家、俄国科学教育学的奠基者。1844年毕业于莫斯科大学法律系，1846—1862年先后在雅罗斯拉夫·杰米多夫学校、加特斯基孤儿院和斯莫尔尼女子学院任教授或学监。他的教育体系主张国民教育民主化，反对专制，重视人的积极活动本质，承认劳动是生活和教育的要素。他的教学论强调教育应有教养性的思想，制定了要使教材内容和教学方法适合儿童智力发育特点的原则。他的教育思想反映在《儿童世界》《祖国语言》和《人是教育的对象》等学术著作中。1945年苏联政府设立乌申斯基奖章。——译者注

——第118页

⑫ 伊·彼·巴甫洛夫：苏联生理学家、彼得堡科学院院士、苏联科学院院士，创立高级神经活动的唯物主义学说、现代最大的生理学派和生理学研究的新方法，写有血液循环与消化生理学方面的经典著作（1904年获诺贝尔奖）。他通过长期实验，构建条件反射法，判明心理活动基础是大脑皮层所产生的物质生理过程。巴甫洛夫对高级神经生理学（第二信号系统、神经系统类型、机能的局限，大脑两半球工作的系统性等）的研究对于生理学、医学、

333

心理学和教育学的发展产生了巨大作用。——译者注

——第129页

⑬ 伊·彼·巴甫洛夫在谈到人的思维类型时写道:"由于存在两个信号系统,也由于不同的生活方式,人群被划分为艺术型的、思维型的和中间型的。"(载《伊·彼·巴甫洛夫全集》再版第3卷第2分册,莫斯科—列宁格勒,苏联教育科学院出版社,1951年版,第346页。)——译者注

——第129页

⑭ 第聂伯河:欧洲第三大河,源出瓦尔代丘陵,注入黑海第聂伯海湾。乌克兰首都基辅位于第聂伯河中游。——译者注

——第140页

⑮ 一种农村四年级小学,由一位教师同时教一至四年级的课程。——译者注

——第148页

⑯ 格·萨·斯科沃罗达:乌克兰哲学家、诗人和教育家。70年代起过着流浪的贫穷哲学家生活。他的著作以手稿形式流传。继承乌克兰文化的民主传统,创作出人民反教权主义的讽刺作品的典范。在哲学对话和论文中认为人存在的意义就在于自我认识的功绩。作品有诗歌、散文和寓言等。——译者注

——第163页

⑰ 格·萨·斯科沃罗达认为一切"无人负责的"、永恒的、包罗万象的原因都根植于人自身。(载《格·萨·斯科沃罗达创作集》两卷集),第1卷,基辅,乌克兰苏维埃社会主义共和国科学院出版社,1961年版,第259页。——译者注

——第163页

⑱ 尼·伊·皮罗戈夫:尼古拉·伊万诺维奇·皮罗戈夫,俄国解剖学家、外科学家、教育家。他绘制的《局部解剖学》图集闻名世

界。在教育方面,他反对教育领域的阶层偏见,主张大学自治,普及初级教育。——译者注

——第 165 页

⑲ 此处引文有省略。全文为:"要让妇女们懂得自己在人类生活这座花园中的崇高使命。要让妇女们懂得,她们照料摇篮中的孩子,创造他童年时代的游戏,教他慢慢学会说话,因此成为社会中的主要建筑师。基础是由她们的双手打牢的。"(载《尼·伊·皮罗戈夫教育文选》,莫斯科,俄罗斯联邦教育科学院出版社,1952 年版,第 38 页。)——译者注

——第 165 页

⑳ 这里指马克思在《1844 年经济学哲学手稿》里的一段话。(载马克思《1844 年经济学哲学手稿》,人民出版社,2000 版,第 90 页。)——译者注

——第 181 页

㉑ 卢那察尔斯基:阿纳托利·瓦西里耶维奇·卢那察尔斯基,苏联教育家、艺术理论家。主要著作有《论国民教育》《克伦威尔》《俄国文学论文选》等。——译者注

——第 199 页

㉒ 参见《马克思恩格斯全集》第 2 卷,人民出版社,1995 年版,第 178 页。——译者注

——第 210 页

㉓ 保尔·柯察金:苏联作家尼·阿·奥斯特洛夫斯基的名著《钢铁是怎样炼成的》中的主人公,采伐树木的情节在该书第二卷,当时基辅民众急需木柴过冬,市领导发动共青团员们赶修一条通伐木区域的铁路,寒冬条件下,修路极其艰苦,保尔·柯察金劳累过度,得了重病,差点牺牲。——译者注

——第 228 页

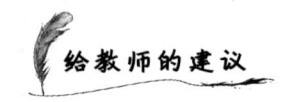

㉔ 参见《马克思恩格斯全集》第 23 卷，人民出版社，1972 年版，第 67 页。——译者注

——第 230 页

㉕ 维萨里昂·格里戈里耶维奇·别林斯基，俄国文学批评家、政论家、革命民主主义者、唯物主义哲学家。1830—1848 年为《祖国纪事》和《现代人》杂志撰稿，评论普希金、莱蒙托夫和果戈理等作家，对俄国社会思想和文学艺术的发展均有影响。这句引文出自《对 1847 年俄罗斯文学的看法》一文。（载《文选》一书，莫斯科，儿童文学出版社，1973 年版，第 207 页。）——译者注

——第 233 页

㉖ 亚历山大·乌里扬诺夫：亚历山大·伊里奇·乌里扬诺夫，俄国民意党的"恐怖派"组织者和领导人之一。列宁的哥哥。1887 年 3 月 1 日参加谋刺沙皇亚历山大三世的准备活动。在法庭上做了纲领性演说。在施吕瑟尔堡要塞被处绞刑。——译者注

——第 237 页

㉗ 尼古拉·基巴利契奇：尼古拉·伊万诺维奇·基巴利契奇，革命民粹派分子、"土地和自由社"成员、民意党执行委员会委员，参与谋杀沙皇亚历山大二世。1881 年在监禁中设计了一台飞行器。1881 年 4 月 3 日在彼得堡被绞死。——译者注

——第 237 页

㉘ 费·米·陀思妥耶夫斯基：费奥多尔·米哈伊洛维奇·陀思妥耶夫斯基，俄国作家、彼得堡科学院通讯院士。代表作有中篇小说《穷人》《白夜》，长篇小说《被欺凌和被侮辱的》《罪与罚》《白痴》等。他的作品对俄罗斯文学和世界文学都有深刻影响。此处是对《卡拉马佐夫兄弟》（莫斯科—列宁格勒，国家文艺书籍出版社，1970 版，第 32 页）中的一段话的复述。——译者注

——第 262 页

注释

㉙ 列夫·托尔斯泰：列夫·尼古拉耶维奇·托尔斯泰，俄国作家、伯爵、彼得堡科学院通讯院士、名誉院士。代表作有自传体三部曲《童年》《少年》《青年》；中篇小说《哥萨克》《伊凡·伊里奇之死》《克莱采奏鸣曲》；宏伟史诗《战争与和平》；长篇小说《安娜·卡列尼娜》《复活》；剧本《黑暗的势力》。还写了许多宗教、哲学、美学、政论著作。他的作品对世界文学产生了巨大影响，反映了俄国社会一整个时代（1861—1905）。此处指列夫·托尔斯泰在《阅读范围》（1904—1908，第1卷）文集中发表的看法，全文为："善于自我反思吧！思想将会成熟，变为善行。"——译者注

——第263页

㉚ 作者指的是马克思的《自白》，即对1865年4月1日的问卷调查所提问题的回答。（载《马克思恩格斯全集》第31卷，人民出版社，1972年版，第588—589页。）——译者注

——第273页

㉛ 尼古拉·加斯捷洛：尼古拉·弗兰采维奇·加斯捷洛，苏联飞行员、苏联英雄、大尉。卫国战争期间，1941年6月26日，驾驶被炮弹击中的飞机冲上敌人的坦克阵，壮烈牺牲。——译者注

——第274页

㉜ 卓娅·科斯莫捷米扬斯卡娅：卓娅·阿纳托利耶芙娜·科斯莫捷米扬斯卡娅化名"丹娘"，卫国战争时期的女游击队员，苏联英雄（1942年追授）。莫斯科第201中学学生。1938年加入苏联共青团，自愿参加游击队，任侦察员。1941年，在彼得里谢沃村（莫斯科州）被德军绞死，就义前宁死不屈，高呼爱国口号。——译者注

——第274页

㉝ 亚历山大·马特洛索夫：亚历山大·马特维耶维奇·马特洛索夫，苏联英雄（1943年追授）。近卫步兵团列兵。1943年2月23日在夺取切尔努斯基（普斯科夫州）的战斗中，用自己的身体堵

337

住德军机枪的枪眼,英勇牺牲。——译者注

——第274页

㉞ 斯巴达克斯:公元前73—公元前71年意大利大规模奴隶起义领袖。色雷斯人。起义最初席卷意大利南部,后来实际上发展到全意大利。公元前71年起义军被克拉苏统帅的罗马军队击败,斯巴达克斯战死。——译者注

——第301页

㉟ 沙皇保罗:指保罗一世,1796年以后的俄国皇帝,彼得三世和叶卡捷琳娜之子。在全国推行军事警察制度,在军队中建立普鲁士秩序;限制贵族特权,恣意妄为;反对法国革命,但于1800年和波拿巴缔结联盟。1801年,被贵族阴谋分子杀害。——译者注

——第301页

㊱ 引自拉佐于1915年写给其兄弟的一封信。(载《谢尔盖·拉佐日记和书信集》,符拉迪沃斯托克,滨海书籍出版社,1959年版,第94—95页。)——译者注

——第303页

㊲ 安·谢·马卡连柯:安东·谢苗诺维奇·马卡连柯,苏联杰出的教育家、作家。在高尔基劳动教养院和捷尔任斯基儿童公社对违法儿童进行群众性改造的教学实践中创造了史无前例的经验,制定了在集体中进行共产主义教育的理论和方法,实行教学和生产劳动相结合方法的实验,发展了苏联家庭教育理论。作品有《一九三〇年进行曲》《教育诗》《父母必读》等。——译者注

——第331页

㊳ 这里指的是安·谢·马卡连柯在《组织教育过程的方法》一文中的观点。见《安·谢·马卡连柯全集》第5卷,莫斯科,俄罗斯联邦教育科学院出版社,1951年版,第93页。——译者注

——第331页